U0566509

中原智库丛书·青年系列

Local Financial Risk Governance Based on Big Data

基于大数据的地方金融风险治理

石涛 著

社会科学文献出版社
SOCIAL SCIENCES ACADEMIC PRESS (CHINA)

摘 要

金融是国家重要的核心竞争力，金融制度是经济社会发展中重要的基础性制度。党的二十大报告指出，依法将各类金融活动全部纳入监管，守住不发生系统性风险底线，将加强监管、防范金融风险提升到新的治理高度。在中美关系复杂化、地缘政治风险加剧、国内经济下行压力加大的客观背景下，以中小银行风险、地方政府债务风险等为主要表现的地方金融风险日益突出，防范化解系统性金融风险是当前金融工作的重要任务。伴随大数据在"量"和工具上优势的显现，数智赋能已经成为国家"十四五"时期建设数字政府、开展电子政务的关键内容，也是提升政府治理能力现代化水平的关键举措。因此，如何发挥好大数据的优势，利用好大数据"量"的优势和大数据技术，搭建基于大数据的地方金融风险监测预警及协同治理机制，对于"十四五"时期提升地方金融风险治理效能具有重要的现实价值。

伴随经济外部环境不稳定以及地方政府竞争压力加大，以村镇银行、农信社等为主的地方金融风险问题逐渐凸显。同时，在科技创新驱动下，包含非正式金融风险的地方金融风险形态更加复杂、隐蔽性更强，需要结合理论与实践进行深入研究。由此，本书以基于大数据的地方金融风险监测预警及协同治理的理论探讨为基础，结合现实和案例分析，着力探讨基于大数据的地方金融风险监测预警及协同治理机制，最终成果报告可以划分为四个部分。一是理论部分，包括绪论和第一章。在现有学者研究成果的基础上，系统梳理了基于大数据的地方金融风险监测预警及协同治理的研究背景、意义及研究进展，探讨了地方金融风险的形成及传染机理，从大数据角度分析了地方金融风险监测预警的逻辑理路和协同治理的理论要义。二是现状和经验分析部分，主要是第二章和第三章。结合数据可得性，分析了地方重点领域金融风险发生现状，梳理了分权视角下地方金融风险治理的演变过程，利用大数据分析了地方金融风险治理的政策趋势，提出了基于大数据的地方金融风险监测预警的难点，指明了基于大数据的地方金融风险协同治理的现实约束，为基于大数据的地方金融风险监测预警及协同治理提供了事实依据。同时，系统梳理了广州等多个地方政府针对地方金融风险的大数据治理典型实践，为基于大数据的地方金融风险监测预警及协同治理提供了实践依据。三是监测预警体系构建及仿真实验部分，主要是第四至六章。基于理论和实践分析，从多个角度构建了基于大数据的地方金融风险监测预警体系，并据此利用熵值法、Dagum 基尼系数分解法以及空间计量法分析了 2013~2021 年中国 30 个省（区、市）（不含港澳台和西藏）地方金融风险水平及收敛性，探讨了地方金融风险的发展态势。同时，利用 2013 年 1 月 4 日至 2022 年 1 月 25 日 2167 个温州指数日频样本，考虑 COVID-19 冲击情景，验证了 LSTM 集成模型和 GWO 集成模型对地方金融风险监测预警的精准性和鲁棒性，预测了"十四五"时期地方金融风险的发展趋势。四是协同机制构建及对策部分，主要包括第七章和第八章。基于上述理论、现状、案例和计量实证分析结果，从实质参与、实质行动、共享动机、联合行动四个角度，构建基于大数据的地方金融风险协同治理机制。进一步地，从数字化协同、大数据创新、大数据基础设施建设、分类治理、立法规范等多个角度提出了提高基于大数据的地方金融风险监测预警及协同治理效率的对策建议。

　　本书紧扣研究主题，贴近现实热点，基于国内外学者研究成果及实证分析结果，得出如下结论。

　　一是基于大数据的地方金融风险监测预警及协同治理的理论探讨。金融机构本身的脆弱性和不稳定性以及地方政府债务、企业高杠杆、影子银行、房地产泡沫及重大突发公共卫生事件等导致了地方金融风险的发生，地方金融风险会在金融部门、政府部门、企业部门以及居民之间交叉传染。同时，基于大数据的地方金融风险监测预警存在从数据治理、风险识别到监测预警的逻辑理路。而本质上看，数字化协同治理是平台化治理，主体多元、系统协同、组织协同和规则协同是基于大数据的地方金融风险协同治理的理论要义。

二是基于大数据的地方金融风险治理现状。总体上，广义地方金融风险表现出中小银行风险较大、民间金融风险稳中趋缓、地方政府债务规模持续扩大、房地产风险日益凸显的特点，分权视角下央地互动成为地方金融风险治理的主要方向，大数据分析下地方金融风险治理政策日益严格，地方类金融风险治理特征突出。同时，基于大数据的地方金融风险监测预警存在重点领域金融风险突出、新金融风险捕捉难度大、金融风险治理大数据手段不充分、算法约束限制监测预警效能等难点。此外，基于大数据的地方金融风险协同治理面临多元化协同主体缺乏实质性参与、组织结构难以凝聚协同治理的合力、数据共享限制治理的协同效能、规则缺失制约治理的行为协同性等现实约束。

三是基于大数据的地方金融风险治理经验。通过重点剖析广州政府主导型、深圳企业主导型地方金融风险大数据治理实践，以及上海等典型地区大数据治理经验，本书认为地方金融风险的大数据治理表现出动态闭环过程、数据治理大数据化、风险识别多样化、大数据监测预警全域化和人工智能化、治理联动协同化等特点，治理过程基本遵循数据治理、风险识别、风险监测预警及协同决策等动态闭环过程，为构建基于大数据的地方金融风险监测预警体系及协同治理机制提供了实践依据。

四是基于大数据的地方金融风险监测预警。基于学者研究成果、理论分析和案例解剖，突出大数据的"量"和工具特点，基于广义地方金融风险概念，从数据治理、风险识别、监测指标体系、风险预警、风险决策与处置等角度构建了基于大数据的地方金融风险监测预警体系。其中，从数据自适应学习、数据共享及数据集成等方面构建了基于大数据的地方金融风险数据治理机制；基于金融案件、文献分析及金融治理政策，认为地方金融风险主要包括影子银行风险、房地产风险、商业银行风险、民间借贷风险、非法集资风险、地方政府债务风险、企业债务风险以及金融创新风险等，据此建立了包括地方金融机构风险、房地产风险、债务风险、经济环境风险、金融舆情监测、企业和居民信息监测6个部分共133个指标的地方金融风险大数据监测指标体系，构建了基于大数据的地方金融风险预警机制、地方金融风险评估方法、风险警情的人工智能分析机制和响应触发的基于大数据的地方金融风险预警机制，提出了基于大数据的地方金融风险五级响应决策与处置机制。

五是地方金融风险水平的测度及变化趋势。基于2013~2021年中国30个省（区、市）（不含港澳台和西藏）的面板数据，参考监测指标体系，构建了地方金融风险评价指标体系，利用熵值法测算了地方金融风险水平，运用Dagum基尼系数分解法分析了全国及四大区域地方金融风险水平的动态演进、区域差异及其来源，采用变异系数法及空间β收敛法检验了全国及四大区域地方金融风险水平的收敛特征。得出结论：总体上，我国地方金融风险呈现"下降—上升"的"V"形波动趋向，增速明显放缓，风险整体可控。同时，地方金融风险水平的相对差异较大，区域间差异是地方金融风险水平总体差异的主要来源，超变密度是第二来源，区域内差异贡献最低。此外，不同地区的σ波动收敛及β收敛趋势差异较为明显。

六是基于大数据的地方金融风险监测预警仿真实验分析。考虑省级样本期限结构，以地方非正式金融风险高频数据为地方金融风险样本，基于2013年1月4日至2022年1月25日6种温州指数2167个日频样本，利用LSTM-GRU、LSTM-CNN、LSTM-SVR等深度学习的混合模型，验证了不同模型在地方金融风险监测上的精准性和鲁棒性。同时，基于《中华人民共和国民法典》（以下简称《民法典》）同期LPR的4倍来界定是否存在借贷风险，发现基于大数据的机器学习方法能够精准地预测预警地方金融风险。进一步地，拓展借贷风险样本数据时间至2023年1月，利用深度学习模型对地方金融风险水平进行仿真预测，发现"十四五"时期，地方金融风险将略有上升，不同地区的地方金融风险水平差异较为明显；不同民间借贷指数波动差异较大，民间非正式金融组织借贷风险相对偏高。

七是基于大数据的地方金融风险协同治理机制。在协同理论等理论基础上，结合现状、案例及实证分析结果，从实质参与保障、实质行动保障、共享动机保障、联合行动保障四个角度，构建包含多元主体间的协调机制、基于大数据的协同治理决策机制、大数据共建共享机制以及基于大数据的治理规则协同机制等基于大数据的地方金融风险协同治理机制。

八是提高地方金融风险监测预警及协同治理效率的建议。提出加强地方金融风险治理的数字化协同、强化地方金融风险治理的大数据创新、加快建设大数据基础设施、加强对地方金融风险的分类治理、加快金融风险大数据治理的立法规范等政策建议。通过加强大数据技术创新研发，强化大数据基础设施建设，提高地方金融风险的监测预警能力，提升地方金融风险协同治理效能，促进地方金融有序健康发展，守住不发生系统性金融风险的底线。

关键词： 大数据　地方金融风险　监测预警　协同治理

目 录

绪 论 ··· 1

  第一节 研究背景及意义 ·· 1

  第二节 文献综述 ·· 5

  第三节 研究思路、内容与方法 ·· 24

  第四节 研究创新及不足 ·· 28

第一章 基于大数据的地方金融风险监测预警及协同治理的理论探讨

·· 31

  第一节 基本概念 ··· 31

  第二节 地方金融风险的形成及传染机理分析 ··················· 40

  第三节 基于大数据的地方金融风险监测预警的逻辑理路 ··· 48

  第四节 基于大数据的地方金融风险协同治理的理论要义 ··· 55

  第五节 大数据方法 ·· 59

第二章 基于大数据的地方金融风险治理现状分析 ················· 64

  第一节 地方重点领域金融风险的现状分析 ······················ 64

  第二节 分权视角下地方金融风险治理的演变 ··················· 71

第三节　基于大数据的地方金融风险治理政策趋势分析 …………… 75
   第四节　基于大数据的地方金融风险监测预警难点分析 …………… 84
   第五节　基于大数据的地方金融风险协同治理现实约束 …………… 88

第三章　基于大数据的地方金融风险治理案例比较分析 ……………… 93
   第一节　政府主导型：广州大数据治理实践 …………………………… 93
   第二节　企业主导型：深圳大数据治理实践 …………………………… 98
   第三节　其他类型：典型地区大数据治理实践 ………………………… 102
   第四节　小结 …………………………………………………………… 105

第四章　基于大数据的地方金融风险监测预警体系构建 ……………… 110
   第一节　基于大数据的地方金融风险数据治理 ………………………… 110
   第二节　基于大数据的地方金融风险识别 ……………………………… 114
   第三节　基于大数据的地方金融风险监测指标体系 …………………… 124
   第四节　基于大数据的地方金融风险预警 ……………………………… 131
   第五节　基于大数据的地方金融风险决策与处置 ……………………… 140

第五章　地方金融风险水平的测度及收敛性分析 ……………………… 143
   第一节　研究设计与数据来源 …………………………………………… 143
   第二节　中国地方金融风险水平的动态演进分析 ……………………… 150
   第三节　地方金融风险水平的区域差异分析 …………………………… 155
   第四节　地方金融风险水平的收敛性分析 ……………………………… 159
   第五节　小结 …………………………………………………………… 167

第六章　基于大数据的地方金融风险监测预警仿真实验分析 ………… 169
   第一节　引言 …………………………………………………………… 169

  第二节 研究设计和数据说明……………………………………… 171
  第三节 实证结果及分析…………………………………………… 177
  第四节 拓展性分析：考虑不确定性影响………………………… 183
  第五节 "十四五"时期金融风险预测分析……………………… 189
  第六节 小结………………………………………………………… 194

第七章 基于大数据的地方金融风险协同治理机制……………………… 196
  第一节 实质参与保障：基于大数据的多元主体协调机制……… 196
  第二节 实质行动保障：基于大数据的协同治理决策机制……… 199
  第三节 共享动机保障：基于大数据的共建共享机制…………… 203
  第四节 联合行动保障：基于大数据的治理规则协同机制……… 206

第八章 提高地方金融风险监测预警及协同治理效率的对策建议……… 210
  第一节 加强地方金融风险治理的数字化协同建设………………… 210
  第二节 强化地方金融风险治理的大数据创新…………………… 215
  第三节 加快大数据基础设施建设………………………………… 218
  第四节 加强对地方金融风险的分类治理………………………… 222
  第五节 加快地方金融风险大数据治理的立法规范……………… 225

参考文献……………………………………………………………………… 230

图目录

图 0-1　研究思路 ……………………………………………… 25
图 1-1　地方金融风险的形成机理 ……………………………… 41
图 1-2　地方金融风险的传染机理 ……………………………… 46
图 1-3　基于大数据的地方金融风险监测预警逻辑框架 ………… 49
图 1-4　基于大数据的地方金融风险监测预警机制 ……………… 53
图 1-5　基于大数据的地方金融风险预警响应机制 ……………… 55
图 1-6　RNN神经网络有向图 ………………………………… 61
图 2-1　2011~2021年中国民间借贷立案数及增长率 …………… 66
图 2-2　2014~2021年地方政府显性债务规模及增长率 ………… 68
图 2-3　2013~2021年地方政府隐性债务规模及增长率 ………… 68
图 2-4　2011~2021年沪深上市房地产企业利润总额及增长率 … 69
图 2-5　2011~2021年沪深上市房地产企业现金到期债务比 …… 70
图 2-6　2011~2021年商品房新开工房屋面积及增长率 ………… 71
图 2-7　央地金融监管和金融风险处置事权边界 ………………… 74
图 3-1　地方金融风险大数据治理的广州实践逻辑 ……………… 95
图 3-2　地方金融风险大数据治理的深圳实践逻辑 ……………… 99
图 3-3　深圳地方金融风险大数据识别及预警智能化机制 ……… 101
图 3-4　地方金融风险大数据治理的典型实践逻辑 ……………… 103

图 4-1　基于大数据的地方金融风险数据治理机制 …………………… 111
图 4-2　基于大数据的地方金融风险数据集成平台 …………………… 112
图 4-3　1986~2022 年金融风险相关文献变化趋势 …………………… 117
图 4-4　金融风险相关文献主题词分布 ………………………………… 118
图 4-5　1994~2022 年金融风险相关文献主题词变化趋势 …………… 118
图 4-6　1983~2022 年债务风险相关文献变化趋势 …………………… 119
图 4-7　债务风险相关文献主题词分布 ………………………………… 120
图 4-8　1983~2022 年债务风险相关文献主题词变化趋势 …………… 120
图 4-9　LSTM 算法示意 ………………………………………………… 135
图 5-1　2013~2021 年地方金融风险水平变化趋势 …………………… 151
图 5-2　2013~2021 年东中西及东北地区地方金融风险水平子项
　　　　变化特征 ………………………………………………………… 153
图 5-3　2013~2021 年全国、东中西及东北地区地方金融风险水平
　　　　基尼系数变化趋势 ……………………………………………… 156
图 5-4　2013~2021 年区域间地方金融风险水平基尼系数变化趋势 … 157
图 6-1　LSTM-CNN 算法示意 …………………………………………… 172
图 6-2　2013 年 1 月至 2022 年 1 月不同借贷主体借贷利率的
　　　　月度趋势 ………………………………………………………… 175
图 6-3　2018 年 9 月 10 日至 2019 年 12 月 30 日 *othr* 的样本外
　　　　预测值趋势 ……………………………………………………… 180
图 6-4　2018 年 9 月 10 日至 2019 年 12 月 30 日 *rwzfr* 的样本外
　　　　预测值趋势 ……………………………………………………… 180
图 6-5　2018 年 9 月 10 日至 2019 年 12 月 30 日 *fkcr* 的样本外
　　　　预测值趋势 ……………………………………………………… 181
图 6-6　2018 年 9 月 10 日至 2019 年 12 月 30 日 *sdirt* 的样本外
　　　　预测值趋势 ……………………………………………………… 181
图 6-7　2018 年 9 月 10 日至 2019 年 12 月 30 日 *mcdr* 的样本外
　　　　预测值趋势 ……………………………………………………… 182

图 6-8　2018 年 9 月 10 日至 2019 年 12 月 30 日 $ltrm$ 的样本外
　　　　预测值趋势 ··· 182

图 6-9　2020 年 1 月 2 日至 2022 年 1 月 25 日 $othr$ 的样本外
　　　　预测值趋势 ··· 186

图 6-10　2020 年 1 月 2 日至 2022 年 1 月 25 日 $rwzfr$ 的样本外
　　　　 预测值趋势 ·· 186

图 6-11　2020 年 1 月 2 日至 2022 年 1 月 25 日 $fkcr$ 的样本外
　　　　 预测值趋势 ·· 187

图 6-12　2020 年 1 月 2 日至 2022 年 1 月 25 日 $mcdr$ 的样本外
　　　　 预测值趋势 ·· 187

图 6-13　2020 年 1 月 2 日至 2022 年 1 月 25 日 $sdirt$ 的样本外
　　　　 预测值趋势 ·· 188

图 6-14　2020 年 1 月 2 日至 2022 年 1 月 25 日 $ltrm$ 的样本外
　　　　 预测值趋势 ·· 188

图 6-15　6 种民间借贷风险指数的样本外预测值 ························· 193

表目录

表 1-1　地方金融风险的分类 …… 33
表 1-2　大数据的数据分类 …… 36
表 1-3　政府大数据治理的特点 …… 39
表 2-1　2018~2021 年高风险评级金融机构分布情况 …… 65
表 2-2　2002~2022 年国家金融风险治理政策数量 …… 76
表 2-3　2002~2022 年地方金融风险治理政策数量 …… 78
表 2-4　2013~2022 年地方不同金融风险治理政策数量 …… 80
表 2-5　2013~2022 年不同地区金融风险治理政策数量 …… 81
表 2-6　2022 年不同地区金融风险治理政策情况 …… 82
表 2-7　2018 年地方政府类金融风险治理政策情况 …… 83
表 3-1　地方金融风险治理案例对比分析 …… 105
表 4-1　金融风险相关裁判文书案件条目 …… 115
表 4-2　2018 年地方政府金融风险治理政策情况 …… 121
表 4-3　金融风险类别的对比情况 …… 122
表 4-4　大数据治理的风险识别指标体系 …… 124
表 4-5　大数据治理的风险等级 …… 124
表 4-6　地方金融风险大数据监测指标体系 …… 125
表 4-7　地方金融风险预警信号体系 …… 138
表 5-1　地方金融风险测算指标体系 …… 144

表5-2	相关变量描述性统计分析	150
表5-3	2021年各类别地方金融风险水平的区域分布	154
表5-4	2013~2021年地方金融风险水平的基尼系数分解	158
表5-5	2013~2021年地方金融风险水平变异系数的估计结果	159
表5-6	2013~2021年地方金融风险水平的Moran's I指数	160
表5-7	地方金融风险水平绝对β收敛系数估计结果	161
表5-8	地方金融风险水平条件β收敛系数估计结果	163
表5-9	基于泰尔指数的地方金融风险水平基尼系数测算及其分解	165
表5-10	地方金融风险水平β收敛稳健性估计结果	166
表6-1	温州指数的样本描述性统计结果	176
表6-2	不同模型的基准样本内预测误差结果	177
表6-3	不同模型的拓展样本内预测误差结果	183
表6-4	"十四五"时期30个省（区、市）地方金融风险指数最优预测值	190
表6-5	2025年不同地区各类别地方金融风险水平的区域分布	191
表6-6	"十四五"时期民间借贷风险指数的样本外预测参数	192

绪　论

近年来，地方金融风险对社会经济发展产生了巨大影响，如何化解地方金融风险成为学术研究热点。尤其是伴随大数据资源及技术优势的释放，大数据逐渐成为政府风险治理模式创新的重要工具和载体，引发地方金融风险治理创新。

第一节　研究背景及意义

一　研究背景

（一）地方金融风险持续发生

在全球地缘政治风险持续存在、国内外经济社会发展持续承压的客观现实下，地方金融风险持续发生。一方面，在地方金融监管制度滞后以及非法金融组织自律性差等多重因素干扰下，地方非法金融风险较为明显。来自中国裁判文书网的统计数据显示，2019年、2020年、2021年、2022年中国民间借贷纠纷案件数分别高达320万件、281万件、220万件、122万件，潜在借贷风险较大。① 尤其是2012年以来，以P2P为代表的地方非法金融风

---

① 数据来源：在中国裁判文书网通过检索"借贷"等词条获得数据并整理而得（检索时间：2023-03-11）。

险持续发生，2017年P2P借贷问题平台累计数为4039家①，占全部网络借贷平台总量的67.7%，达到历史最高值，其中，问题网络借贷平台超过200家的地区主要集中在北京、上海、广东、浙江及山东5个东部地区，占全国互联网金融问题企业总数的67.08%，网络借贷风险地区分布相对较为集中。同时，在互联网技术驱动下，非法集资、变相自我融资，以及就业贷、教育贷等地方非法金融风险时有发生，造成较大社会负向效应。另一方面，在房地产市场下行调整等客观压力下，以城市商业银行、农信社、村镇银行等中小银行为代表的地方正式金融机构风险时有发生。来自中国人民银行的统计数据显示，截至2022年3月，国内地方金融高风险机构主要集中于农村商业银行、农村合作银行、农信社等农合机构，村镇银行，分别有186家、103家，城市商业银行有13家。② 金融是现代经济的血脉，地方金融风险的负外部性将极大地影响社会经济发展。如何有效地防控地方金融风险，是地方政府治理的关键议题之一。

（二）地方金融风险治理能力稳步增强

2012年以来，在温州民间金融危机及P2P网络借贷风险相继爆发的现实背景下，国家持续加大对地方金融风险的治理力度。一是地方非法金融风险治理能力持续增强。截至2021年，全国31个省（区、市）（不含港澳台地区）均已出台针对P2P网络借贷风险监管的制度或者条例，大力治理互联网金融风险。同时，互联网金融平台已经清零，P2P网络借贷的增量风险得到有效控制。此外，以深圳、广州、上海及苏州等为代表的地方政府逐步探索地方金融风险的大数据治理模式，如"金鹰""灵鲲"等系统③，强化地方非法金融风险防控。二是国家顶层设计规范力度持续加大。2020年国家出台的《民法典》对民间借贷行为进行

---

① 数据来源：网贷之家等互联网金融平台。
② 《2021年四季度央行金融机构评级结果》，中国人民银行网站，2022年3月25日，http://www.pbc.gov.cn/jinrongwendingju/146766/146772/4515803/index.html，最后访问日期：2022年11月3日。
③ 详情见本书第四章论述。

制度规定，出台针对网络借贷行为规范的《网络小额贷款业务管理暂行办法（征求意见稿）》，加强对民间借贷的规范。同时，2021年12月31日，中国人民银行发布《地方金融监督管理条例（草案征求意见稿）》，明确按照"中央统一规则，地方实施监管，谁审批、谁监管、谁担责"的原则，将地方各类金融业态纳入统一监管框架。2022年以来，湖北、陕西、安徽、湖南、广东及北京等地先后出台地方性金融条例，逐步构建起从中央到地方的金融风险治理体系，地方金融风险治理能力明显增强。

（三）大数据治理成为政府治理能力现代化的重要抓手

2020年2月14日，习近平总书记在中央全面深化改革委员会第十二次会议中提出"要鼓励运用大数据、人工智能、云计算等数字技术，在疫情监测分析、病毒溯源、防控救治、资源调配等方面更好发挥支撑作用"，强调大数据等新技术在政府治理中的作用和应用。党的十九届五中全会进一步明确指出，"加强数字社会、数字政府建设，提升公共服务、社会治理等数字化智能化水平"，强调着重推进政府大数据治理能力建设。2021年3月，《中华人民共和国国民经济和社会发展第十四个五年规划和2035年远景目标纲要》明确提出要"提高数字政府建设水平"。此后，《数据安全法》（2021年6月）、《个人信息保护法》（2021年8月）相继颁布，数字政府建设逐步加快。2021年12月，国家发展和改革委员会颁布《"十四五"推进国家政务信息化规划》，明确要求2025年政务信息化建设总体迈入以数据赋能、协同治理、智慧决策、优质服务为主要特征的融慧治理新阶段，形成平台化协同、在线化服务、数据化决策、智能化监管的新型数字政府治理模式，支撑国家治理体系和治理能力现代化。2022年4月，中央全面深化改革委员会第二十五次会议审议通过了《关于加强数字政府建设的指导意见》，习近平总书记强调，要全面贯彻网络强国战略，把数字技术广泛应用于政府管理服务，推动政府数字化、智能化运行，为推进国家治理体系和治理能力现代化提供有力支撑。实践中，2017年以来，以广州为代表的地方政府逐步深化政府大数据治理能力建设，不断提高地方政府的现代化治理能力，大数据治理成为政府治理能力现代化的重要抓手。

二　研究意义

（一）学术价值

一是搭建多学科综合理论研究分析框架。基于最新研究成果，引入金融学、信息管理学、公共管理学等多种视角，系统构建包括金融风险形态嬗变机理、地方金融风险大数据监测预警和协同治理的理论分析框架，为地方金融监管领域提供新的分析范式。二是基于大数据创新地方金融风险监测预警方法。充分结合"量"的大数据资源和基于大数据的"方法"，探索区块链、机器学习、人工智能等监测预警方法，为地方金融风险监测预警方法创新提供有益参考。三是基于效率增进研究协同治理机制。从"1+1>2"协同治理效应的基本内涵出发，深入把握大数据技术的本质，探索地方金融风险治理的基本规律。这不仅能补充地方金融风险治理体系，也是跨学科系统化研究效应及治理机制创新的尝试。

（二）应用价值

一是基于对比分析精准得出当前中国地方金融风险大数据治理过程中的痛点、难点，并对广州、上海等典型实践案例进行重点剖析，有助于分析当前地方金融风险大数据监测预警及协同治理过程中面临的突出问题。二是基于大数据构建地方金融风险监测预警体系，运用机器学习仿真验证并预测"十四五"期间地方金融风险发展趋向，突出重大突发公共卫生事件影响下地方金融风险预测的精准性与鲁棒性，有助于及时捕捉重大突发公共卫生事件对地方金融风险的影响，为"十四五"时期地方金融风险监测预警提供参考。三是基于现状、案例、实证及仿真预测结果，构建包含实质参与等在内的基于大数据的地方金融风险协同治理机制，并提出具备可操作性的针对提升基于大数据的地方金融风险监测预警及协同治理效能的政策建议，对地方政府守住不发生系统性金融风险底线具有重要的实践价值。

第二节 文献综述

一 地方金融风险的类型及成因

在经济周期波动等因素影响下，地方金融风险问题越来越受到学者们的关注。尤其是地方正式与非正式金融风险交织，使地方金融风险的类型和要因也发生较大变化。

（一）地方金融组织的概念及类型

当前，学者们对地方金融组织尚无统一的概念界定，代表性观点强调金融机构设立、监管与社会经济服务的地方属性，以及金融主体的多样性。阎庆民（2012）认为，地方金融是由地方人民政府管理或审批，并承担风险处置责任的金融机构。洪正和胡勇锋（2017）认为，地方金融机构是指在一定行政区域内设立，由地方人民政府管理或审批，并承担风险处置责任，主要为当地居民或企业提供金融服务的金融机构，包括地方商业银行、农信社、地方性证券公司、地方性保险公司、小额贷款公司、融资担保公司、区域性股权交易所、区域性产权交易所等银行业、证券业、非银行金融机构和准金融机构，以及在全国各地广泛存在的民间金融机构。进一步地，从结合金融内在规定性和主观金融监管权安排来看，刘志伟（2020）认为，地方金融组织应该是地方金融监管机构批准设立的、注册地在本辖区且仅在本辖区开展业务的金融业态。此外，从经济功能角度看，孟飞（2022）认为地方金融组织是一种为弱势群体提供普惠金融服务的组织。

可见，学者们对地方金融组织或机构概念的研究突出了注册和管理的地方属性。但是，金融风险本身存在明显的内部传染性以及跨市场、跨地理空间、跨时间周期的溢出效应，大部分学者在对地方金融风险进行研究的过程中，实际上模糊了地方金融组织或地方金融机构的概念边界，按照属地规则来进行金融风险的相关研究。学者们普遍认为地方金融风险包括流动性风险、操作风险、市场风险、关联风险、信用风险等类型（安国俊，2010；

余子良，2013；王营、曹廷求，2017；朱沛华、李军林，2019）。

（二）地方金融风险的演变趋势

学者们对地方金融风险的测算聚焦于区域的概念或者系统性、整体性维度。吕勇斌和陈自雅（2014）从政府、金融及企业三部门角度测算了区域金融风险，认为地方财政风险持续上升，银行风险和企业风险逐步下降。进一步地，沈丽等（2019a）从金融、企业、政府、宏观经济四个维度构建地方金融压力指数来衡量地方金融风险，认为大部分地区仍然存在较高风险，风险的空间差异较大。

此外，基于上述学者的研究成果，学者们进一步扩大了地方金融风险的研究范畴，证实了地方金融风险的空间特征。刘凤根等（2022）从政府调控、宏观经济、保险业、银行业、规模以上企业以及房地产泡沫等角度构建了区域金融风险测算体系，认为中国不同地区的金融风险呈现显著的空间关联性。党印等（2022a）从政府、房地产、企业、互联网金融以及传统金融等角度分析了区域系统性金融风险水平，认为地方金融风险在地理位置偏远、金融监管较松的地区较为明显，不同省份系统性金融风险传染网络中存在净溢入、净溢出、经纪人以及双向溢出四个板块，进一步证实了不同地区系统性金融风险的空间关联性以及溢出效应。

（三）地方金融风险的影响因素

金融风险影响因素研究一直是学者们研究的热点话题。国外学者多聚焦全球或者一国的范畴来进行分析，而国内学者主要是基于省级及以下样本对金融风险问题进行综合分析。

国外学者对金融风险影响因素的研究较早，主要包括内因和外因两个方面。内因包括金融的脆弱性、市场主体的有限理性和资产价格的波动性等，这些因素决定了金融体系具有内在不稳定性（Mathonnat and Minea，2018），突出表现在金融市场过度创新、金融机构间业务及资产负债关联性（Altunbas et al.，2018）、房地产（Huh and Kim，2021）及石油价格波动（Maghyereh et al.，2022）等。外因包括政府干预（Beck et al.，2016）及经济周期波动（Fernández-Gámez et al.，2020）等。

国内学者则聚焦地方范畴从内外因角度进行分析。内部因素包括银行信贷技术同质化、民营企业高杠杆融资（宋凌峰、叶永刚，2011）、担保链、股份制银行（杨子晖、李东承，2018）、影子银行（王妍等，2019）、网络借贷平台（温春然、沈传河，2019）等。外部因素包括监管缺失（张雪兰、何德旭，2011）、征信及惩戒不完善、财政分权（王俊、洪正，2015）、信贷周期、经济周期、金融风险的季风效应（马勇等，2016）、财政收入（李卉、付文林，2019）、金融隐性分权（张斌彬、何德旭，2019）、金融配置效率（冯锐等，2022）等。此外，还有学者从金融杠杆、产业结构、经济波动、市场改革等角度探讨了不同因素对地方金融风险影响的中介效应（黄锐等，2018；朱沛华、李军林，2019；张影，2022）。

从研究热点来看，当前，中国金融风险集中表现为地方融资暴露的债务风险、企业部门违约风险、资本市场风险以及房地产市场调整带来的风险（李文军，2019），尤其是银行和房地产市场是地方金融风险的主要来源（荣梦杰、李刚，2020）。

（1）地方政府债务的影响。在委托代理关系下，地方政府债务扩张存在逆向选择的内在激励，同时，财政与金融职能的交叉也致使债务风险与金融风险存在相互感染与传播的途径（唐云锋、刘清杰，2018）。尤其是地方政府投资冲动导致地方政府债务规模呈现明显的周期性特点，商业银行作为地方债务认购的主体而将债务风险转化为金融风险（毛锐等，2018），78.79%的地方政府债务风险可由地方金融部门风险解释（熊琛、金昊，2018）。同时，土地价格下降，引发政府债券利率下降，导致违约概率上升（李玉龙，2019），土地财政是地方政府债券引发地方系统性金融风险的关键因素。除了土地，影子银行、融资平台等渠道形成的地方政府隐性债务，形成了地方系统性金融风险在金融—财政—政治间的触发机制（马万里、张敏，2020）。进一步地，地方政府债务风险扩张不仅会加剧区域性金融风险的集聚，还会对地方金融风险产生负向空间溢出效应（沈丽、范文晓，2021；赵文举、张曾莲，2021）。同样，地方政府隐性债务风险对地方金融风险同样存在正向影响，且存在负向空间溢出效应，尤其是在经济下行周期中，这种作用更为突出（尹李峰、姚驰，2022）。

（2）房地产市场的影响。我国系统性金融风险与房地产市场高度相关（蔡真，2018）。房地产与地方政府债务风险叠加对地方金融系统产生倒逼效应，加剧了地方金融风险的负向空间溢出效应（唐云锋、毛军，2020）。具体来看，房产税和房价是导致地方政府债务风险与金融风险相互传导的关键因素，其中，房价下跌对系统性金融风险的冲击敏感度高于房价上涨，房产税的敏感度次之（张璇等，2022）。

（3）金融科技的影响。数字化发展对区域金融风险会产生负向作用，网贷发展水平对区域金融风险的影响随着网贷发展水平的提高而降低（陈蕾等，2021）。但是，也有学者认为金融科技对区域金融风险会产生正向影响，且存在明显的负向空间溢出效应，这种效应在金融科技落后地区更为突出（冯智杰、刘丽珑，2021）。此外，还有学者认为数字金融通过缓解地方政府债务压力和融资约束降低本地区金融风险，但跨区域发展时会导致金融竞争加剧，加大融资约束，增加周边地区金融风险（周晔、丁鑫，2022）。

二 基于大数据的地方金融风险监测预警研究

大数据时代，数据治理成为地方金融风险监测预警的重要工具，数据治理也成为政府治理的关键内容。同时，大数据拓展了地方金融风险监测预警的指标体系，提高了监测预警的广度和精度，但仍旧遵从传统金融风险监测预警的既有理论。

（一）金融数据的治理研究

数据治理最早起源于企业的管理实践，并逐步引入公共管理领域。桑尼尔·索雷斯（Sunil Soares）在其著作《Big Data》中介绍了大数据治理准则和治理类型，分析了大数据对政府治理的作用，是对大数据治理的有益探索。

理论上，数据治理具有多元性、协同性、开放性、动态平衡性以及复杂性五个特征（苏玉娟，2016），需要从集成、一致性、处理、存储和共享五个方面进行数据治理（马广惠等，2018）。数据治理框架包括信息和数据管理、数据存储、计算和管理质量、识别机构结构、最优化和计算、随机选择、大数据视角决策、政策和标准设定八个部分（Al-Badi et al.，2018）。实际上，大数据给政府数据治理带来了一系列挑战，包括公众参与悖论、数据瓶颈、数据开放等客观制约（刘叶婷、唐斯斯，2014）。尤其是地方政府大数据治理改革呈现从"存量数据治理"向"增量数据治理"的巨大转变，并表现出数据安全与共享、数据所有权与使用权、数据公共性与部门利益性三者之间的矛盾（张翔，2018），给基层政府的核心利益、传统人才结构以及系统联动性带来了巨大挑战（闵学勤，2019）。同时，数据治理深刻反映了"数据与治理关系"掩盖下"技术与社会发展的互动与纠偏"（朱婉菁，2021）。在数据竞争压力下，数据治理规范和竞争规范之间的界限逐渐模糊（曹思依，2021），数据竞争及数据治理问题突出，数据安全问题得到了极大的关注（Sun et al.，2021）。同时，需要厘清数据权益，制定法律保护和救济制度（杨嵘均，2021）。对于社会公众而言，公共数据的内部治理和外部风险规制都存在一定的局限（徐珉川，2021）。对于个人而言，需要协调好数据资源在社会利用和个人保护之间的矛盾（高富平、尹腊梅，2022），从公共数据开放的信任交互关系、数据自身的保障两个方面建立公共数据的可信关系。

基于金融机构识别、金融交易识别和金融产品识别的金融数据改革是全球金融数据改革的新动向（王达，2015）。通过关联数据集成、语义关联发现、关联数据结构化和关联数据可视化实现金融数据可视化，科技赋能释放了金融数据的效能（张瑞等，2018）。因此，基于大数据的金融，是充分利用大数据平台和技术作用于金融发展的过程（何大安，2019），其间数据治理是前提。

当前，中国金融监管的大数据规制范式中，存在数据确权困境和数据共享的市场失灵（杨帆，2019），需要建立数据权利保护体系，细化金融数据治理规则，并应用于金融监管（廖原，2021）。同时，在共治、预防、技术理念下统筹治理资源，形成以金融数据治理为核心、反垄断与金融监管规制为要点的金融科技数据垄断治理机制（刘乃梁、吕豪杰，2022）。进一步地，在金融数据跨境流动加快的客观现实下，在明确金融监管特殊规制基础上，建立数据主权、数据保护和发展数据经济相统一的整体数据跨境规制

（王远志，2020；马忠法、胡玲，2020）。值得注意的是，数据共享和迁移与隐私保护也导致了数据监管难题，需要加快建设开放银行数据标准体系，明确数据权责，以科技赋能推进数据安全风险治理（杨学科、安雪梅，2021），尤其是加强对金融数据跨境流动的分级监管（彭德雷、张子琳，2022），遏制金融数据的跨境流动风险。此外，当前金融交易数据存在口径不一、数据面向偏小、数据风险解释不足等问题，需要加强数据标准的对接转化，明确不同机构数据获取的制度安排，夺取国际话语权（张阳，2022）。当前，个人金融数据面临数据泄露与管理失范、潜在经济损失和国家安全风险问题，存在金融数据治理欠缺体系性和协调性、治理标准分类分级不明确、治理路径有理论与现实滞碍、治理对象与控制结构不匹配等局限（郭雳，2022）。对于爬虫技术产生的金融信息安全问题，需要强化金融消费者数据的公法保护，明确个人信息权和隐私权的差异化配置，加强对金融信息的安全保护（林慰曾，2022）。

（二）基于大数据的地方金融风险监测预警指标研究进展

从研究对象来看，学者们主要从银行风险（郭晨等，2021）、系统性金融风险（中央结算公司上海总部课题组，2022；党印等，2022a）等角度构建地方金融风险监测指标体系，部分学者从区域角度探索了地方金融风险监测指标体系，鲜有学者对基于大数据的地方金融风险监测预警指标进行系统研究。

国外学者较早研究了金融风险监测指标问题，研究范围更聚焦全球及一国（或地区），指标设计可以划分为宏观和微观两个层次。宏观指标包括GDP增长率、通货膨胀率、利率、货币总量、房地产（Carmichael and Coën，2020）、恐怖袭击、石油以及股市（Gkillas et al.，2019）等。微观指标包括银行同业业务及贷款质量、企业信誉（Al-Khazali and Mirzaei，2017）、不良贷款、违约率（Wickens，2017）、企业资产质量（Detthamrong et al.，2017）、企业杠杆、银行董事会结构（Dupire and Slagmulder，2019）以及居民风险偏好（Vieider et al.，2019）等。

在国内学者关于地方金融风险监测预警的研究中，学者们主要聚焦中国地方金融风险实际，从宏观与微观两个角度对省级样本进行金融风险监测预警。在宏观方面，指标包括 GDP 增长率、财政赤字（陈秋玲等，2009）、货币风险、股票市场波动性、债务冲击（吴成颂，2011）、资产泡沫（王春丽、胡玲，2014；唐升、周新苗，2018）、对外贸易依存度（荣梦杰、李刚，2020）等。在微观方面，指标包括不良贷款率、银行杠杆率、资本充足率等基于 CAMEL 的银行业监管指标（叶永刚等，2018；沈丽等，2019b），授信集中度、网络借贷集中度等民间借贷风险指标（李建军、卢少红，2013），以及规模以上企业负债、企业总资产等企业经营指标（刘凤根等，2022）。此外，部分学者构建了河南、山西（王晓婷等，2019）等地方性指标体系，以及地方法人机构、影子银行（宋巍，2018）及 P2P 借贷（赵喜仓、毛茜，2018）等单一指标体系。

目前，鲜有学者基于大数据来系统构建地方金融风险监测预警指标体系。但是，基于大数据的地方金融风险监测预警指标仍然囊括现有传统地方金融风险监测指标的宏观和微观方面。与传统金融风险指标不同的是，大数据监测指标更加微观，尤其是研究的颗粒度更细、更加依赖于运用大数据技术来获得监测指标（党印等，2022b）。尤其是大量学者运用金融领域文本情绪分类器构建金融风险舆情来进行风险预警（Sousa et al., 2019；Mishev et al., 2020），基于大数据获得更加微观的指标成为基于大数据的地方金融风险监测预警的技术优势和发展趋向。

（三）基于大数据的地方金融风险监测预警方法

作为金融风险治理的重要内容，包含地方金融风险的金融风险监测预警一直是学者们研究的热点，但这些研究是以一国或地区的金融风险监测预警方法研究为主。当前，学者们针对金融风险监测预警的研究仍以包括向量自回归模型等在内的传统时间序列模型为主，基于大数据的包括人工神经网络模型等在内的深度学习模型的金融风险监测预警仍处于探索阶段。

从传统的金融风险监测预警研究成果来看，其主要围绕金融脆弱性、系统性金融风险、金融风险传染三个角度展开。一是金融脆弱性。作为早期监测金融风险的主要指标，其代表性的衡量方法有金融稳定指数的加权平均法、主成分分析法（Arzamasov and Penikas，2014）、多元 GARCH 计量回归法（Caporin and Costola，2022）、Logit 计量回归法、风险信号灯法（吴田，2015）、马尔科夫区制转移模型（王春丽、胡玲，2014；沈悦等，2019）等。二是系统性金融风险，代表性衡量方法有条件在险价值法（CoVaR）、预期损失法、违约概率测算法、条件均值方法、多项式核函数 SVM 预警模型（淳伟德、肖杨，2018）等。三是金融风险传染，代表性衡量方法有共同风险模型法、困境依赖矩阵法、违约强度模型法（Giesecke et al.，2011）及金融网络分析法（Rau，2017；Al Guindy，2022）、基于 BP 神经网络的金融风险预警模型（任英华等，2022）等。此外，各国的监管预警工具包括欧洲央行采用的改进的综合指数法、国际货币基金组织（IMF）的系统性风险早期预警系统、英国的系统性机构风险评估系统及韩国央行的宏观审慎政策系统性风险评估模型等。

值得注意的是，人类智慧和机器智能未能高效融合是制约传统监测预警方法及防控效率的关键因素（丁晓蔚、苏新宁，2019）。当前，学者们关于基于大数据的地方金融风险预警研究还较为零散。正如上文指出的，学者们对金融风险预警的研究主要集中在系统性金融风险（Alexandre et al.，2021）、金融行为（Politou et al.，2019）等角度。

一是系统性金融风险。肖争艳和任梦瑶（2021）采用新闻文本大数据构造了媒体风险感知指标，使用跨网云计算整合解决方案与服务（CISS）方法构建了系统性金融风险指数，弥补了金融压力指数在金融风险预警上的不足，增强了金融风险识别与预警能力。同时，针对类似新闻文本的感知技术，肖京等（2021）分析了感知技术在金融风险预警中的应用，认为利用图像处理技术、自然语言处理技术可以从海量异构数据源中挖掘出用于金融风险预警的有效因子，运用机器学习算法和深度学习算法可以有效地预测金融风险。苗子清等（2021）运用机器学习高斯图模型分析了系统性金融风险的传染性，认为系统性金融风险能够在银行间传染，通过投资者情绪传染的效果不明显。Fan 等（2021）基于大数据样本，分析了中国系统性金融风险的传染性，认为中国系统性金融风险具有集聚效应。Du 等（2021）构建了互联网信贷风险的预警模型，预测了5年内90家企业的风险，认为人工神经网络的风险预测精准率为85%，采用遗传算法优化人工神经网络后预测精准率提高到97%。进一步地，欧阳资生等（2022）将网络舆情指数纳入LSTM模型中，认为LSTM模型能够较好地挖掘金融时间序列的非线性特征，提高金融风险预警的预测精度。

二是互联网金融风险。通过构建以数据为中心，包含数据管理层、整合层、分析层、解释层的基于大数据的互联网金融风险监测预警系统（杨虎等，2014），将Relief-F等特征选择技术与微粒群智能策略结合的改进协同算法更适用于互联网金融平台风险预警（李桂芝等，2021）。对此，其他学者持有不同的观点。Malekipirbazari和Aksakalli（2015）认为，基于分类模型的随机森林能够较好地识别社会借贷中好的贷款者，从而降低借贷风险。Kim和Cho（2019）运用集成的半监督学习模型预测了社会借贷的违约风险，相对于标签化数据，Dempster-Shafer理论下的直推式支持向量机（Transductive Support Vector Machine，TSVM）对无标签数据的社会借贷违约风险的预测精准度能够提高10%。Setiawan等（2019）运用一种基于SVM的二元粒子群算法来提出数据特征，以极限随机树（Extremely Randomized Tree，ERT）和随机森林（Random Forest，RF）作为分类器，对比分析了P2P平台的信贷违约风险，认为BPSO-SVM能够较好地区分违约风险。同时，少数学者对比分析了ARIMA、SVM和ANN等传统统计模型，以及LSTM模型在P2P违约率上的预测精度，发现LSTM在预测P2P违约率上的表现明显优于其他模型（Liang and Cai，2020）。此外，还有学者基于客户文本，运用深度学习方法，分析P2P借贷的违约风险，发现类似于平均嵌入神经网络的简化模型同样能取得类似于RoBERTa的复杂模型的估计效果（Kriebel and Stitz，2021）。

三是金融市场风险。王鹏和黄迅（2018）引入孪生SVM（Twin-SVM）模型预测了多分形特征下的金融市场风险，认为Twin-SVM模型相较传统SVM模型和BP神经网络模型在预测精度和稳定性上更优，能更有效地解决预测模型的非对称性问题。其中，对于信贷紧缩约束，基于遗传算法

（Genetic Algorithm，GA）的智能模型能够在动态贷款决策中找到最小银行违约概率，防控金融风险（Metawa et al.，2017）。也有学者认为，K-means SMOTE算法更能识别信用卡违约风险（Chen and Zhang，2021；张品一、薛京京，2022）。而琚春华等（2021）认为，在预测信用卡欺诈风险时，基于kNN-Smote-LSTM模型可以有效地改善组合模型对多分类的误分类问题，提高风险预测精度。同时，针对极端金融风险，林宇等（2016）运用改进的SVM模型，即ODR-ADASYN-SVM模型预测中国极端金融风险，认为ODR-ADASYN-SVM模型表现出显著的稳定性。

此外，针对区域金融风险大数据防控，张立华和张顺顺（2022）认为机器学习发展呈现六种趋势：一是通过文本分析等提升预测传统风险能力；二是数据安全驱动风险防控；三是大数据挖掘系统风险数据；四是风险测度模型的构建优化；五是图像数据增效；六是风险监管量化的集成。

（四）大数据预测模型的研究进展

伴随人工智能算法的迭代加速，基于大数据的预测模型的预测精度更高、鲁棒性更强。该模型以人工智能模型和混合模型为主，尤其是混合模型成为预测模型的主流形式之一。

（1）人工智能预测模型。伴随信息技术的发展，人工智能技术逐步应用于时间序列预测中。在研究内容上，人工智能技术广泛应用于电力系统及能源系统、电网、价格预测、疾病及诊断、犯罪等领域，其中，在价格预测方面包括股票价格、煤炭价格、石油期货价格、金融资产价格、玉米期货价格等指标（Rubaszek，2021）。在研究方法上，深度学习方法已经成为预测的热点方法（Hong et al.，2020；Seong and Nam，2022）。Yang和Schell（2022）提出了一种由大数据驱动的深度学习模型来捕捉电价的时间分布，认为基于GoogLeNet的CNN模型对电价的预测精度相对于基准模型提高了17.34%。此外，Busari和Lim（2021）对比分析了AdaBoost-LSTM模型和AdaBoost-GRU模型在原油价格预测上的准确性，结果发现，AdaBoost-GRU模型的预测精准度比其他模型更高。

（2）混合预测模型。近年来，混合预测模型因发挥了不同算法和模型的优点，对资源价格、宏观经济指标等具有更优的预测精度，成为学者们研究的热点。一是基于 LSTM 的混合模型。Lehna 等（2022）构建了包含卷积神经网络模型和 LSTM 模型（CNN-LSTM）以及两阶段向量自回归模型（VAR）的混合模型来预测电力价格，认为混合模型预测效果比单一模型的预测效果更佳。Liu 等（2022）构建了一个包含贝叶斯最优以及小波转换的混合人工神经网络模型来预测铜价，认为 LSTM 模型或 GRU 模型对铜价预测的均方差小于 3%，这种混合模型的预测结果具有鲁棒性。二是基于极限机器学习（ELM）的混合模型。Zhang 等（2021）构建了基于 ELM 和元启发式的混合算法来预测铜价，认为基于 ELM 的粒子群优化（PSO）和遗传算法（GA）比传统的 ELM 模型和 ANN 模型在铜价上的预测精度更高。三是基于决策树的混合模型。基于梯度提升决策树（GBDT）、关联性分析及经验小波转换模型（EWT），Gu 等（2021）构建了 EWT-GBDT 混合模型来分析了镍价的波动，认为无论在哪种数据样本下，EWT-GBDT 混合模型对镍价的预测更优。四是基于分解的模型。B. Wang 和 J. Wang（2020）基于随机时间有效权重（SW）和经验模态分解（EMD）分析了全球能源价格，认为基于 EMD 的 SW-GRU 模型的预测效果比其他模型更优。

三 基于大数据的协同治理研究

大多数学者认为，协同治理理论起源于协同论，与系统论、治理理论等其他学科融合发展，逐步应用于公共管理学等多个学科，并成为世界各国公共治理的重要理论依据。伴随大数据资源和技术优势的凸显，基于大数据的协同治理也逐渐成为学者们研究的热点。

（一）协同治理的内涵及特点研究

理论上，学者们对协同治理理论并未形成统一认识。早期，学者们认为，协同治理本质上是一种结构式的制度设计（Padiila and Daigle, 1998），是主体多元化在共识基础上集体活动的有机体（Keyim, 2018）。也有学者认为，协同治理是一种社会治理安排，是包含公共与私人机构的利益相关者参与集体公共决策或者对公共物品进行管理（孙大鹏，2022）。

多元协同作为社会治理的内生语义与实践逻辑，正逐渐由理论构划变为一种现实可能（张振波，2015）。协同治理理论的生成逻辑是：以公共权力为逻辑起点，以政治认同、主体条件、经济绩效、制度保障四个要素为功能性支撑，以期达到善治的目的（金太军、鹿斌，2016）。在分析治理理论和协同学的基础上，郑巧和肖文涛（2008）提出协同治理存在治理主体多元性、治理权威多样性、子系统协作性、系统动态性、自组织协调性及社会秩序稳定性六个特点。在此基础上，李汉卿（2014）认为协同治理包含治理主体的多元化、各子系统的协同性、自组织间的协同以及共同规则的制定四个方面的特点，其中重点是共同规则的制定。进一步地，结合突发环境事件治理，有学者认为协同治理包括治理主体多元性、治理权威多样性、主体关系平等性、治理目标共时性四个特点（李胜，2022）。

（二）基于大数据的协同治理模式研究

大数据或数字化协同治理是国内学者探索的热点。智慧政府通过添加数据交换及有效交互等ICT技术来实现协同执行（Lin and Geertman，2015），信息技术和管理创新是平衡制度遵从和创新分配的关键（van den Broek and van Veenstra，2018）。

数据治理是大数据协同治理的基础要件（胡玉桃，2021；梁宇、郑易平，2021）。政府数据治理是包含主体协同、体制机制协同和数据资源协同的整体性治理的内生诉求，是大数据技术、技术应用落地能力、数据支撑决策三个差异下的数据赋能的协同与分工，是公共价值的耦合与内聚（党燕妮，2022）。当前，政府数据共享存在条块分割、大数据的技术隐患、主体间信任不足、激励机制不完善等约束。基于中国31个省（区、市）（不含港澳台地区）的案例，张会平和宋晔琴（2020）提出了政务服务数据协同治理的环境核心—组织支撑型、技术核心—组织支撑型、技术—环境双核心型、组织核心—技术支撑型及组织—技术—环境联动型五种模式，从而通过提升数据管理技术和治理技术水平、构建协同机制等途径打破数据壁垒，释放数据共享效能（李肆，2021）。尤其是可以充分发挥区块链技术的分布式、透明、可追溯、公开等技术优势，构建基于区块链技术的政府数据共享运行机制，统一数据尺度、归属和可信度等标准（郑荣等，2022）。针对食品安全的数据协同治理，需要强化整体网络中关键主体影响力，提升关键任务节点协同水平，优化数据共享和流动过程的双向互动子群结构，促进数据生命周期客体导向的治理部署，实现目标引导协同、情境事件驱动协同、机构跨界跨域协同以及数据权属任务协同（沙勇忠、陆莉，2022）。

政府、社会和公众是社会协同治理最重要的社会资本和治理主体，诉求表达、心理干预、矛盾调解和权益保障是创新社会治理协同机制的重要内容（徐艳红、伍小乐，2018），政府主导、社会协同、全民参与的合作治理模式将成为主流模式。通过数字化手段，政府部门建立起无缝化、矩阵化及网络化的治理模式，但数字化功能的充分释放需以政府职能转变为前提，以权责厘定及资源配置的有效性为基础（胡重明，2020）。具体来看，数字平台通过移动、物联及云数据打破了不同主体参与协同的物理界限，依托平台模块化、功能标准化促进多元主体之间的协同，突出传统协同治理模式的效率瓶颈（曾渝、黄璜，2021），可根据协同治理主体多元化参与程度和主体相互依赖程度将协同治理类型划分为低参与—高依赖、高参与—低依赖、低参与—低依赖、高参与—高依赖四种。进一步地，白文琳（2022）从协同目标和愿景、协同参与者和利益相关者、协同数据资源、协同活动和流程以及协同要素五个维度提出了基于协同理论的政府大数据治理框架，尤其是提出了协同数据资源维度，强调了数据生命周期内在数量、质量等数据资源在政府大数据治理协同中的重要地位和作用。实际上，数据赋能的协同治理模式，不同于行政式、市场式和网络式的协同治理模式（Kaufmann and Kraay，1992），是一种赛博格（Cyborg）协同，表现为对信息结构和信息过程进行数字化重组的协同数字化，以及向网络化（人）和赛博格（机器）拓展的数字化协同，应用于决策协同、管理协同、服务协同三种场景，存在空间聚合、多元参与、无缝沟通和工具集成四种功能，呈现开放、平行、敏捷、穿透和迭代五个特征（黄璜等，2022）。

（三）不同情境下基于大数据的协同治理机制研究

理论上，社会治理协同创新机制，是将社会复杂网络系统的各个要素（子系统）进行系统优化、整合、调节与控制，实现社会治理目的所应遵循的制度性安排和规则（范如国，2014），差异化观念、差异化主体及差异化制度等社会差异对社会生态系统协同治理产生了重要影响（Baird et al.，2019），学者们从不同角度探讨了不同情境下的协同治理机制。

（1）突发公共事件冲击情境。针对突发公共事件，应在顶层设计基础上建立健全突发公共事件治理的信息资源共享体系和机制，通过大数据信息集成，形成自然资源配置方案，以便及时对国家治理规则、法律法规体系进行优化，亦可为实现公共管理跨部门的协同治理目标提供方案（廖楚晖，2020）。针对新冠疫情冲击，不同治理主体需要在信息共享平台、公共服务供给、协同调度机制等方面相互合作，从而构建数字化协同治理机制，构建与数字技术匹配的危机协同治理模式（洪一晨、张成福，2020）。还有学者探讨了重大突发事件的网络舆情机制，需要建立激励机制、资源共享机制、决策协商机制、联合行动机制（刘美萍，2022）。此外，面对突发公共事件的跨域化、外溢化，需要构建充分发挥数字技术高效化、智能化、共享化优势的协同治理模式（唐玉青，2022）。

（2）科技风险情境。针对科技风险治理，立足伦理风险的生成，完善协同治理机制，实现协同治理是规制人工智能技术伦理风险的现实选择（谭九生、杨建武，2019）。政府、企业及其管理者、工程师（科学家）共同组织和使用者（公众）共同构成了人脸识别技术开发和应用治理的主体结构，可以建立覆盖技术开发和应用的伦理规范、法律法规、政策制度及其技术标准等维度的多元化参与体系（颜佳华、王张华，2020）。进一步地，需要从公众隐私保护意识、人脸识别行业社会责任感、行业规范体系等角度构建协同治理体系（徐祥运、刁雯，2022）。此外，还有学者从消费者选择退出机制、算法技术内部控制体系、算法的技术审查以及算法监督等角度构建了针对算法歧视的协同治理体系（成曼丽，2022）。总之，科技风险治理需要回归到"法律、技术、市场和社群"的协同规制中，实现法律与代码的互融，提升治理效能（赵精武，2022）。

（3）其他情境。除了突发公共事件冲击情境、科技风险情境下的协同治理，学者们针对基于大数据的协同治理研究主要集中在以下几个方面。一是环境问题。大多数学者探索了大气污染治理问题的协同治理机制，包括温室气体和多污染物协同减排治理机制（Baird et al.，2016；Ye et al.，2019；易兰等，2020）及环保信用监管机制（崔萌，2021）。二是城市问题。城市群在利用大数据资源进行公共服务治理的同时，极易面临结构困境、技术困境和伦理困境（李磊等，2020）。对此，宋宪萍（2021）构建了以人为本的多元协同治理模式，也即以政府为主导的多主体参与的多中心协同治理体系，形成了"政府—社会风险治理""市场—商业金融机构风险补偿""社会—民间组织风险救助"等动态、系统的多主体协同治理格局。但是，城市数字化仍然容易陷入纵向协同、横向协同、虚实协同以及内外协同等障碍，需要加强技术应用、组织变革和职能实现上的协同，实现技术—组织—职能的整体性协同治理（徐连明，2022）。三是网络问题。当前，网络信息存在治理主体、方式、机制协同治理效能低下等问题，需要构建"主体—方法—运行机制"的协同治理模式（徐琳、袁光，2022），形成不同互联网平台主体间互动的协同共治机制（梁正，2021），更要充分利用好协同指导、联合调查平台企业等手段，不断打造良好的网络生态系统（徐敬宏、胡世明，2022）。

四 基于大数据的地方金融风险协同治理研究进展

大数据驱动下，多数国家进行了开放政府或透明政府、权力关系与治理形态的重构，以及数据决策与数据治国等一系列政府治理变革（耿亚东，2020），政府公共服务呈现决策科学化、供给精细化及合作高效化等新特点（马志敏，2020；刘泽、陈升，2020）。当前，基于大数据的地方金融风险协同治理的理论研究相对较少，本节将综述与之相关的研究成果，从而为本书研究提供理论指导。

（一）基于大数据的政府治理模式研究

理论上，通过大数据治理，社会资本能够提高知识的动态能力（Shamim et al.，2020）。尤其是大数据技术能够加快数据来源和类型识别以及数据交互的效率，提高大数据治理决策的效率（Soares，2013）。因此，由大数据驱动的政府治理机制成为国内学者探索的热点。

理论上，官僚制与大数据之间存在两难困境，官僚制嵌入大数据治理反而可能衍生数字利维坦和数据牢笼的风险（薛金刚、庞明礼，2020），需要构建寓技术于官僚制的治理模式，使大数据治理嵌入官僚制治理，也即实现大数据与政府治理之间的深度双向融合。数据治理通过驱动思维决策方式转型、价值创造方式转型、市场主体行为方式转型和政府自我调适转型等途径提升政府治理效能（河南省社会科学院课题组，2020）。尤其是"区块链+"是大数据驱动下政府治理模式的新阶段，可基于区块链技术来打造"政府智慧大脑"（牛宗岭，2019）。区块链技术融合了P2P组网技术、共识机制、非对称加密技术和智能合约等技术方式和技术优点，可以提高数据的真实性，建立信任机制，提高分享效率，保障数据安全，从而提高政府治理的合法性和公信力（Xu et al.，2019；徐琳、袁光，2020）。同时，大数据、云计算、物联网等新一代信息技术革命为智慧公共决策范式的出现提供了条件。智慧公共决策是以大数据驱动为核心，以新一代信息技术为支撑，以公共利益最大化为目标，具有全面感知、客观透明、实时连续、自主预置和多元共治等特征的一种全新的公共决策模式（胡税根等，2015）。大数据会从决策依据、决策时效、决策方法、决策透明性、决策参与度和决策链长度等方面影响政府决策（Wesselink et al.，2014；梁志峰等，2017）。

实践中，基于交易成本理论和制度理论，赵云辉等（2019）认为提高大数据发展水平有助于提升政府绩效并有效抑制腐败行为，制度环境是大数据提升政府治理效率的边界条件。同时，基于贵州大数据中心建设案例，马志敏（2020）认为大数据驱动政府治理创新的逻辑机理包括：一是基于数据的技术创新，驱动政府公共服务部门技术创新；二是基于数据的管理创新，促进政府公共服务管理模式创新；三是基于数据的模式创新，推进政府公共服务传统供给模式转变。

（二）基于大数据的政府风险治理模式研究

大数据驱动下，公共安全风险治理的内在逻辑是：大数据技术的源头性嵌入倒逼风险治理结构的嬗变、制度体系的适应性吸纳规范大数据嵌入路径，以及二者通过社会互动统合于风险治理的价值创造之中（张梦茜、王超，2020）。王超等（2020）认为大数据驱动政府风险治理应该遵循"技术赋能—社会互动—治理重构"路径，但中国大数据驱动政府风险治理实践仍停留在从"赋能式"向"重构式"转变的阶段。进一步地，沙勇忠和王超（2020）从"结构—过程—价值"维度提出了大数据驱动下的公共安全风险治理基本框架，在结构维度建立"政府主导—社会协同—企业参与"的网络型治理体系，在过程维度建立双重生命周期的"情景—数据—决策—行动"一体化过程，在价值维度建立由"情景价值—治理价值—发展价值"构成的多层价值体系。

实践中，需要厘清风险识别、评估、预警、控制、沟通的对策与政策体系形成的逻辑体系（左文明等，2020），明确决策风险精准识别方法，构建决策风险科学预测路径，建设决策风险精确监控平台，培育决策风险专业评估体系（谢治菊，2019）。尤其是要以大数据思维转换风险治理范式，强化社会风险治理的规划，推进风险多元化协同治理（文洁贤、张建华，2021）。

（三）基于大数据的金融风险治理研究

针对金融风险，学者们普遍认为应该强化金融监管，包括国家审计（陈献东，2015）、资本监管（孙勇，2017）及信用体系建设（王森、王贺，2019）等。但对于科技创新与金融风险治理的关系存在两派观点，且鲜有针对地方金融风险的讨论。赞成派认为，以科技创新助推金融工具和服务创新，可以提升金融配置效率，提高金融体系的稳定性（郑联盛，2014；韩俊华，2021）。反对派认为，科技创新易加快风险传递速度、加深隐蔽性、扩大影响力，存在导致地方系统性金融风险的可能（庄毓敏等，2012；李文红、蒋则沈，2017）。但是，区块链技术作为一项基础性创新成为金融生态系统的有益补充后，大数据（Pérez-Martín et al., 2018）、机器学习及人工智能（Palmié et al., 2019）等科技已成为金融风险治理的主要趋向（Zachariadis et al., 2019）。

因此，必须形成"传统+科技"的双维金融风险监管体系，应对金融科技所含风险及其引发的监管挑战（杨东，2018），发展以区块链为核心的监管科技，建立区块链金融监管治理体系（吴桐、李铭，2019）。尤其是应该探索监管科技在对被监管机构的全息画像及风险预警、系统性风险监测及监管绩效评价等领域的应用，进一步发掘监管科技潜能；还可以从完善技术架构与提高数据治理能力两方面推进大数据监管平台建设，为监管科技潜能的快速有效释放提供保障（刘春航，2020）。同时，传统金融监管手段已经难以对以比特币为代表的非中心结算手段进行监管，需要以节点嵌入式监管为手段、以数据工具为抓手，依靠数据分析实现动态监管，完善政府数据治理手段（孙友晋、王思轩，2020）。

（四）基于大数据的金融风险协同治理研究

当前，针对金融风险的协同治理以传统的协同治理研究为主。胡光志和苟学珍（2020）认为需要以法治合理确定地方政府在金融风险治理中的权责利，从静态的"法"和动态的"治"两个维度构建地方政府参与金融风险治理的法治路径。杨杨和冯素玲（2020）认为应聚焦国内网络借贷实际，以"结构—过程—关系"范式构建协同治理机制，包括建立监管机构主导、多元化主体参与的协同治理主体结构，建立协同治理的决策与监控过程，以价值认同、组织协作、知识共享建立协同治理的共享关系。实际上，金融风险协同治理的核心要素包括主观、法权、知识和结构等（靳文辉，2021），尤其是要突出财政与金融要素的协同（吴文锋、胡悦，2022）。

少数学者探讨了基于大数据的金融风险协同治理问题。针对算法风险，王怀勇和邓若翰（2021）认为要建立以行业沙盒为主的算法分级和算法测试机制来推进协同治理。针对企业风险，陈志斌等（2022）认为，基于区块链的企业风险管理体系应从体系构成要素、体系架构及体系运行三个方面进行构建。针对数字经济风险，任保平和张陈璇（2022）认为需要构建多元协同、共同治理的协同治理新格局。针对地方政府债务风险，许弟伟（2022）认为要加强对地方政府债务风险的动态监测预警。可见，现有学者较少围绕地方金融风险来探索基于大数据的协同治理机制。

五 评述

从上述研究成果来看，学者们对基于大数据的地方金融风险监测预警及

绪论

协同治理研究已经取得较为丰富的成果，为本书研究奠定了良好的基础、提供了充分的参考借鉴以及丰富的拓展空间，具体如下。

现有成果为本书研究奠定良好基础。一是现有研究成果对地方金融风险的类型、影响因素等进行了较为系统的研究，少数学者探索了基于大数据的地方金融风险治理问题，构建了地方金融风险治理研究的理论体系。二是不同学者从多个角度探索了地方金融风险的监测预警问题，对监测预警指标及方法进行了较为科学的分析。少数学者基于大数据视角对地方金融风险监测预警体系进行了探索，为本书继续分析基于大数据的地方金融风险监测预警体系提供了客观依据。三是现有学者从不同角度探索了协同治理理论，并基于大数据理论分析了协同治理模式以及不同情境下基于大数据的协同治理机制，逐步从实践角度构建了适用于基于大数据的地方金融风险协同治理的研究范式。四是现有学者聚焦大数据与数字政府建设，尤其是探索了基于大数据的政府治理模式、政府风险治理模式，并从多个角度探索了基于大数据的金融风险治理及协同治理模式，为基于大数据的地方金融风险协同治理机制的构建提供了多方面的理论条件。

现有成果为本书提供充分借鉴。一是学者们针对地方金融风险的研究，聚焦地方政府债务风险、房地产风险、科技金融风险等要因分析，以及对应多个维度的监测预警指标及方法的运用，为本书从多个角度系统研究基于大数据的地方金融风险监测预警指标体系提供了丰富的理论和实证参考。二是学者们从大数据视角对地方金融风险监测预警方法的有益探索，尤其是对LSTM等机器学习方法的实证应用，为本书优选地方金融风险监测预警的大数据方法提供了直接参考。三是学者们从大数据视角对协同治理理论的把握，尤其是在数据治理、治理决策、大数据在公共安全及金融风险领域的应用等多个方面的研究，为本书基于大数据构建地方金融风险协同治理机制提供了直接的理论依据和实践来源。

现有成果为本书提供丰富空间。一是地方金融风险理论剖析不深入。现有研究过于片面化、碎片化，未统一认识地方金融组织及地方金融风险等概念，缺乏基于大数据的地方金融风险监测预警及协同治理机制的系统性分析。为此，本书将系统梳理地方金融的相关概念，基于协同治理理论探索基于大数据的地方金融风险监测预警及协同治理的理论框架，并以此分析基于大数据的地方金融风险监测预警及协同治理的理论及实践逻辑。二是地方金融风险监测预警大数据化不充分。现有风险识别重正式、轻非正式金融风险，存在割裂式的数据烟囱，难以充分揭示地方金融风险；机器学习、人工智能、区块链等工具在监测预警数据分析、模型构建方面的灵活性不足、运用不充分，限制了地方金融风险监测预警的精准度。为此，本书将系统分析地方金融风险的现状、治理问题以及不同地区的典型实践，识别风险主体及监测指标等大数据监测预警的关键因素。同时，结合区块链技术，构建地方金融风险监测预警体系，丰富大数据治理理论的应用场景。三是地方金融风险治理的大数据协同机制不健全。现有治理少有大数据"量"与工具的系统性考虑，未从协同治理视角重构地方金融风险治理体系，限制了地方金融风险治理的效率。为此，本书将充分考虑大数据"量"和工具的特点，在风险治理理论的基础上，构建包括实质行动、实质参与、共享动机、联合行动等在内的基于大数据的地方金融风险协同治理体系，为地方政府探索地方金融风险大数据治理创新提供参考。

第三节　研究思路、内容与方法

一　研究思路

本书沿着"理论分析→现状扫描→监测预警→协同治理"的技术路线，以金融学、协同学、信息管理学和计算机学等为基础，从理论上阐释地方金融风险嬗变、监测预警及协同治理的机制和要义，结合金融风险发展趋势、治理现状以及地方金融风险的政府大数据治理实践，设计适合我国地方金融风险实际的大数据监测预警体系，并综合实证分析结果和仿真结果，构建基于大数据的地方金融风险协同治理机制，提出针对性对策建议（见图0-1）。

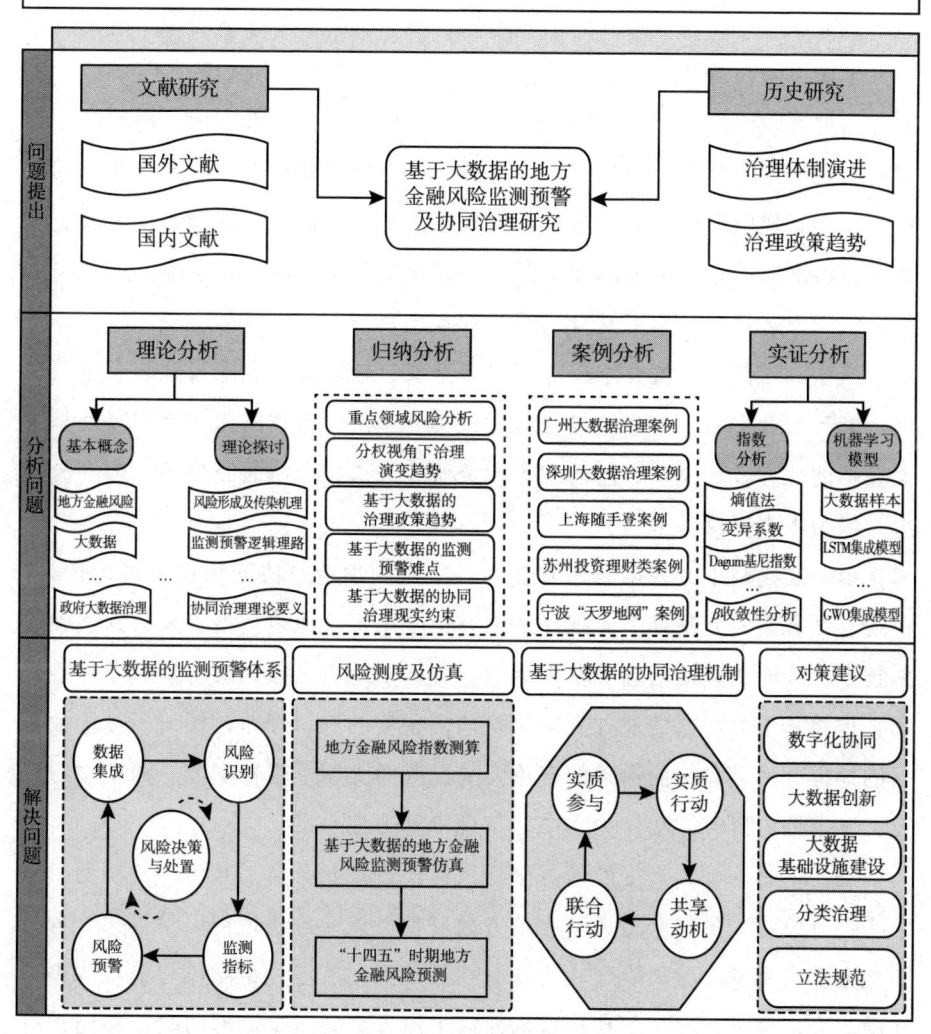

图 0-1　研究思路

资料来源：笔者自行绘制而得。

二　研究内容

党的十九届五中全会、国家"十四五"规划和党的二十大报告，均明确提出要防控金融风险，对金融风险零容忍，守住不发生系统性风险的底线。因此，强化金融风险治理，防范化解金融风险具有十分重要的现实意义。大数据时代，以广州、深圳等为代表的地方政府开始探索基于大数据的地方金融风险治理实践，充分释放了大数据在"量"和工具上的优势，为地方金融风险治理提供了新模式。当前，以中小银行、地方债、房地产等为主要表现的地方金融风险持续发生，同时，在技术驱动下地方金融风险问题更为复杂，风险形态更为隐蔽，释放大数据的数据优势，以大数据工具更好地实现精准防控具有重要的现实意义。对上述问题的回答正是本书的题中之义。基于上述目标，本书共分为绪论和8个章节。

绪论。该部分系统介绍研究背景及意义，梳理地方金融风险的类型及成因、基于大数据的地方金融风险监测预警、基于大数据的协同治理以及基于大数据的地方金融风险协同治理等相关研究成果，介绍研究思路、内容与方法，以为本书提供参考。

第一章是基于大数据的地方金融风险监测预警及协同治理的理论探讨。在现有学者的研究基础上，阐述了地方金融组织及风险类型、大数据、大数据技术、政府大数据治理等基本概念，分析了地方金融风险的形成及传染机理，构建基于大数据的地方金融风险监测预警的逻辑理路，探讨了基于大数据的地方金融风险协同治理的理论要义，同时介绍了机器学习、深度学习以及文本挖掘等研究方法，为本书奠定理论和方法基础。

第二章是基于大数据的地方金融风险治理现状分析。基于广义视角，从中小银行风险、民间金融风险、地方政府债务风险、房地产风险等角度分析了地方重点领域金融风险现状，从分权视角探讨了地方金融风险治理的央地互动演变，基于25087条政策数据探讨了地方金融风险治理的政策趋向，分析了基于大数据的地方金融风险监测预警难点，并从四个方面分析了基于大数据的地方金融风险协同治理的现实约束，为本书提供了事实依据。

第三章是基于大数据的地方金融风险治理案例比较分析。深入分析了政府主导型的广州大数据治理实践、企业主导型的深圳大数据治理实践，以及大数据治理移动便捷化、网格化、特色化的上海黄浦、宁波、苏州等典型实践，为基于大数据的地方金融风险监测预警体系和协同治理机制的构建提供了实践依据。

第四章是基于大数据的地方金融风险监测预警体系构建。遵从基于大数据的地方金融风险监测预警及协同治理的理论框架，结合风险治理客观现实，结合广州等地基于大数据的地方金融风险治理实践，从数据治理、风险识别、监测指标体系、风险预警及风险决策与处置五个方面构建基于大数据的地方金融风险监测预警体系。

第五章是地方金融风险水平的测度及收敛性分析。基于前文分析，结合数据可得性，利用文本挖掘等大数据技术，构建了包含39个指标的地方金融风险水平评价指标体系，运用熵值法测算并分析了2013~2021年地方金融风险水平，采用Dagum基尼系数分析了不同地区地方金融风险水平的区域差异，运用σ收敛和β收敛模型分析了地方金融风险水平的收敛性特征，探讨了地方金融风险发展水平、区域差异和发展趋势。

第六章是基于大数据的地方金融风险监测预警仿真实验分析。该部分介绍了LSTM集成模型和GWO集成模型，考虑地方正式金融风险省级样本时序结构特点，以地方非正式金融风险高频数据——2013年1月4日至2022年1月25日6种温州民间借贷风险数据作为地方金融风险样本，考虑COVID-19冲击情景，验证了LSTM集成模型和GWO集成模型对地方金融风险监测预警的精准性和鲁棒性。进一步地，基于验证的最优算法模型，对"十四五"时期地方金融风险水平和民间借贷风险水平进行了预测。

第七章是基于大数据的地方金融风险协同治理机制。从实质参与保障、实质行动保障、共享动机保障、联合行动保障等角度，构建了包含多元主体间的协调机制、基于大数据的协同治理决策机制、大数据共建共享机制以及基于大数据的治理规则协同机制等基于大数据的地方金融风险协同治理机制。

第八章是提高地方金融风险监测预警及协同治理效率的对策建议。从加强地方金融风险治理的数字化协同、强化地方金融风险治理的大数据创新、加快建设大数据基础设施、加强对地方金融风险的分类治理、加快金融风险大数据治理的立法规范等方面提出提高基于大数据的地方金融风险监测预警及协同治理效率的对策建议。

三 研究方法

基于大数据的地方金融风险监测预警及协同治理是一个复杂过程，需要综合金融学、公共管理学和计算机科学等多个学科的方法进行研究。本书采取定性和定量、理论研究和实证分析相结合的方法来进行分析。

一是文献分析法。本书以现有研究成果为基础，针对地方金融组织、地方金融风险类别、大数据、政府大数据治理等内容进行了大量的文献收集和阅读。同时，对上述文献资料进行全面梳理，分析研究现状及不足，找到本书研究的理论支撑。

二是案例分析法。为了总结出基于大数据的地方金融风险监测预警及协同治理体系构建经验，本书系统收集了广州等地方金融风险大数据治理案例，重点剖析广州、深圳等在数据治理、风险识别与预警及协同治理上的经验。同时，分析了上海、宁波、苏州等地方政府在地方金融风险大数据治理上的典型做法，从而为构建基于大数据的地方金融风险监测预警及协同治理机制提供现实依据。

三是统计计量分析法。为了更好地分析地方金融风险的客观趋势，本书运用熵值法测算了地方金融风险指数，利用 Dagum 基尼系数分解了地方金融风险的区域差异，采用变异系数法以及空间杜宾模型分别测算了地方金融风险的 σ 收敛和 β 收敛趋势。同时，验证了 LSTM 和 GWO 集成模型在地方金融风险监测预警上的精准性及鲁棒性，基于最优的预测模型仿真预测了"十四五"时期地方金融风险水平，考察了基于大数据的地方金融风险监测预警的有效性，并为基于大数据的地方金融风险协同治理机制构建提供实证参考。

第四节 研究创新及不足

一 研究创新之处

本书尝试通过定性和定量相结合的分析方法，厘清基于大数据的地方金融风险监测预警及协同治理的理论框架，构建基于大数据的地方金融风险监测预警体系以及基于大数据的地方金融风险协同治理机制，创新工作主要表现在三个方面。

一是系统梳理了基于大数据的地方金融风险监测预警及协同治理的理论框架。厘清了地方金融组织及风险类型、大数据、大数据技术及政府大数据治理等概念，分析了地方金融风险形成及传染机理，从基本逻辑、数据治理、风险识别、监测预警机制等维度构建了基于大数据的地方金融风险监测预警逻辑理路；同时，从主体多元化、系统协同、组织协同、规则协同等视角探讨了基于大数据的地方金融风险协同治理的理论要义，对丰富和拓展地方金融风险治理理论、协同治理理论等具有重要的价值，尤其是对金融风险的大数据治理理论发展具有一定的理论创新性。

二是验证了 LSTM 等深度学习模型预测金融风险的精准性，并预测了"十四五"时期地方金融风险发展态势。运用 2013 年 1 月 4 日至 2022 年 1 月 25 日 6 种温州指数 2167 个日频样本，以及 2013~2021 年 30 个省（区、市）（不含港澳台和西藏）样本的地方金融风险指数，仿真验证了 LSTM 和 GWO 集成算法预测的精准性和鲁棒性，预测了"十四五"时期地方金融风险发展的态势。同时，系统收集和总结了广州、深圳等地方政府在地方金融风险大数据治理中的经验，从多个角度验证了基于大数据的地方金融风险监测预警及协同治理的工具和机制合理性，为后续学者完善基于大数据的地方金融风险监测预警及协同治理体系提供了较为系统的研究参考。

三是构建了基于大数据的地方金融风险协同治理机制。基于理论、现状、案例、实证及仿真等分析结果，从实质参与保障、实质行动保障、共享动机保障、联合行动保障四个角度，构建了包含多元主体的协调机制、基于大数据的协同治理决策机制、大数据共建共享机制、基于大数据的治理规则协同机制四个部分的基于大数据的地方金融风险协同治理机制，较为科学地从协同治理角度探讨了地方金融风险治理问题，是对现有大数据治理模式、协同治理机制的提炼和优化。同时，从数字化协同、大数据创新、大数据基础设施建设、分类治理、立法规范等多个角度提出了提高基于大数据的地方金融风险监测预警及协同治理效率的对策建议，能够为地方政府治理金融风险提供有力的决策参考。

二 研究不足

地方金融风险问题看起来是一个金融学方面的问题，实际上涉及金融发展、大数据、协同治理、社会发展等多个方面，以及金融学、公共管理学、计算机科学、信息安全等多个学科。本书对地方金融风险大数据治理进行了有益探索，但仍存在以下不足。

一是研究的系统性有待提高。地方金融风险涉及正式金融风险和非正式金融风险，包含金融学、公共管理学、社会学、信息科学等学科和领域，仅从某一个或某几个学科进行研究显然不够。由于笔者专业背景的局限，本书主要从金融学和公共管理学角度进行研究，研究的深度和广度受到一定限制，在未来将进一步深化算法模型和大数据治理机制创新等方面的研究，不断提高研究的系统性。

二是研究的科学性有待提升。基于大数据的地方金融风险监测预警及协同治理是一项复杂工程，尤其是在科技创新驱动下地方金融风险发生嬗变，科技治理方式也发生深刻变化，包括应急管理、网络安全、金融创新、信息资源等多个方面的内容，这些内容都涉及数据问题。因此，如何获取数据仍然是基于大数据的地方金融风险监测预警及协同治理的关键难题。下一步，笔者将深耕文本挖掘、生物识别等技术，以获得更多的非结构化数据，同时，加强与地方金融监管部门的合作，搭建包含结构化数据和非结构化数据的仿真数据平台，以期提高研究的科学性、前瞻性。

第一章
基于大数据的地方金融风险监测预警及协同治理的理论探讨

一直以来，学者们十分注重地方金融风险的治理问题。结合现有学者的研究成果，本章系统梳理了地方金融组织及风险类型、大数据、大数据技术、政府大数据治理等概念，从多个角度分析了地方金融风险形成及传染机理，同时，基于大数据的资源和技术特点，构建了基于大数据的地方金融风险监测预警及协同治理的理论框架，介绍了机器学习、深度学习等方法，为基于大数据的地方金融风险监测预警及协同治理研究奠定了理论基础。

第一节　基本概念

一　地方金融组织及风险类型

厘清地方金融组织的概念边界是研究地方金融风险的基本前提。本节将从狭义和广义角度界定地方金融组织及风险的内涵，从四个方面分析地方金融风险的特点并区分地方金融风险的不同类型。

（一）地方金融组织及风险的内涵

正如第一章指出的，学者们从多个角度对地方金融组织或机构的概念进行阐释,虽未形成统一的结论,但强化了属地性质。2021年12月31日,中国人民银行发布《关于〈地方金融监督管理条例(草案征求意见稿)〉公开征求意见的通知》,明确了地方金融组织的定义,本书也基于法律条例界定地方金融组织的概念,也即地方金融组织,是依法设立的小额贷款公司、融资担保公司、区域性股权市场、典当行、融资租赁公司、商业保理公司、地方资产管理公司及法律、行政法规和国务院授权省级人民政府监督管理的从事地方金融业务的其他机构。①

从地方金融组织的定义中我们可以看出,地方金融组织基本涵盖了银行、证券、保险、小额贷款等各类金融机构。进一步地,该条例进一步明确了省级人民政府承担的地方金融风险责任,包括地方法人金融机构的风险处置、督促各类股东补充资本、防范和处置非法集资,同时,加强跨区域监督管理协作和信息共享,共同打击跨区域违法违规金融活动。因而,从该条例对省级人民政府金融风险监督管理责任的分类中,我们可以看出,地方政府风险管理主责在地方类金融机构风险以及非法金融风险,也包括其他跨区域的金融风险等。

综上,可以从两个角度来界定地方金融风险。从狭义角度来看,地方金融风险主要是地方金融法人机构的风险。从广义角度来看,地方金融风险是以属地管理为原则的地方所在金融机构的风险。由于省域内的全国性金融机构在属地产生的金融风险对本地经济发展同样会产生重要影响,所以它也是属地金融风险管理的范畴。因此,本书主要从广义角度基于属地视角来分析地方金融风险问题。

(二)地方金融风险的特点

地方金融风险表现为地域性或区域性特点,实际上,大多数学者从区域性角度对地方金融风险进行整体性分析(沈丽等,2019a;曹廷求、张翠燕,2021)。地方金融风险表现出以下四个方面的特点。

---

① 《中国人民银行关于〈地方金融监督管理条例(草案征求意见稿)〉公开征求意见的通知》,中国人民银行网站,2021年12月31日,http://www.pbc.gov.cn/rmyh/105208/4436903/index.html,最后访问日期:2022年11月13日。

一是负外部性。地方金融风险会通过业务关联、产业关联、情绪关联、资产关联等多种途径对地方经济、企业和个人产生影响，并通过羊群效应发生扩张，引发系统性金融风险。

二是不可测性。地方金融风险，尤其是非法金融风险，在互联网等技术的驱动下嬗变速度快，依托于技术隔断或者地理信息隔断而产生的信息非对称性，导致了风险存在很强的不可测性。它隐藏于某个载体，较难观测风险形态、传播速度以及爆发时间节点。

三是复杂性。地方金融风险本身涉及企业、居民、金融机构等多个主体。综合时间、地域等多个视角，风险产生于金融系统中某一个节点，并在系统中通过不同主体进行交错演变。

四是多重空间相依。地方金融风险不仅受到地方金融发展客观情况的约束，还会受到区域经济发展周期性规律，以及重大突发公共卫生事件等外部不确定性事件的冲击。同时，风险本身不仅在金融系统内传播，还会跨地域传播，造成较大系统性金融风险。

（三）地方金融风险的分类

金融风险本身具有很强的时空溢出效应，需要根据多个标准来划分地方金融风险。综合上述法规以及学者们对地方金融风险的相关阐释，本章总结了地方金融风险的分类，如表 1-1 所示。

表 1-1 地方金融风险的分类

分类标准	风险类型	代表性风险种类
组织类型	正式金融组织风险	银行风险等
	非正式金融组织风险	民间借贷风险等
监管主体	一局一行监管风险	全国性的地方金融风险
	地方金融监管风险	地方法人金融风险
风险性质	系统性金融风险	—
	非系统性金融风险	—
风险表现	银行风险	中小银行风险等

续表

分类标准	风险类型	代表性风险种类
风险表现	证券风险	—
	保险风险	—
	债务风险	地方政府显性债务风险
		地方政府隐性债务风险
		非金融企业债务风险
		居民债务风险
	房地产风险	—
	科技金融风险	P2P借贷风险等
	民间金融风险	民间信贷风险
		非法买卖外汇风险
		集资诈骗风险
	外部不确定冲击风险	地缘政治冲突等不确定事件冲击风险
	宏观经济环境风险	经济发展风险
		企业经营风险
		环境污染风险

注：一局是指以银保监会为主重新组建的国家金融监管总局。
资料来源：笔者依据石涛的《民间非正式金融组织借贷行为及借贷风险控制研究》等资料整理而得。

从组织类型来看，可以将地方金融风险划分为正式金融组织风险和非正式金融组织风险。其中，正式金融组织风险主要包括银行等受政府监管的金融风险，非正式金融组织风险主要包括民间借贷等政府难以监管的金融风险。理论上，学者们并未有效区分民间非正式金融组织的概念，将民间借贷与之混用。实际上，民间非正式金融组织与正式金融组织最大的区别在于是否受政府监管（Islam et al., 2015; Mookherjee and Motta, 2016; Alberola and Urrutia, 2020），因此，本书将民间非正式金融组织界定为未受金融监管的借贷组织。

从监管主体来看，可以将地方金融风险划分为一局（国家金融监管总局）一行（中国人民银行）监管风险和地方金融监管风险。其中，一局一行监管风险主要是全国性的地方金融风险，地方金融监管风险主要是地方法人金融风险。

从风险性质来看，可以将地方金融风险划分为系统性金融风险和非系统性金融风险。其中，系统性金融风险是指金融风险已经产生明显的溢出效应，对实体经济发展等造成冲击的风险；非系统性金融风险是指风险的外溢性不强，仅限于金融机构本身或者金融行业内部的风险。

从风险表现来看，结合绪论，可以将地方金融风险划分为银行风险、证券风险、保险风险、债务风险、房地产风险、科技金融风险、民间金融风险、外部不确定冲击风险以及宏观经济环境风险等。其中，债务风险主要包括地方政府显性债务风险、地方政府隐性债务风险、非金融企业债务风险、居民债务风险；外部不确定冲击风险主要指地缘政治冲突等不确定事件冲突风险。当前，地方政府债务风险成为学者们关注地方金融风险的焦点（沈丽、范文晓，2021；唐云锋等，2021；张璇等，2022）。

二 大数据

一直以来，学者们逐步探索大数据的概念。本节综合现有学者的研究成果，界定了有关大数据的基本概念，尤其是区分了大数据"量"和工具维度的不同。

（一）大数据的内涵

当前，学者们对大数据的内涵界定并不一致。最早，Google 从静态和动态角度界定了大数据的概念。动态上，大数据是基于云计算处理与应用模式，通过数据整合共享、交叉利用，形成新的智力资源和知识服务能力；静态上，大数据是由数量巨大、结构复杂、类型众多的数据构成的数据集合。迈尔-舍恩伯格和库克耶（2013）在《大数据时代》一书中指出，大数据不用随机分析法（抽样调查），而是对所有数据进行分析处理，从量的角度提出了大数据的理解。同时，早期学者们认为大数据具有处理高速度（Velocity）、数据格式多样化（Variety）及数据大容量（Volume）三个特点（Laney，2001）。在此基础上，2012 年，IBM 公司提出了 Volume（大量）、Velocity（高速）、Variety（多样）、Value（低价值密度）、Veracity（真实性）五大特点，并形成基本共识（Chen et al., 2014；Emmanuel and Stanier, 2016）。可见，大数据概念本身就包含了数据和技术两个层面的意思。为此，本节基于学者们的研究成果，将大数据的概念界定如下。

大数据，是运用信息科技等先进技术获取或者存储数据，具有信息真实、信息规模大、信息主体多元化、信息结构复杂化等特点，能够在一定时期内快速为社会经济发展提供服务的数据资源和数据模式。

因此，大数据的特点可以理解为"量"和工具两个维度，即数据量大、颗粒多、数据真实性高，数据工具处理速度快。除了量的概念，大数据更为显著的特征是基于大数据的工具。

（二）大数据的数据分类

结合大数据的特点，依据上述不同学者的研究成果，本章从三种角度对大数据的数据进行分类，如表1-2所示。

表1-2 大数据的数据分类

划分依据	类型	种类
数据结构	结构化数据	数字、符号等
	半结构化数据	HTML、XML文档等
	非结构化数据	图片、文本等
数据来源	政务数据	统计年报、统计年鉴
	企业数据	销售、收入数据等
	个人数据	微信、移动通信数据等
	机器数据	二维码、服务器日志数据等
数据处理过程	海量型数据	文本挖掘数据等
	响应型数据	文本响应、图像响应和音频响应等
	影随型数据	视频流、照片等
	过程型数据	生产设备、商业建筑等数据
	未知型数据	石油管道流失数据等

资料来源：笔者依据2021年12月31日全国信息安全标准化技术委员会秘书处发布的《网络安全标准实践指南——网络数据分类分级指引》等公开资料整理而得。

依据数据结构，可以将数据划分为结构化数据、半结构化数据、非结构化数据三种。一是结构化数据，是指能够用统一结构或者数据表示的数据，包括数字、符号等。其中，结构化数据又可以划分为截面数据、面板数据等数据形态。二是半结构化数据，是指介于结构化数据和非结构化数据之间能够用一定结构进行表示的数据，包括 HTML、XML 文档等。三是非结构化数据，是指结构不完整或者不规则的数据，包括图片、文本等。

依据数据来源，可以将数据划分为政务数据、企业数据、个人数据、机器数据四种（严炜炜等，2022）。一是政务数据，是指统计局等政府部门获得的数据，包括统计年报、统计年鉴等。二是企业数据，是指企业在生产经营管理过程中产生的数据，包括销售、收入数据等。三是个人数据，是指个人在生活生产过程中产生的数据，包括微信、移动通信数据等。四是机器数据，是指各种机器在运行过程中产生的数据，包括二维码、服务器日志数据等。

依据数据处理过程，可以将数据划分为海量型数据、响应型数据、影随型数据、过程型数据及未知型数据五种类型。一是海量型数据，是指通过计算技术手段挖掘的海量数据，比如文本挖掘数据等。二是响应型数据，是指在对外界变化做出反应时产生的数据，主要包括文本响应、图像响应、音频响应三种。三是影随型数据，是指自己拥有却不能获得的数据，比如视频流、照片等。四是过程型数据，是指在社会经济发展过程中产生的数据，包括生产设备、商业建筑等数据。五是未知型数据，是指信息资源不充分、想获得而不能获得的数据，包括石油管道流失数据等。

三 大数据技术

当前，学者们对大数据技术进行了较为科学系统的分析，本节将结合学者们的研究成果，界定大数据技术种类，介绍区块链的内涵及类型。

（一）大数据技术种类

大数据技术包括数据采集（ETL[①] 数据管理等）、数据存储（关系数

[①] ETL 过程，表示数据抽取（Extract）、转换（Transform）、装载（Load）的过程。

库等)、基础架构(云存储等)、数据处理(人工智能等)、统计分析(最优尺度)、数据挖掘(复杂数据类型挖掘等)、模型预测(预测模型、机器学习等)及结果呈现(云计算等)等(Buyya et al.，2016)。从实践角度来看，大数据的分析包括可视化分析、数据挖掘算法、预测性分析、语义引擎、数据质量及数据管理五个方面。

近年来，有学者将大数据与应急管理相结合来探索治理机制，运用机器学习来进行公共决策（Graef and Prüfer，2021；Guo et al.，2022）。

（二）区块链

区块链作为大数据技术的重要表现，已经成为学者们研究的热点。学者们从不同角度探索了区块链的内涵（徐忠、邹传伟，2018；Aggarwal et al.，2022）。

从狭义角度看，区块链作为一种分布式账本技术，能够在非可信网络中、在保证信息不可篡改下实现点对点信息交易、传输与验证。从广义角度看，区块链是利用链式数据结构验证与存储数据，运用分布式节点共识算法生成和更新数据，利用共识机制、智能合约编程数据的计算范式。同时，区块链呈现去中心化、开放性、独立性、安全性和匿名性特点。其中，去中心化是区块链最核心的特征，通过分布式核算与存储，实现不同节点信息之间的传递和管理。

进一步地，从区块链的类型来看，区块链可以划分为公有区块链、行业区块链和私有区块链等类型（王毛路、陆静怡，2018）。公有区块链是任何个人和组织均可控制的区块链，行业区块链是某一个组织或群体指定多个节点控制的区块链，私有区块链是一个组织或个人独自拥有写入权限的区块链。

当前，区块链技术已经在能源、交通、金融以及公共管理等领域得到了广泛的应用，尤其是区块链在突发公共卫生事件信息共享（高悦等，2023）、嵌入式监管创新（李贤彬等，2022）等领域实现了模式创新，充分发挥了区块链去中心化的完全分布式技术在网络节点中传输数据的优势。本书将基于区块链技术特点构建基于区块链的地方金融风险数据共享机制。

四 政府大数据治理

当前,学者们从不同角度对政府大数据治理问题进行了研究,总体上,结合大数据治理本身的特点以及政府在大数据治理上的应用与作用,可以从微观、中观和宏观三个角度来阐释政府大数据治理的含义与特点。

从微观上看,大数据治理是数据的治理。依据国际数据管理协会(DAMA)定义,数据治理是指对数据资产的管理活动行使权力和控制的活动集合(规划、监控和执行),包括数据相关政策、数据管理、数据所有权(安小米等,2021),其本质是基于数据全生命周期对数据本身的治理。

从中观上看,政府大数据治理表现为政府运用数据挖掘、数据分析、机器学习等大数据技术对政务活动的治理(许阳、胡月,2022),其本质是基于数据应用的公共治理(张康之,2018)。

从宏观上看,政府大数据治理是政府基于大数据对数据相关的政治、经济、金融、法律、制度等要件的治理,强调的是大数据及其与社会互动的关系(胡海波,2021)。

因此,基于上述不同角度学者们对政府大数据治理内涵的分析,可以从治理主体、治理对象、治理方式及治理目标四个角度概述政府大数据治理的特点,如表1-3所示。

表1-3 政府大数据治理的特点

层次	特点
治理主体	政府主导、多元主体
治理对象	数据本身、基于数据的政府组织和治理模式等的变革、数据法规等
治理方式	大数据技术和法律规制
治理目标	持续提升政府治理能力

资料来源:笔者依据胡海波(2021)的研究成果整理而得。

一是治理主体。政府大数据治理是由政府主导、多元主体共同参与的治理,治理效能的发挥更多地依赖于组织成员及组织间规则的制定,数据是治理的关键组成部分，而治理主体间的规则及互动关系是治理效能的制约因素。

二是治理对象。微观上，政府大数据治理的对象是数据本身，包括政府部门在公务活动中产生的大量数据、依靠行政方式获得的数据、依靠技术手段挖掘的海量数据等。中观上，政府大数据治理的对象是基于数据的政府组织结构、治理模式、公共工具以及服务体系等。宏观上，政府大数据治理的对象是包含知识产权、数据产权、数据隐私等的数据法律法规制度体系，以及数据相关产业发展的引导政策。

三是治理方式。政府大数据治理注重区块链、人工智能、深度学习等技术以及互联网信息技术的价值发挥，并将互联网技术及思维嵌入政府治理体系中，将大数据技术作为政府治理的重要方式。同时，政府大数据治理注重利用法律法规来改善大数据生态环境。

四是治理目标。政府治理目标是通过大数据治理实现数据安全与数据共享，利用大数据、大数据技术和大数据思维推进政府治理体系变革，持续优化大数据生态体系以实现数字孪生，持续提升政府治理能力现代化水平。

综上，对于地方金融风险的大数据治理而言，政府大数据治理不仅仅是数据的技术性问题，更是具有公共管理、政务决策等多重属性，是管理方式转变、风险治理效能提升的重要内容。更为重要的是，数据是地方金融风险治理的基本前提，只有在充分的数据依据，包括数据集成、数据监测预警分析等的基础上，以政府为主的多元治理主体才能提高决策效能，提升协同治理能力。

第二节　地方金融风险的形成及传染机理分析

基于现有学者的研究成果，本节从多个角度系统分析了地方金融风险形成及传染机理。

一　地方金融风险的形成机理

从现有学者关于地方金融风险的形成原因分析，以及地方金融风险发生的实际来看，地方金融风险是内因和外因共同作用的结果。其中，内因主要是金融机构本身的脆弱性与不稳定性，外因主要是地方经济环境扭曲及外部冲击（见图1-1）。

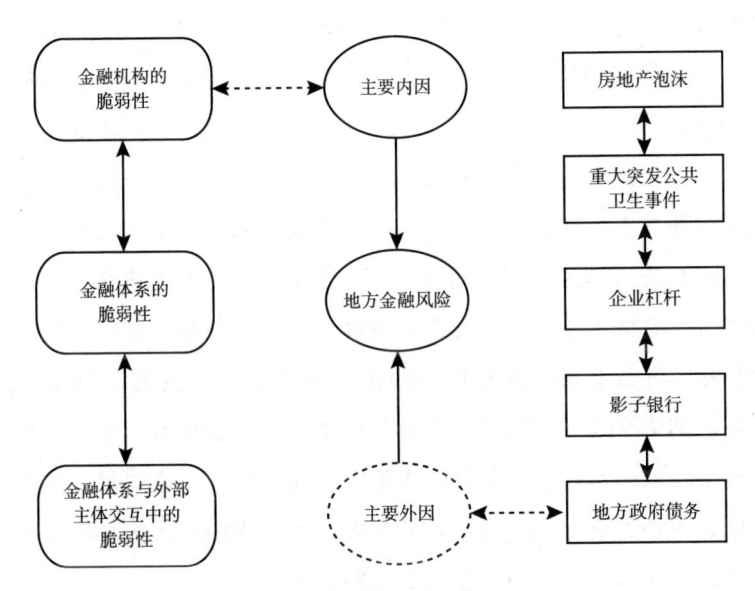

图1-1 地方金融风险的形成机理

资料来源：笔者自行绘制而得。

（一）地方金融风险形成内因

地方金融风险的形成内因，主要源于金融机构本身的脆弱性。金融机构的脆弱性是金融体系在运行过程中丧失抵御风险能力的一种状态，是金融风险生成的关键要素。金融脆弱性来源于金融机构的高杠杆经营以及金融机构本身与外部交互，形成地方金融风险生成的"原罪"（马勇，2011）。

一是金融机构的脆弱性。从微观角度来看，金融机构的脆弱性源于期限错配、高杠杆负债、委托代理、共同风险暴露、金融风险的尾部风险等。实践中，存贷利息差是银行金融机构获利的主要来源，本质上是银行将成本较低且期限较短的储蓄存款打包进行较长期且贷款利率较高的信贷投资而获得的收入，一旦储户或投资者出现短期挤兑，将导致金融机构出现期限错配风险。同时，金融机构会采取高杠杆负债行为来获得更高收益，高杠杆负债导致的机构规模扩大,在资产价格出现波动时将会导致净资产的大幅损失,尤其是对于共同基金类金融产品,在金融市场价格波动较大的情况下,将导致系统性金融风险。此外,金融机构普遍存在的委托代理关系所导致的逆向选择和道德风险,尤其是保险市场的柠檬市场效应,将导致金融风险。

二是金融体系的脆弱性。金融体系的脆弱性来源于风险趋同偏好、金融合约复杂化、循环反馈效应等。金融机构等行为主体在风险偏好、运营模式、风险内控机制等方面具有极高的相似性,表现出市场参与者的同质化,他们在金融业务上的纠缠,使单一金融风险通过同业拆借等渠道向金融系统传染,产生金融机构风险的联动效应,导致金融体系产生脆弱性。同时,金融合约本身具有匿名性、实体交割分离性、设计复杂化等特点,强化金融产品的虚拟性,导致金融产品和服务脱离实体经济发展的客观需要和发展实际。比如,期货交易、证券信托产品等极易加剧金融体系的虚拟化程度,进而提升金融体系的脆弱性,最终产生泡沫风险。此外,金融风险本身的负向反馈效应,加剧了金融体系脱离均衡状态,在互为因果的循环驱动下导致风险发散,进而在金融体系中积累更大风险。

三是金融体系与外部主体交互中的脆弱性。金融是现代经济的核心,正如上文所述,金融虚拟化脱离实体经济,将导致系统性金融风险。在与实体经济的互动过程中,金融机构扮演着金融资源在实体经济中的配置功能以及实体经济利润的回收功能,金融体系存在资金运营风险和实体经济冲击风险。尤其是在实体经济处于下行风险压力下,企业外部融资成本上升且收益风险概率提高,将直接导致企业的融资风险和债务风险,并在债务风险和债务违约周期性交互中积累金融风险,在资本市场中同样会导致金融体系风险的共振效应。同时,政府政策也存在顺周期调整和逆周期干预的特点,在这种同质化的政策干预下,地方政府将重点推进某个产业领域的发展,从而导致金融资源过度集中于这一领域,加剧市场竞争强度高以及低效产能过剩问题。此外,在金融体系与地方政府互动过程中,在"信贷软约束"和"预算硬约束"的双重约束下,地方政府将会直接干预地方金融机构的资源配置,将地方财政风险转化为金融风险。尤其是地方政府的过度负债冲动所导致的隐性债务和显性债务，都是导致地方系统性金融风险的关键要素。

（二）地方金融风险形成外因

地方金融风险的形成外因，主要源于地方政府债务、企业杠杆、影子银行、房地产泡沫以及重大突发公共卫生事件等。

一是地方政府债务。地方债务行为所导致的显性债务和隐性债务风险，会降低地方政府的公信力，且风险会沿着债务链条向企业、银行等主体溢出，产生系统性金融风险。一方面，地方政府在地方金融专项借款、国债转贷、农业开发借款等方面的显性债务，在地方财政收入不足以偿还债务的情况下，会直接影响地方法人金融机构的资产质量，将地方财政风险转化为地方金融风险。另一方面，在财力不足但刺激经济增长等多种要素下，地方政府融资模式由"土地财政+平台贷款"转变为"土地财政+隐性负债"模式，并通过非正规操作的PPP模式、政府引导基金、专项建设资金等多种方式来规避国家对地方融资平台的限制，持续扩大财政潜在偿付规模。在地方经济增长乏力、税收收入不足的情况下，同样存在潜在的隐性债务兑付危机，从隐性债务渠道催生地方金融风险。此外，中央财政货币政策对地方债务的展期，在一定程度上缓解了地方政府的债务风险，但是从长期看其仍然会积累地方政府债务，从而提高地方系统性金融风险发生的概率。

二是企业杠杆。企业通过高杠杆来满足扩大经营规模、提高科技研发比例等的资金需求，同时，也必须产生持久的偿付能力，才能维持企业杠杆所需的流动性，否则将导致企业违约而产生信贷风险。一方面，企业的杠杆资金主要来源于金融机构以及影子银行体系，尤其是企业在转型过程中为了保持足够的现金流而通过影子银行等非正规银行信贷渠道来变相获得所需资金，在产能过剩、转型升级周期长等导致经营绩效难以满足企业资金杠杆偿付需要而发生债务违约时，企业的经营风险将向金融风险转移。另一方面，企业的资金杠杆行为会扭曲金融资源配置机制。正是中小微企业在经营上的波动性，使得银行等优质信贷资源逐步向国企、大型民营企业锁定。即使在国家大力推进普惠金融政策的导向下，这种信贷配置的趋势仍然没有改变，它扭曲了金融资源的配置能力，导致金融资源过度集中于国有企业，降低了经济发展和金融体系的韧性，增加了金融风险发生的概率。

三是影子银行。影子银行是游离于银行监管体系之外极易导致监管套利和系统性金融风险的非传统信用中介。也正是影子银行游离于正式金融监管体系之外，强化了非正式金融风险的隐藏力度，使企业等行为主体获得了与风险不匹配的超额信贷，极易引发逆向选择和道德风险。同时，影子银行通过非正规金融手段的长期套利行为，助长了影子银行过度使用交易结构、交易技术、业务模式等非正规金融工具来增强获利的惯性，引发影子银行与评级机构、投资银行以及传统银行等机构之间的共谋，从而进一步增加了影子银行风险。

四是房地产泡沫。房地产作为一个综合性很强的行业，既关联着政府的土地财政，又关联着银行和影子银行的信贷资金。同时，房地产行业还涉及建材、水泥等多个行业，房地产风险极易导致金融风险。一方面，房地产市场扭曲了地方金融市场结构。美国次贷危机发生以来，中国扩张性的财政政策在一定程度上刺激了中国房地产市场的上升惯性，让房地产脱离了居住属性而增强了金融属性。为了获得金融资产增值，在房地产价格持续上升的预期下，居民、企业和金融机构大量投资房地产市场，导致了地方金融市场结构的扭曲，金融资源过度集中于房地产市场。另一方面，持续扩张的房地产市场，也导致政府在房地产市场基础设施建设领域的投资行为，提高了房地产市场在地方经济结构中的比重，扭曲了地方经济结构，地方经济虚拟化程度加剧。房地产市场具有很强的顺周期性特点，在房地产价格正向预期下，房地产市场的信贷扩大效应突出，加剧了实体经济虚拟化，增加了银行过度投机行为。而在房地产价格下跌的预期下，房地产信贷收缩将会通过银行、影子银行等多种渠道来恶化居民、企业和政府的资产负债表，并对经济增长产生长期的负向效应。

五是重大突发公共卫生事件。除了上述不同因素对地方金融风险的影响，地方金融风险还受到其他外部因素的影响，尤其是重大突发公共卫生事件的冲击。当经济发展处于健康稳定状态时，外部冲击事件难以通过循环反馈效应放大事件冲击的负向外部性。但是，当风险累积到一定程度时，冲击事件所带来的蝴蝶效应将会导致"黑天鹅"事件发生，突破金融系统的自我防御网络，进而向经济社会蔓延，形成系统性金融风险。

2020年，新冠疫情对全球金融市场造成了巨大冲击，尤其是助长了悲观情绪（杨子晖、王姝黛，2021），直接影响了系统性金融风险（欧阳资生等，2021）。杨子晖等（2020）基于因子增广向量自回归模型，分析了重大突发公共事件对公共经济的冲击，认为此类事件特有的突发性和集聚扩散性对消费者信心产生了冲击，引发了恐慌情绪和悲观预期，加剧了不同部门之间的风险共振与风险溢出。尤其是金融、房地产、信息技术与消费行业受到重大突发公共事件的冲击较大，产业链与供应链的风险累积效应较为突出，但在中国完整工业体系产生的较好发展韧性下，风险的溢出效应不显著。从外部来看，重大突发公共卫生事件冲击下，全球债券和黄金市场是我国金融市场波动的主要来源，输入性金融风险导致的投资者负面情绪会进一步恶化系统性金融风险（方意、邵稚权，2022）。可见，重大突发公共卫生事件对地方金融风险的影响仍然是通过居民、企业等渠道传染，且风险主要发生在行业、市场行为主体或区域内部，在经济体的强韧性条件下，风险的外溢性不强。在地方经济体韧性不强的情况下，重大突发公共卫生事件对地方金融的冲击效应会放大，从而引发系统性金融风险。

二 地方金融风险的传染机理

金融风险传染是指通过某种机制致使金融风险扩大的现象。金融是现代经济的核心，金融本身牵涉社会经济发展的多个领域，金融风险传染的领域也呈现多样化特征。参考Allen等（2002）提出的基于资产负债表框架来分析地方金融风险的传染机理，地方金融风险传染主要包括金融体系间、政府部门间、企业部门间以及居民间的传染（见图1-2）。

（一）金融体系间的风险传染

金融体系中的金融机构之间通过同业拆借等多种渠道发生内部关联，且存在风险管理等多种行为的一致性，风险传染性强。一方面，金融机构之间通过互换、拆借、融通在资产端和负债端进行关联，当金融体系脆弱性累积

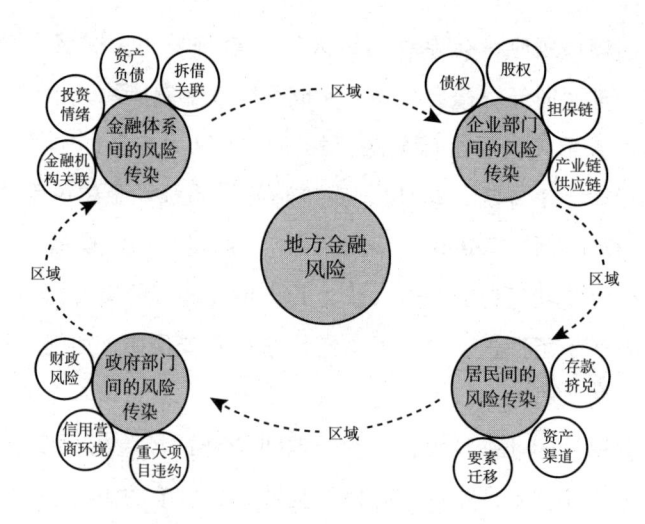

图 1-2　地方金融风险的传染机理

资料来源：笔者自行绘制而得。

到一定程度导致金融风险爆发时，金融机构将会通过内部关联形成风险传染的一致性，并通过关联行为使单个金融机构的风险传导至整个金融体系，引发系统性金融风险。尤其是通过资产负债表的融资行为，单一金融机构的风险将会在资产端和负债端传导，增加了风险在金融体系中传导方向的不确定性。另一方面，金融风险形成的投资情绪，加剧了风险的传染。单一风险来源，加剧了金融市场的恐慌情绪，导致羊群效应扩大。投资机构和个体投资者的非理性行为将会通过"割肉离场"等行为止损，或者盲目挤兑，加剧悲观情绪在市场的蔓延，导致金融市场波动加剧。此外，通过跨区域的金融分支机构传染将金融机构风险向区域扩散，全国性金融机构在全国范围内、地方法人金融机构在省域范围内形成金融风险的内部传染。

（二）政府部门间的风险传染

地方政府通过大量的投融资项目来推动地方经济发展以及公共福利建设，信贷和预算的双重约束，加速了政府部门间风险向金融部门传染。一方面，地方金融机构信贷占地方政府债务比例较高，地方政府偿债能力下降，将会直接导致地方金融机构，尤其是农信社、村镇银行等地方法人金融机构资产质量的下降，使财政风险向金融部门传染。另一方面，地方政府因债务风险而导致的营商环境恶化，将产生市场投资的负面情绪，比如"投资不过山海关"，进一步加剧本地信贷收缩，抑制本地的流动性，引发流动性风险。此外，类似PPP等项目本身的收益低、投资周期长，其期限错配概率较高，在国家债务风险监管力度加大的情况下，因挪用项目资金而导致的违约风险也会向金融领域传染。

（三）企业部门间的风险传染

企业是金融服务的主要对象，企业风险通过信贷渠道和资产渠道向金融部门传染。一方面，企业通过信贷渠道向金融部门传染风险。出于融资需要和结算便利，企业与金融机构之间存在债权、股权等关系，当企业因资金链断裂而陷入流动性困境、发生股权缩水等问题时，金融机构直接面临因企业信贷违约而导致的兑现风险，并产生负向循环效应，从而加剧金融风险。同时，企业除了从正式金融机构获得资金，还会通过担保链从非正式金融机构获得信贷，因此，企业违约也会通过担保链加剧风险在金融体系中的传染，形成多米诺骨牌效应。另一方面，企业通过资产渠道向金融部门传染风险。正如上文中指出的，房地产等行业的金融属性较强，且涉及上下游多个行业且分布地域不同，在行业本身金融资产价值缩水的情况下，房地产风险冲击上下游行业的资产价值，引发金融风险。此外，企业的资源要素具有明显的跨区域特点，当某一地的企业发生风险时，它会通过产业链、供应链向企业所在区域外的关联企业传染，产生空间溢出效应。

（四）居民间的风险传染

居民是金融存储和信贷投资的重要来源，通过多种渠道来影响金融风险。一方面，通过存款渠道传染金融风险。居民储蓄是地方金融机构存款的主要来源，在宏观经济环境压力加大导致居民存款额下降的情况下，地方金融机构信贷扩张能力下降，进而引发盈利能力的下滑。尤其是在经济下行压力加大的情况下，银行本身的风险极易导致存款储户的挤兑行为，并对银行部门产生冲击。另一方面，通过资产渠道传染金融风险。在房地产、股票、基金等资产价格出现下跌的情况下，尤其是房地产作为居民的重资产项目，在房地产下行周期导致资产价格缩水的情况下，居民资产缩水引发的债务违约风险将直接加剧地方金融风险。此外，劳动力的跨域迁移，与知识技术扩散一样会对地方金融风险产生溢出效应。

第三节　基于大数据的地方金融风险监测预警的逻辑理路

基于现有学者的研究成果，本节从大数据的资源和技术特点出发，构建基于大数据的地方金融风险监测预警逻辑框架。同时，从数据治理、风险识别、监测预警等角度分析基于大数据的地方金融风险监测预警的逻辑理路。

一　基于大数据的逻辑框架

以区块链、云计算、大数据等为代表的技术创新，给地方金融风险监测预警带来了新的方向。大数据技术赋能下，地方金融风险监测预警的本质是，技术满足风险治理需求，推动技术创新及制度革新，提高治理能力。在大数据技术嵌入赋能下，地方金融风险监测预警过程具有鲜明的大数据特点。因此，结合应急管理理论、信息管理的生命周期理论（Information Lifecycle Management，ILM）和风险治理理论（夏诗园、尹振涛，2022；刘乃梁、吕豪杰，2022），优化基于大数据的地方金融风险监测预警逻辑框架（见图1-3）。从内容上看，基于大数据的地方金融风险监测预警过程包含数据治理、风险识别以及监测预警三个层面。

（一）地方金融风险的数据治理

数据治理是地方金融风险大数据监测预警的基础。数据治理是数据确权、使用、管护等一系列的管理行为（张宁、袁勤俭，2017），与数据治理、智慧治理及智能治理有明显的不同（颜佳华、王张华，2019），数据治理更强调依数据的治理和对数据的治理。其中，依数据的治理是类似于依大数据进行地方金融风险治理，对数据的治理是对地方金融风险数据本身的治理。关于对数据的治理，比较典型的数据治理决策域模型包括数据准则、

第一章　基于大数据的地方金融风险监测预警及协同治理的理论探讨

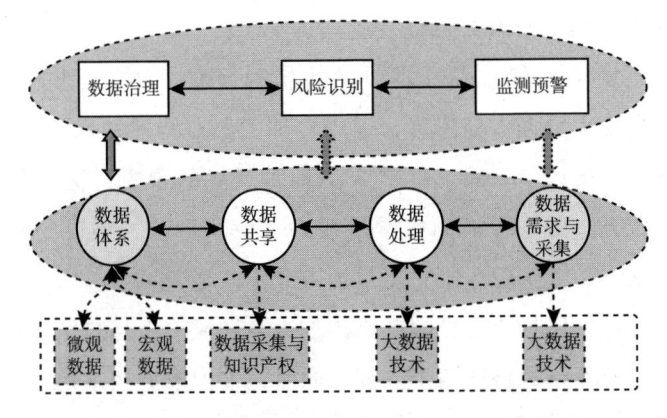

图 1-3　基于大数据的地方金融风险监测预警逻辑框架

资料来源：笔者自行绘制而得。

数据质量、元数据、数据访问、数据生命周期五个部分（Khatri and Brown，2010）。还有学者从政策制度、技术工具、数据标准、流程规范等角度构建了数据治理体系（包冬梅等，2015）。同时，地方金融风险本身有较强的金融属性和公共安全数据，因此，参考上述数据治理框架，本书认为地方金融风险的大数据治理包括数据识别和采集、数据存储、数据共享和数据管理等环节，是动态化的数据治理过程。其中，数据识别和采集，侧重于风险数据和利用大数据工具进行数据采集；数据存储，侧重于基于大数据平台来实现对数据的清洗、存储、分类等管理过程；数据共享，侧重于数据在不同需求、不同组织中传递和安全保护；数据管理，侧重于对数据标准、数据规则等的制度性设计。

（二）地方金融风险的识别

风险识别是地方金融风险大数据监测预警的依据。依据国际风险管理理事会（International Risk Governance Council，IRGC）提出的"风险治理框架"，风险预评估实际上包含风险评价、风险描述等风险识别内容。因此，地方金融风险的大数据识别，是基于地方金融发展及经济发展的大样本数据，利用大数据技术来识别地方金融风险的特征、时空属性、成因等治理因素，并依据风险的类别，为后续风险监测评估与预警提供依据。

（三）地方金融风险的监测预警

风险监测预警是地方金融风险大数据监测预警的中枢。地方金融风险治理主体依据风险大数据指标体系，运用多种方法监测评估风险发生的概率、风险等级，并依据风险发展的趋势，实现对风险的预警，提出风险应急预案。其中，地方金融风险指标体系是地方金融风险监测预警的底层数据基础。无论是地方正式金融风险，还是地方非正式金融风险，同样会受到宏观经济因素及微观主体行为特征的影响。地方金融风险指标总体上包括宏观经济因素与微观企业行为特征两个方面。同时，在大数据技术赋能下，地方金融风险治理主体将利用机器学习等算法工具，设计出符合某一类风险特征的算法模型，实现对风险的实时监测，提高风险监测预警效率。

二　基于大数据的数据治理

数据是地方金融风险大数据治理的基础。正如上文指出的，基于大数据的地方金融风险数据治理，包括数据识别和采集、数据存储、数据共享和数据管理四个部分。

（一）数据识别和采集

实践中，地方金融机构经营行为会产生大量的数据，政府在风险治理过程中也会产生大量的政务数据，同时，企业居民等市场主体在开展金融活动过程中同样会产生大量的数据。因此，数据识别主要是识别在地方金融机构、政府部门以及其他市场主体开展金融活动过程中产生的风险数据。地方金融风险数据主要可以划分为三类：第一类，地方金融机构在经营运行过程中产生的大量数据，包括企业规模、利率、违约率、债券规模等；第二类，政府部门在地方金融风险治理过程中产生的大量数据、依靠行政方式获得的数据，比如统计局、企业、人口、经济发展、司法等宏观微观调查数据；第三类，其他市场主体的数据，主要是利用网络爬虫等技术手段获得的企业生产经营数据、金融风险舆情等非结构化数据。此外，对于金融风险数据的采集，结构化数据主要是政府相关部门利用自下而上的数据申报机制而得到的统计数据。非结构化数据主要是运用网络爬虫等技术手段进行数据挖掘而得到的数据。

（二）数据存储

数据存储是从统计角度对数据进行清洗存储的行为。对于结构化数据，依据统一的统计学标准，进行常规存储。对于非结构化数据，依据统计学标准，采取归一化或者其他标准化举措对数据进行归类存储，此外，对词语类数据进行分类识别。在存储过程中，基于大数据工具特点，对结构化和非结构化数据进行统一的标签化处理。

（三）数据共享

数据共享，是对地方金融风险数据的汇集与分享。其中，主要利用基于区块链的大数据技术搭建地方金融风险大数据平台，对地方金融风险结构化和非结构化数据进行归集汇总，同时，利用大数据平台构建数据分享机制，在不同治理主体之间进行数据传递与安全保护。因此，数据共享的关键在于大数据平台。

（四）数据管理

数据管理，是对数据的系统管理，重在制度建设。数据管理的内容包括统一数据采集、清洗、录入、标签化、分类等数据规范，以及数据共享中的数据确权、数据流动、数据安全以及数据平台管理等内容。完备的数据管理体系，是释放数据效能、提升金融风险监测预警效能的重要制度保障。

三　基于大数据的风险识别

从欧洲系统性风险委员会（European Systemic Risk Board，ESRB）到国际标准化组织的 ISO 3000 风险治理框架，风险识别是风险治理的关键部分，也是基于大数据的地方金融风险监测预警的依据。风险识别是在对风险内外部环境进行综合分析的前提下，对特定风险参数进行设置，从而制定风险治理准则的一个过程，因此，风险识别实际上是风险治理的前置条件（张大维，2020）。

从上述国际组织的实践角度来看，学者们通常利用风险危机概率及风险危害程度等多个指标从定性角度来划定风险等级、风险分析矩阵（朱正威等，2014）。实践中，英国明确将风险划分为非常高、高、中等、低四级，部分还设计了"无法容忍""可容忍""可忽略"等风险容忍度指标，以识别风险的敏感性。但是，定性角度的风险识别，并不能穷尽风险的类型，而只是搭建了风险识别的基本框架，这是定性识别的劣势。同时，在金融风险领域，传统金融风险识别理论中，也主要是基于KLR信号法、FR法、SRV模型等传统计量方法来识别金融风险，相对其他学科的定性分析方法有一定优势。相对于用经典模型分析金融风险问题，基于大数据的地方金融风险识别问题，更多地依赖于发挥大数据的数据资源和技术优势。尤其是大数据相关的技术优势，能够通过对既有风险数据库的文本分析，以及风险时间序列数据的长短时记忆等机器学习分析，获得对金融风险类型的自主迭代式集成，从而形成风险的类数据库。基于此，应运用类似于知识图谱等方法对风险概率、风险危害程度、风险发生场景等进行更为详细的描述，从而为风险监测预警提供更为全面的依据。故而，大数据从技术角度将传统经典风险识别机制的定性分析转化为依赖于深度学习等技术方法的定量分析，突出了对风险类型的穷尽式分析，为地方金融风险的监测预警提供了更为可靠的依据。

四　基于大数据的监测预警

科学合理的地方金融风险监测预警是治理地方金融风险的有效举措。结合现有学者的研究成果，基于大数据的地方金融风险监测预警机制包括金融风险监测指标体系、金融风险监测机制、金融风险预警响应机制三个部分，详见图1-4。

（一）基于大数据的风险监测指标体系

监测指标体系是地方金融风险监测预警的前提。依据前文中对地方金融风险类型的分析，结合现有学者的研究成果，地方金融风险监测指标体系包括银行风险、证券风险、保险风险、债务风险、房地产风险、科技金融风险、民间金融风险、宏观经济风险、外部冲击风险及金融治理风险十个部分。一是银行风险，反映地方银行机构风险，重在对地方法人银行机构风险的监测，监测指标包括不良贷款率、盈利能力、准备金充足率、流动性比

第一章　基于大数据的地方金融风险监测预警及协同治理的理论探讨

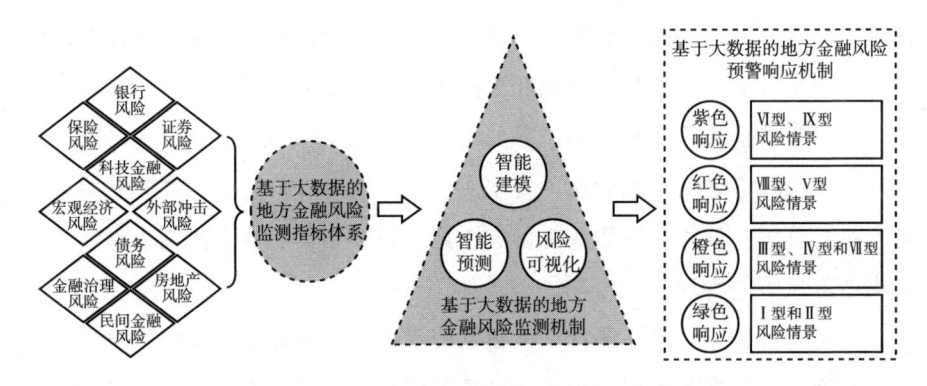

图 1-4　基于大数据的地方金融风险监测预警机制

资料来源：笔者自行绘制而得。

例、核心资产负债率等。二是证券风险，反映地方属地证券类公司以及上市公司的风险，重在对地方法人证券类公司风险的监测，监测指标包括融资额占 GDP 比重、盈利能力、主营业务利润率、净资产收益率等。三是保险风险，反映地方保险业务的风险，重在对地方法人保险类公司风险的监测，监测指标包括保险深度、保险偿付比等。四是债务风险，主要反映的是地方政府和企业债务风险程度，监测对象包括地方政府显性和隐性债务，以及企业债务风险指标等。五是房地产风险，反映的是地方房地产市场的风险，监测指标包括房地产价格、房地产信贷、住宅空置率等。六是科技金融风险，反映的是地方科技金融风险，监测指标包括载体平台形式、技术安全、担保抵押、收益率等。七是民间金融风险，反映地方非法金融风险状况，监测指标包括非法集资、地下钱庄。八是宏观经济风险，反映的是地方经济发展风险，监测指标包括实体经济增长率、人口城镇化率及规模以上企业亏损占利润比重等。九是外部冲击风险，反映重大突发事件的冲击，监测指标包括宏观经济、疫情趋势等。十是金融治理风险，反映的是地方政府金融风险治理能力高低产生的风险，包括金融监管投入、金融案件数量、案件执结率等。

（二）基于大数据的风险监测机制

风险监测，是基于大数据的地方金融风险分析环节，是预警响应的主要依据。结合学者们的研究成果，本节构建的基于大数据的地方金融风险监测机制，包括智能建模、智能预测和风险可视化三个部分。

一是智能建模。充分运用机器学习、深度学习、文本分析等多种方法，对地方金融风险进行智能建模，实现对金融风险程度的评估。同时，对挖掘的海量数据进行训练，构建并完善类金融风险模型，形成主决策模型，实现对类金融风险的管理。

二是智能预测。可预测性是大数据的重要应用和显著优势。基于智能建模，可通过时间序列数据，运用 LSTM 等深度学习模型实现对风险的预测，也可通过决策树等多种模型实现对风险演化的预测，从而较为完整地体现风险的未来发展趋向。

三是风险可视化。可视化是基于大数据方法对地方金融风险的展示。一方面，可以通过 FineReport、CiteSpace、Echarts、Pyecharts 等可视化工具，实现对地方金融风险程度、风险类别、风险区域分布、风险成因及风险演化趋势等多维度的展示，实现对风险的全过程管控。另一方面，运用语义引擎技术，可以实现对地方金融风险关键信息的快速检索匹配，提高地方金融风险监测效率。

（三）基于大数据的风险预警响应机制

预警响应机制是基于大数据的地方金融风险协同治理的关键依据。基于现有学者和不同金融组织关于金融风险等级识别的研究，结合风险等级与风险发生概率，将风险治理情景划分为 9 类，构建基于大数据的地方金融风险预警响应机制，如图 1-5 所示。

一是绿色预警响应。在此预警响应范围内，地方金融风险较低，处于安全范围内，主要包括Ⅰ型和Ⅱ型风险情景两种。其中，Ⅰ型风险情景下，风险等级较低且风险发生概率较低；Ⅱ型风险情景下，风险等级中等且风险发生概率较低。

二是橙色预警响应。在此预警范围内，地方金融风险总体较低，个体风险较为突出，需要重点关注，以Ⅲ型、Ⅳ型和Ⅶ型风险情景为主。其中，Ⅲ型风险情景下，风险等级高但风险发生概率低；Ⅳ型和Ⅶ型风险情景下，风

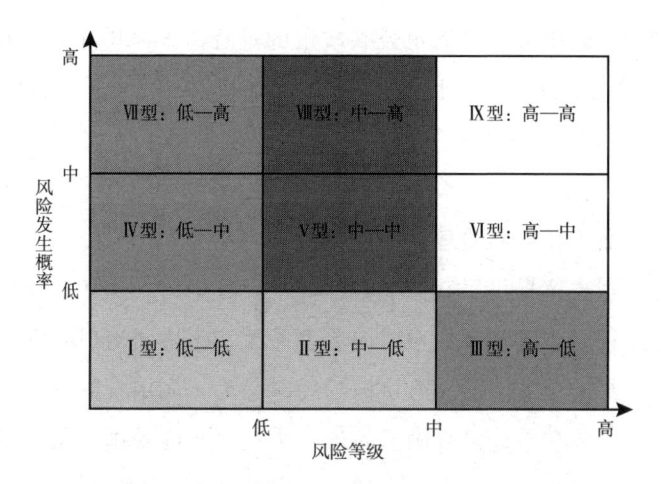

图 1-5　基于大数据的地方金融风险预警响应机制

资料来源：笔者自行绘制而得。

险等级低但风险发生概率较高。

三是红色预警响应。在此预警范围内，地方金融风险表现为风险中度，会导致局部金融风险，需要进行联合治理，以Ⅷ型、Ⅴ型风险情景为主。Ⅷ型风险情景下，风险等级中等且风险发生概率高；Ⅴ型风险情景下，风险等级中等且风险发生概率中等。

四是紫色预警响应。在此预警范围内，地方金融风险较高，会导致系统性金融风险，需要进行综合治理，以Ⅵ型、Ⅸ型风险情景为主。其中，Ⅵ型风险情景下，风险等级高且风险发生概率中等；Ⅸ型风险情景下，风险等级高且风险发生概率高。

第四节　基于大数据的地方金融风险协同治理的理论要义

地方金融风险的系统性、复杂性和治理知识的多样性，是金融风险协同治理的逻辑基础和现实依据（靳文辉，2021）。协同治理，是一种结构式的制度设计（Padiila and Daigle，1998），是多个公共机构与非国家利害关系人通过正式和非正式决策机制制定公共政策的过程（Ansell and Gash，2008），是多元化主体在共识基础上集体活动的有机体（Lahat and Sher-Hadar，2020）。进一步地，在大数据资源和技术的双重作用下，数字化协同治理成为公共治理的一种新模式。

本质上，数字化协同治理是平台化治理（曾渝、黄璜，2021），数字平台为多元化治理主体提供了载体平台，基于大数据的主体互动及规则适应成为治理的新途径。基于学者们对协同治理、数字化协同治理的概念界定，本节将基于大数据的地方金融风险协同治理定义为，应用大数据资源、大数据技术实现多个主体参与地方金融风险治理决策的制度安排。在遵循协同治理的基本框架下（Malekpour et al.，2021），基于大数据的地方金融风险协同治理理论要义的特点主要体现在四个方面。

一 基于大数据的治理主体多元化

治理主体的多元化是协同治理的基本前提。基于大数据的地方金融风险协同治理的主体包括政府组织、科技企业及居民等。不同主体的利益诉求、资源禀赋优势不一样，治理主体的多元化能够降低治理信息的非对称性，以及部分治理的制度刚性。比如，从制度规则及决策上看，政府等权威组织拥有数据治理、产权规则、治理规则及风险治理决策上的主导优势，企业等非政府组织在信息资源及其他社会关系网络方面有优势。从数据治理上看，政府在司法、公安、水电力及财税等公有链数据上具有显著优势。但是，在体制机制约束下，政府在借贷风险治理的大数据技术研发、科技人才培养等方面与科技企业相比仍具有明显差距。而科技企业比金融企业、非金融非科技型企业及居民在大数据挖掘、大数据技术研发、大数据共享等方面具有显著优势，但是缺少公有链数据信息以及社会治理功能，不同政府与科技企业在数据治理上的协同将高效地释放大数据的资源和技术优势。尤其是在技术创新驱动下，地方非正规金融行为更加隐蔽，仍旧存在政务数据难以捕捉的问题，需要科技企业与居民等非政府主体的共同治理才能解决信息劣势问题。

二 基于大数据的治理系统协同

依据复杂系统理论，越是复杂的系统，对协调性的要求就越高。基于大数据的地方协同治理是一个典型的组织自进化过程，包含着多元化的治理主体关系、大数据要素及共享等复杂结构关系，以及治理要素的更新与治理能力提升，体现出不同风险治理主体在大数据资源和技术驱动下的自适应性和自主性，表现出主体多元、结构复杂、能力动态迭代的特点。大数据工具的运用，使不同金融风险治理主体之间能够进行资源和知识的共享、交换，从而加快风险治理网络中不同主体基于一致性目标的响应速度。通过治理分权和技术学习效应进行治理协作，部分治理主体能够在特定时间内在特定情境下处于主导地位，在强调治理主体间平等与协作的背景下，形成地方金融风险协同治理模式的初始创新状态。在大数据驱动下，协同治理模式的迭代更新逐步削弱了以往不同协同主体在权力层次、数据与技术、风险感知能力等方面的差异，推进了不同系统之间耦合，以至于形成较为良好的协调关系，但并不摒弃不同组织形态制约协同治理效率的竞争淘汰关系。协同治理过程不再过度地依赖政府管制、压制和命令式的维权，而是更多依赖政府、科技企业及居民等风险治理主体之间的相互合作来提高治理的效能，从而逐步进行协同创新模式的自我迭代。尤其是在组织规则、共同行动等方面形成目标一致性、行动协同性，熨平不同协同治理主体间的差异，形成协同合力，从而更好地利用大数据推进地方金融风险治理效能，守住不发生系统性风险的底线。

三 基于大数据的治理组织间协同

协同治理包括政府组织和非政府组织等多个治理主体，不同组织间的协同，是治理系统协同的关键。一是共同价值目标。共同价值目标是协同治理自愿凝结的包含方案、政策目标等的价值意愿，可以缓解不同协同治理主体在治理过程中的利益冲突和张力，是协同治理的重要前提。在政府主导的地方金融风险协同治理网络中，司法、公安、金融等不同主体在金融风险治理过程中受到合法性及决策复杂性等诸多行动约束，难以形成统一合力，需要一致性目标进行缓释。二是组织效率。组织效率是治理组织在单位时间内利用大数据的数据资源和技术以及其他社会资源满足社会成员的需求。在组织结构上，基于大数据的地方金融风险协同治理的组织架构拥有自上而下、自下而上等多种形态，依据治理对象及治理情景的不同来展现合理性和完备性；在组织绩效上，通过大数据风险治理平台，不同治理主体依法对不同主体的治理效果进行问责，提升治理的主动性和能效性；在组织规则制度上，基于大数据和地方金融风险类别的差异制定适应性规则，提高规则的刚性和韧性。三是组织信任度。组织信任度是金融风险协同治理网络中不同组织间的信任程度。在组织间诚信度上，依据地方金融风险类别的不同，不同治理组织按照协同治理规则完成事前约定的任务，履约程度高低也决定了组织间诚信度的优劣；在组织间亲密度上，地方金融风险协同治理主体通过大数据技术平台组成跨层次、跨部门、跨时间、跨空间的无缝式治理网络，并基于金融风险协同治理实践来提升网络的黏性。四是组织共享度。组织共享度是金融风险协同治理的数据治理、大数据技术创新和管理模式创新等的程度。在数据治理上，由政府、科技企业和居民等不同组织群体依据自身特点在协同治理网络中共享自身的数据，其中，政府在数据规则、数据标准制定中起到主导作用，并且由政府主导建设地方金融风险协同治理的大数据平台，并分级分类与不同治理主体共享。在大数据技术创新上，由科技企业发挥自身对人工智能、区块链等先进技术的感知和研发优势，在协同治理网络中起到主导作用，推动先进技术在治理网络中的应用与推广。在管理模式创新上，由不同治理主体依据自身资源禀赋优势结合大数据特点进行自适应创新。

四 基于大数据的治理规则协同

信任是协同治理主体间合作的基础，而基于大数据的地方金融风险协同治理具有主体多元化、协同系统复杂化等特点，仅靠信任仍然难以减少行动各方的潜在利益冲突，调节不同治理主体、治理系统之间的作用状态和协作程度，达到协同治理目标，需要从横纵角度制定规则以保证行动的一致性。

纵向上，正式规则与非正式规则耦合。地方金融风险，尤其是地方非法金融风险在技术非法利用下形态嬗变及传播速度加快，金融风险治理的正式制度难以适应金融风险治理的客观需要，风险治理监管滞后导致正式规则的失灵。非正式规则包括文化、社会关系、宗教和习俗等要素，由非正式制度传染延续性形成的约束力要强于正式规则（胡珺等，2017）。比如，上海地方非法金融系统"随手登"以及宁波"天罗地网"系统等，均体现了社区居民等非正式治理主体基于公民责任和社会道德的地方金融风险治理参与。非正式规则能够弥补正式规则的不足进而促进治理行动的一致性，但是并不能维持合作的持久性和高效性（陈静、陈成文，2022），需要实现正式规则与非正式规则的耦合。横向上，部门间规则的协调。基于大数据的地方金融风险协同治理涉及金融、司法、公安、大数据等多个部门，部门间职能及其治理目标的相对独立性使得不同部门间因基于自身实际的事务性处理而弱化主责性的协作，这就导致部门间协同制定的规则在兼容性、衔接度上的协调效度不够。部门间规则协调效度的弱化，也进一步使得不同部门在政策执行上存在差异，尤其是跨地域的重大金融风险治理协调在不同地区、不同层次、不同部门间存在兼容和协调的困难，制约了金融风险治理的效能。正式规则与非正式规则在纵向上的耦合，以及部门间规则在横向上的协调，能形成满足多元主体和治理结构化网络需要的适应性规则体系，更好地发挥基于大数据的地方金融风险协同治理效能。

第五节 大数据方法

一 机器学习

机器学习是统计学和人工智能相结合的新兴领域，通过计算机的自主学习来实现对先验经验的总结、判断，从而不断提升和优化算法性能（吴翌琳、南金伶，2020）。相对于以往的统计学方法，机器学习具有三个明显的特点。一是准确性。一方面，机器学习主要是基于大数据样本，比如，传统算法的时间颗粒为年、季，机器学习的时间颗粒可以深入微秒、秒、分等，样本量明显增加，对数据的刻画更为细致。另一方面，机器学习主要依赖算法，在算法持续自主优化下，算法的精准性会明显提升，从而提高对事物判断的精准性。二是复杂性。机器学习的工具对事物的解剖比较复杂，比如神经网络、神经元等复杂体。同时，算法本身也涉及复杂的数学建模，相较传统计量方法有明显的复杂体系。三是可解释性。在大数据和复杂化的算法体系下，机器学习的预测精度和结果的鲁棒性，可以为解决现实问题提供更为科学的依据。

当前，学界对机器学习的类别并无统一的界定，结合本书需要，本节重点探讨浅层机器学习和深度机器学习两大类（谭章禄、陈孝慈，2020）。一是浅层机器学习。浅层机器学习是一种对数据结果的描述，高度依赖先验经验，侧重于划分数据之间的关系。浅层机器学习工具的代表包括 BP（Back Propagation）神经网络、支持向量机（Support Vector Machine，SVM）等。二是深度机器学习。深度机器学习是一种更为复杂的机器学习算法，拥有更多层次的隐藏层、数量不确定的神经元，不同神经元拥有不同的非线性算法，在上述条件下计算机会依据算法的优化逐步进行调节，进而形成有效反馈。因此，深度学习算法中机器拥有自主学习、分析能力，也正是深度机器学习的上述优势，使其在时间序列预测、声音识别、图像识别以及文字识别等方面的应用较广。当前，使用频率较高的深度机器学习工具包括卷积神经网络（Convolutional Neural Networks，CNN）、循环神经网络（Recurrent Neural Network，RNN）及深度神经网络（Deep Neural Networks，DNN）。

二 深度学习

结合后文分析，本节重点分析循环神经网络。RNN是一种以序列数据分析为主的递归神经网络，具有记忆性、参数共享且图灵完备等特征。RNN的核心是有向图，如图1-6所示。

给定一个学习数据 $X = \{x_i\}_{i=1,\ldots,\tau}^{T}$，$i$、$\tau$ 分别表示序列号和样本长度。

第一章 基于大数据的地方金融风险监测预警及协同治理的理论探讨

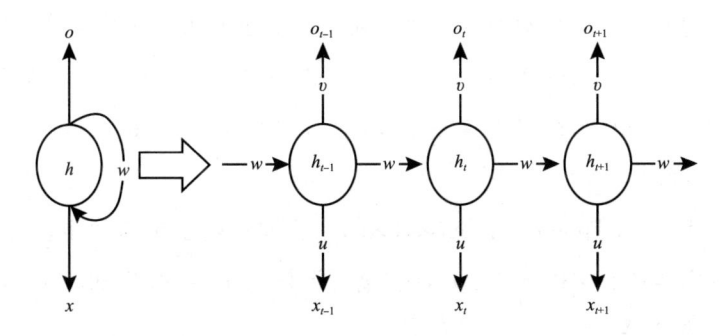

图 1-6 RNN 神经网络有向图

资料来源：笔者依据 RNN 教程等资料绘制而得。

对于时间 t，设定 RNN 的系统状态为 h，也即所有样本点随时间步长的变化而变化的情况，则 RNN 的循环单元 $h^{(t)}$ 可以表示为：

$$h^{(t)} = f[s^{(t-1)}, X^{(t)}, \theta] \quad (1-1)$$

式（1-1）中，s 表示系统的内部状态，且 $s = s(h, X, y)$，y 表示某一步长的输出值。θ 表示循环单元内部的权重系数。同时，界定 RNN 输出节点为一个线性函数，设定 v、c 均表示权重系数，则有：

$$o^{(t)} = vh^{(t)} + c \quad (1-2)$$

根据 RNN 的不同结构，不同输出节点输出的结果值会存在较大差异，有 $\hat{y} = g(o)$。进一步地，依次有循环单元—循环单元链接、输出节点—循环单元连接、基于上下文的连接，表达式为：

$$h^{(t)} = f[uh^{(t-1)} + wX^{(t)} + b] \quad (1-3)$$

$$h^{(t)} = f[uo^{(t-1)} + wX^{(t)} + b] \quad (1-4)$$

$$h^{(t)} = f[uX^{(t-1)} + wh^{(t)} + Ry^{(t-1)}] \quad (1-5)$$

其中，$f(\cdot)$ 表示激活函数，u、w 分别表示状态—状态权重、状态—输入权重。在非监管学习下，RNN 会依据循环自编码器（Recurrent Auto-Encoders, RAE）进行非监督学习，其中，RAE 输入端的编码器会处理序列并将最后一个时间步的状态传递至解码器，解码器使用编码器的输出结果重构序列。同时，RAE 以最小化原始序列和重构序列的差异为目标进行学习。在监督学习下，RNN 的学习范式包括 Teacher Forcing、时间反向传播（BP Through Time，BPTT）以及实时循环学习（Real-Time Recurrent Learning，RTRL）三种。

一是 Teacher Forcing。Teacher Forcing 的核心在于对不同步长的训练输入一个真实值从而解耦误差的反向传播，严格的 Teacher Forcing 并不适用于闭环连接的 RNN。

二是时间反向传播。BPTT 将 RNN 的每个循环单元展开为一个层，每一个层又进行不同的算法估计。在 BPTT 环境下，权重的梯度是所有层梯度之和，设定 L 为损失函数，且 $\partial L/\partial L^{(t)} = 1$，则有：

$$L = \sum_{t=1}^{\tau} L^{(t)} = -\sum_{t=1}^{\tau} \ln p[h^{(t)} \mid X^{(1)}, \cdots, X^{(t)}] \tag{1-6}$$

三是实时循环学习。RTRL 类似于自动微分的前项连锁模式，在得到每个时间步的损失函数后直接更新所有权重系数至下一个时间步。以状态—状态权重 u 的更新为例，权重元素 u_{ij} 的更新规则为：

$$\frac{\partial L^{(t)}}{\partial u_{ij}} = \left[\frac{\partial o^{(t)}}{\partial u_{ij}}\right]^{T} \left[\frac{\partial L^{(t)}}{\partial o^{(t)}}\right] \tag{1-7}$$

$$\frac{\partial o^{(t)}}{\partial u_{ij}} = \frac{\partial o^{(t)}}{\partial h^{(t)}} \frac{\partial h^{(t)}}{\partial u_{ij}} = \frac{\partial o^{(t)}}{\partial h^{(t)}} \left[\frac{\partial^{+} h^{(t)}}{\partial u_{ij}} + u \frac{\partial h^{(t-1)}}{\partial u_{ij}}\right] \tag{1-8}$$

RTRL 环境下，权重更新方式以相近方式得出，计算量较大，但是不需要存储反向传播的误差梯度，具有一定的计算优势。

三　文本挖掘

文本挖掘（Text Mining）是当前发展较为快速的大数据分析方法，主要是运用技术手段来实现对大量文本的语义信息分析，以提取文本中的关键信息。文本挖掘是一个包括数据挖掘技术、机器学习、信息抽取、计算语言、线性几何等多个学科的领域，包括文本数据预处理、文本分类与聚类、文本关联分析、文本信息检索与抽取、文本自动摘要五个技术环节。将初始文本转换为结构化数据矩阵，再通过词转换为向量技术，最后采用定量算法对数据矩阵进行分析，从而实现对相关问题的分析和预测。当前，以北京理工大学的 NLPIR 大数据语义智能分析平台的数据挖掘载体较为典型，它融合了网络精准采集、自然语言理解、文本挖掘和语义搜索功能，实现了复杂环境下的文本挖掘。

随着文本挖掘技术的快速发展，文本挖掘技术已经逐步应用于金融经济活动中，包括上市公司的财务报告、社群的舆论、媒体文章等，并对挖掘市场风险线索、感知金融市场风险起到了关键作用。文本挖掘方法的优势是能够从报纸、社交媒体、政府文件、网络等渠道提取非结构化数据，弥补了结构化数据在金融风险感知上的缺陷，为地方金融风险识别开辟了新的通道，更加有利于地方金融风险的监测预警。马灿坤等（2021）将地方金融发展服务政策文件划分为普惠金融、金融中心建设、农村金融、资本市场发展、绿色金融、金融服务与发展六个类别，认为地方金融发展和监管目标具有一致性，地方金融监管权和地方发展权错位是地方金融风险产生的根本原因。

第二章
基于大数据的地方金融风险治理现状分析

在全球经济下行压力加大、地缘政治风险持续存在的客观现实下,地方金融发展面临诸多风险。大数据等新技术的发展,加快了大数据在地方金融风险治理中的应用,提升了地方金融风险治理的效能,但地方金融风险形势仍然较为严峻。金融分权改革下,地方政府参与金融风险治理的权力变化经历了三个阶段,地方政府金融风险治理能力得到提升。大数据分析下,地方金融风险治理政策力度持续加大,但基于大数据的地方金融风险监测预警及协同治理仍面临诸多难点与客观约束。

第一节 地方重点领域金融风险的现状分析

在百年未有之大变局下,全球经济持续承压,中小银行风险、民间金融风险、地方政府债务风险、房地产风险等风险交织点多、面广,地方金融风险仍然较大。为此,本节将从广义地方金融风险角度,结合数据可得性,聚焦地方重点领域金融风险的主要特点,反映地方金融风险的发展现状。

一 中小银行风险较大

近年来,银行业竞争强度持续提高,中小银行持续承压,表 2-1 显示了 2018~2021 年高风险评级金融机构分布情况。从该表中我们可以看出，高风险金融机构数量始终较多，其中，D 级已倒闭、被接管或撤销机构的数量增加。同时，高风险金融机构持续表现为农合机构和村镇银行等中小型金融机构，尤其是以农村商业银行、农村合作银行、农信社等为代表的农合机构是高风险金融机构的主体，虽然高风险金融机构数量呈现下降趋势，但机构数量仍然较多。同时，从《中国金融稳定报告（2021）》中的宏观情景压力测试来看，2023 年 30 家大中型银行不良贷款率在轻度情景、中度情景、重度情景下将分别达到 4.29%、7.04%、9.69%，接近或高于不良贷款率国内和国际警戒线。由于中小银行资产质量明显低于大中型银行，对比之下，中小银行不良贷款率会高于国内和国际警戒线，金融风险较大。

表 2-1 2018~2021 年高风险评级金融机构分布情况

单位：家

年份	8级机构数	9级机构数	10级机构数	D级机构数	高风险机构合计	农合机构	村镇银行
2018	247	259	80	1	587	—	—
2019	217	244	82	2	545	378	—
2020	160	187	94	1	442	285	127
2021	91	157	64	4	316	186	107

注：中国人民银行发布的《中国金融稳定报告》规定，评级为 8 级及以上等级的为高风险区。

资料来源：笔者依据中国人民银行发布的 2018~2021 年《中国金融稳定报告》中的公开数据自行整理而得。

进一步地，从《中国金融稳定报告（2021）》中的敏感性压力测试结果来看，5 种敏感性冲击情景下，3985 家中小型银行中未通过压力测试的银行数量分别为 1390 家（冲击 1 情景）、2011 家（冲击 2 情景）、2590 家（冲击 3 情景）、1260 家（冲击 4 情景）、1679 家（冲击 5 情景），分别占参加压力测试的中小银行总数的 34.88%、50.46%、64.99%、31.62%、42.13%。进一步测试表明，中小微企业经营贷款、同业交易对手、房地产贷款、地方政府债务及客户集中度等是中小银行敏感性风险重点领域。

二 民间金融风险稳中趋缓

由于民间金融风险形式多样，风险测度方式多样，为了客观起见，本节以民间借贷立案数作为民间金融风险的替代变量。图 2-1 显示了 2011~2021 年中国民间借贷立案数及增长率。从该图中我们可以看出：总体上，2011~2021 年，中国民间借贷立案数由 2011 年的 3.84 万件上升至 2021 年的 204.77 万件，年均增长 48.83%，整体上保持稳中趋缓的发展态势。具体来看，民间借贷立案数变化趋势可以划分为两个阶段。一是快速增长阶段（2011~2019 年）。在此阶段内，民间借贷立案数由 2011 年的 3.84 万件上升至 2019 年的 303.12 万件，年均增长 72.65%，增长速度较快。在此阶段内，2012 年欧债危机对全球经济造成了巨大的影响，尤其是 2016 年以来以 P2P 为代表的互联网金融风险持续凸显，扩大了地方金融风险的规模。网贷之家的统计数据显示，2018 年，中国网络借贷问题平台累计数达到 4237 家，占全部网络借贷平台的比重为 69.30%，是此阶段内地方金融风险的主要源头。二是缓慢下降阶段

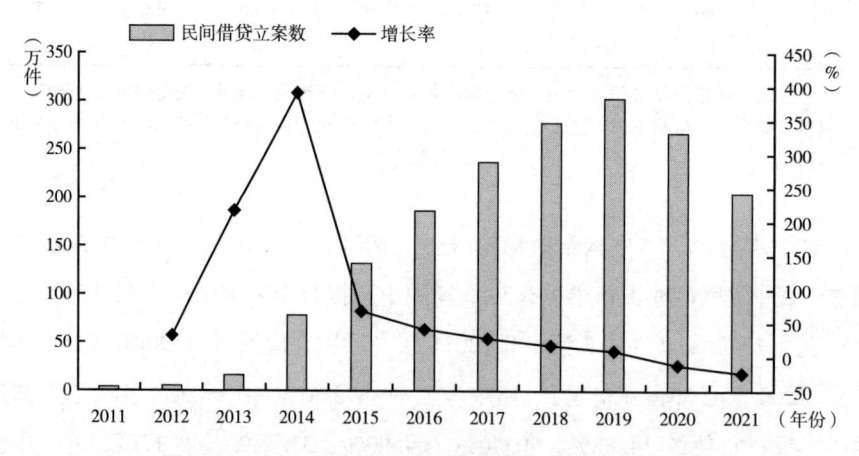

图 2-1　2011~2021 年中国民间借贷立案数及增长率

资料来源：笔者在中国裁判文书网（访问时间 2022 年 11 月 3 日）中以"民间借贷"为关键词进行相关信息采集，依据采集数据自行绘制而得。

(2019~2021年)。在此阶段内，中国民间借贷立案数由2019年的303.12万件降至2021年的204.77万件，减少了98.35万件，年均下降率为17.81%。这说明民间金融风险持续下降，但仍然保持在较高位置。得益于国家对互联网金融风险的集中统一治理，互联网金融风险得到有效控制，避免了由互联网金融风险导致的区域金融风险。来自中国人民银行的统计数据显示，2020年P2P平台实现全部清零。

三 地方政府债务规模持续扩大

地方政府债务发行与地方金融机构密切相关，考虑到政府债务尤其是隐性债务与金融机构的关联性，本节通过债务规模来侧面反映地方金融风险。近年来，地方政府显性债务规模持续扩大。来自Wind和财政部的统计数据显示，2014~2021年地方政府显性债务规模由2014年的15.41万亿元上升至2021年的30.47万亿元，年均增长10.23%（见图2-2）。其中，2021年地方政府显性债务规模占GDP的比重为26.64%。同时，地方政府综合财力为28.80万亿元，相应地方政府显性债务率为105.8%，较2020年的91.3%提升了14.5个百分点，处于国际通用的政府债务100%~120%的警戒范围内。值得注意的是，2021年地方政府债务限额为33.28万亿元，地方政府有2.81万亿元留存余额需要财政支出，不同地方政府偿债面临巨大压力。来自Wind的统计数据显示，2020年31个省（区、市）（不含港澳台地区）显性债务率不低于110%的省（区、市）有9个，具体为天津（179%）、贵州（152%）、内蒙古（144%）、青海（123%）、云南（118%）、宁夏（116%）、辽宁（114%）、吉林（110%）和湖南（110%），其中，青海、贵州、宁夏、天津、云南的显性负债率分别为82%、62%、47%、45%、39%，地方政府财政压力较大。

地方政府隐性债务规模持续扩大。由于地方政府隐性债务形式多样，不同学者对地方政府隐性债务风险的测算方式也明显不同，且城投债是地方政府隐性债务的主要来源，故为了简化，本节以城投债规模来反映地方政府隐

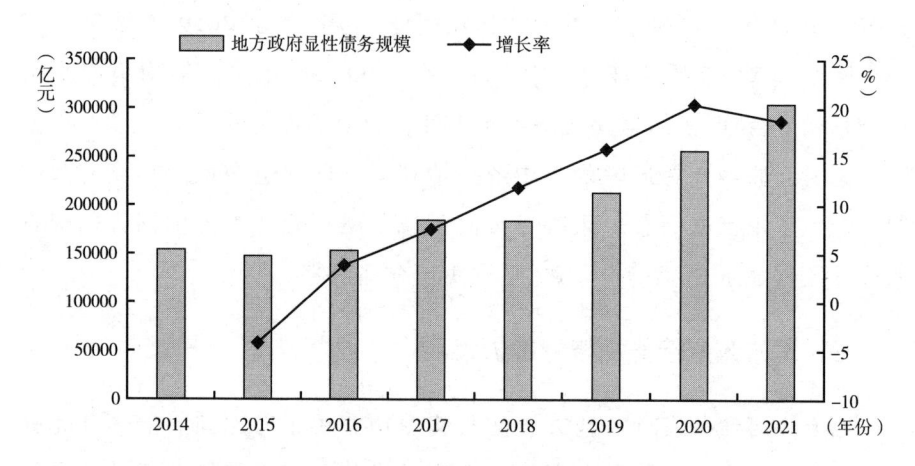

图 2-2　2014~2021 年地方政府显性债务规模及增长率

资料来源：财政部和 Wind 统计数据，笔者自行统计而得。

性债务规模。来自 Wind 和财政部的统计数据显示，2013~2021 年地方政府隐性债务规模由 2.12 万亿元上升至 12.80 万亿元，年均增长 25.20%（见图 2-3）。地方政府隐性债务规模持续扩大，增速较快。

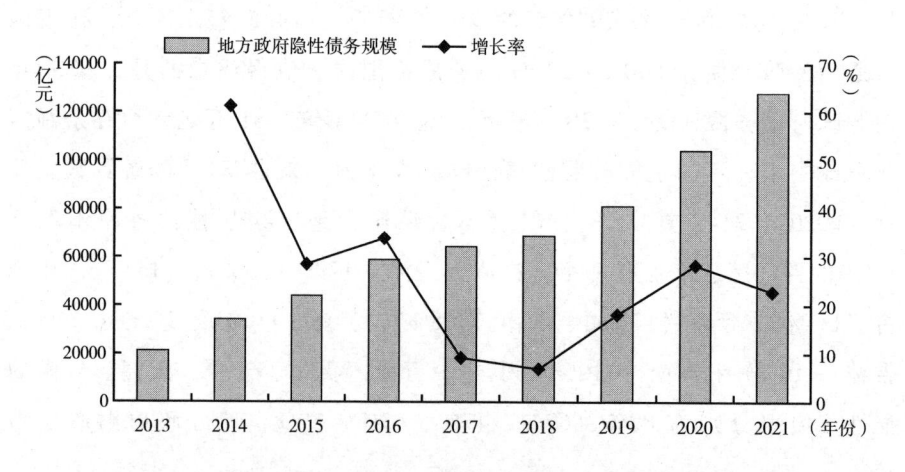

图 2-3　2013~2021 年地方政府隐性债务规模及增长率

资料来源：财政部和 Wind 统计数据，笔者自行统计而得。

四 房地产风险日益凸显

房地产信贷主要来自银行等金融机构,近年来,房地产市场波动较大,市场风险日益突出。考虑到非上市房地产企业数据可获得性差,本节以沪深上市房地产企业发展状况来分析房地产风险,侧面反映房地产金融风险。

一是房地产企业利润稳中有降。来自iFinD的统计数据显示,沪深上市房地产企业利润总额由2011年的901.23亿元上升至2021年的1629.45亿元,年均增长6.10%(见图2-4)。其中,2011~2019年,沪深上市房地产企业利润总额由901.23亿元上升至3897.61亿元,年均增长20.09%,保持高速增长态势;2019~2021年,沪深上市房地产企业利润总额由3897.61亿元降至1629.45亿元,年均下降35.34%,下降幅度和速度较大。值得关注的是,2021年沪深上市房地产企业中有35家净利润为负,占全部沪深上市房地产企业总数的28.46%,较2017~2020年分别增加了29家、26家、19家、13家,沪深上市亏损企业数持续增加。

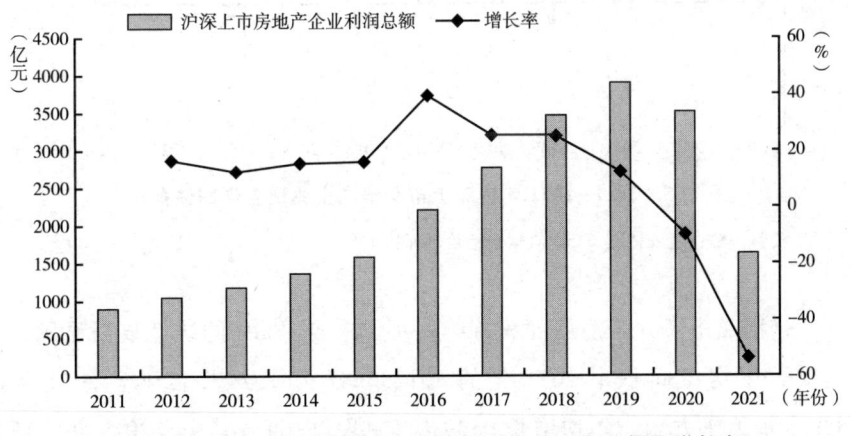

图2-4 2011~2021年沪深上市房地产企业利润总额及增长率

资料来源:笔者依据iFinD数据自行绘制而得。

二是房地产企业短期偿债能力持续下降。来自 iFinD 的统计数据显示，沪深上市房地产企业现金到期债务比平均值由 2011 年的 -51.43% 上升至 2021 年的 19.66%（见图 2-5），而通常会计准则设置的阈值为 150%，表明大多数上市房地产企业难以用现有现金来偿还到期债务。尤其是 2019~2021 年，沪深上市房地产企业现金到期债务比平均值分别为 -138.27%、-38.36%、19.66%，沪深上市房地产企业短期负债偿还能力有所下降。值得注意的是，2021 年，沪深上市房地产企业现金到期债务比低于 100% 的企业有 117 家，低于 0 的企业有 69 家，分别占全部沪深上市房地产企业总数的 95.12%、56.10%，2020 年相应占比分别为 91.06%、39.83%，2019 年相应占比分别为 93.50%、51.22%，进一步表明沪深上市房地产企业短期偿债能力下滑，房地产企业整体的债务偿还潜在风险较大。

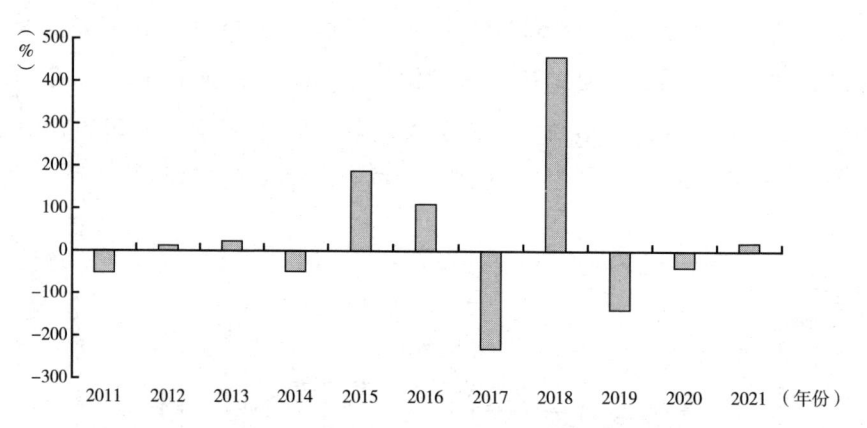

图 2-5 2011~2021 年沪深上市房地产企业现金到期债务比

资料来源：笔者依据 iFinD 数据自行绘制而得。

三是商品房新开工房屋面积持续减小。来自 iFinD 的统计数据显示，商品房新开工房屋面积由 2011 年的 191236.87 万平方米上升至 2021 年的 198895.05 万平方米，年均增长 0.39%（见图 2-6）。其中，2019 年，商品房新开工房屋面积达到考察期内的最高值，为 227153.58 万平方米。2019 年以后，商品房新开工房屋面积连续两年减小，2020 年、2021 年分别同比减小 1.2%、11.38%，房地产市场发展后劲不足。

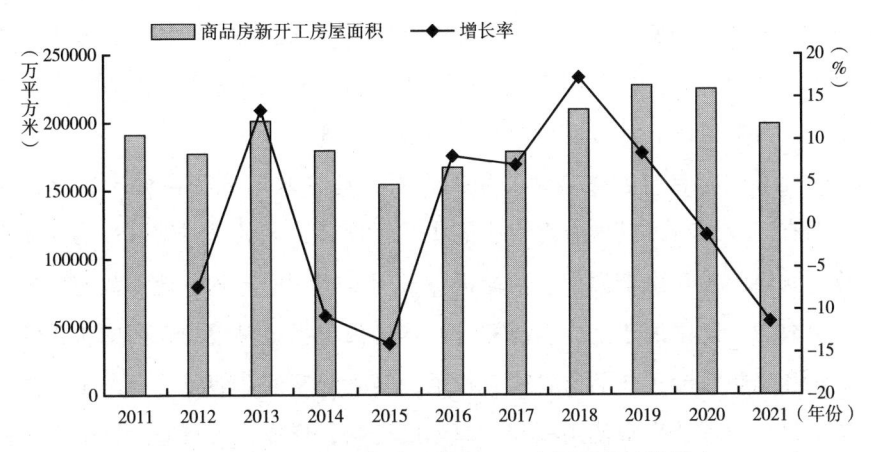

图 2-6　2011~2021 年商品房新开工房屋面积及增长率

资料来源：笔者依据 iFinD 数据自行绘制而得。

第二节　分权视角下地方金融风险治理的演变

从新中国成立初期的打击投机倒把到治理通货膨胀，再到改革开放以来债务风险治理等，地方金融风险治理一直是政府治理的关键议题。2018年，全国各级党政机构均设立了"地方金融办"或者地方金融监管局，地方金融监管能力增强。2023年，国家进一步推进金融机构改革，地方政府治理金融风险的权责和范围逐步明确。在当前央地金融管理体制机制下，地方金融风险呈现"中央为主、地方为辅"的治理态势。其中，对于地方金融风险治理，仍旧遵循"权威体制—有效治理"的央地金融风险治理逻辑（刘志伟，2019），中央管理的权威未变，变化的是地方政府参与金融风险治理的方式和模式。尤其是伴随大数据等技术优势的显现，地方金融风险治理大数据化的趋向也日益明显，推动了地方金融风险治理模式变革。

一　1978~1993年：金融风险治理的地方参与

1978~1993年，国家开始整合金融体系，逐步形成了以中国人民银行为领导、国有银行为骨干、多种金融业态共同组成的金融组织体系。其中，中国人民银行负责对全国范围内的金融机构进行设立或撤销，对存贷业务等进行审批、合规管理，地方政府间接参与金融管理。

从地方政府参与金融监管的功能来看，地方政府成为属地央行分支机构、国有商业银行及其他金融机构的实际管理者，尤其是对辖区内的商业银行等金融组织的金融资源配置功能进行了程度不一的干预。地方政府这种隐形干预权力，既来源于地方政府拥有对辖区内包括金融组织在内的机构的党的工作和思想政治工作的监管检查权限，又来源于商业银行等金融组织的地方分支机构的资金有限使用权和利润分成机制，形成了央行对地方金融机构管理权力的削弱。同时，改革开放初期，国家对央行监管权力的改革以及对地方金融机构准入门槛的放松，在地方性监管制度未能及时匹配的情况下，也给地方政府深度干预属地金融机构提供了空间。地方政府也正是在法律监管"真空"环境下，加快了城市信用合作社、典当行、信托投资公司等地方法人机构的野蛮扩张。地方金融机构在法律监管"真空"环境下的无序扩张，导致了银行系统在改革开放初期存在金融机构设立混乱、金融机构经营业务过界以及金融机构过度扩张等问题，国家在这段时间也加大了金融整顿力度。1988年9月党的十三届三中全会提出治理经济环境、整顿经济秩序、全面深化改革的方针，1989年9月国务院颁布了《关于进一步清理整顿金融性公司的通知》，全面加强对金融领域的整顿清理工作，尤其是对各类金融性组织进行大规模的拆撤、兼并重组，同时明确了央行在金融性组织设立和管理中的权威，限制了地方政府对金融机构的管理权限。

二 1993~2012年：金融风险治理的地方式微

自地方政府滥用职权导致地方金融机构无序扩张形成金融风险以来，国家增加了地方政府参与金融监管与风险治理的权限。比如，设立中央金融工委和金融纪委实行金融系统党委的垂直管理机制，限制地方政府对大型跨省金融机构经营的干预。同时，银监会、保监会分别于2003年、1998年成立，实现对金融系统党关系和业务的垂直管理，初步解决了因地方政府干预金融机构而导致的区域金融风险问题。进一步地，伴随《非法金融机构和非法金融业务活动取缔办法》（1998年）、《中华人民共和国证券法》（1998年）、《中华人民共和国银行业监督管理法》（2003年）等法规相继落地，地方政府规定金融机构只能以"配合者"身份参与地方金融风险的监管治理，国家对地方非正式金融组织风险的管理更为集中。

虽然地方政府参与金融监管及金融风险治理的权力进一步收缩，但是，地方政府的属地权责也使地方政府仍然会参与地方风险治理，主要表现为三个方面。一是依法管理农村合作基金。地方农业行政管理部门可以依法批准设立农村合作基金会，农村合作基金会的债权债务关系是地方政府在央行领导下进行处理，明确了地方政府处置农村合作基金风险的权责。尤其是对于农村合作基金非法吸收存款和贷款事项，遵从央行与农业行政管理部门协同处置的机制，同时，地方政府应组织工商、司法、公安等地方力量参与地方非法设立金融机构的金融风险行动。二是清理非法和变相金融风险。依据《中共中央、国务院关于深化金融改革，整顿金融秩序，防范金融风险的通知》（中发〔1997〕19号）的规定，地方政府对辖区内的互助会、结算中心、各类基金会、股金服务部等机构的非法金融活动进行全面整顿和清理。对于资不抵债且年底不能偿债的农村合作基金会，地方政府有责任进行清算关闭。三是地方法人机构可设置党委。地方法人机构可以设立党委组织机构，这为地方政府干预农信社等地方法人机构职能提供了有力机制，也在一定程度上致使地方法人机构不良贷款率和风险治理难度上升。

三 2012~2023年：金融风险治理的央地互动

在央地财权和事权不匹配的客观现实下，央行集权和地方政府参与金融风险治理的机制，限制了地方金融风险治理效能。同时，随着央行集权式体制弊端的暴露，国家逐步推进制度化改革试点，以推进央地间金融体制机制创新，央地间金融监管和金融风险治理机制改革成效突出，金融风险治理的互动更为频繁。

在这一时期，地方政府参与金融风险治理的行动突出表现为两个方面。

一是省级范围内均设立了金融监管部门，二是构建了地方金融监管局（或金融办）等多种功能性地方金融监管体系，从而弥补了央行功能性监管的不足。2021年12月31日，中国人民银行发布《关于〈地方金融监督管理条例（草案征求意见稿）〉公开征求意见的通知》，进一步明确了地方政府治理金融风险的权责，也即地方政府主要对小额贷款公司、融资担保公司、典当行等地方法人金融机构进行监督管理，同时，配合央行对属地金融机构进行监督管理。也正是地方金融监管局这类地方金融监管机构的设立，地方金融风险治理有了更为专业、系统的治理机构，央地之间风险处置机制更为清晰（见图2-7）。从权责来看，地方金融监管局具有协调和监管职能，尤其是负责地方金融机构的风险防范与处置，配合国家金融监管部门防范化解区域性、系统性金融风险，建立金融风险监测预警体系，打击非法集资行为，处置金融突发应急事件，是地方金融风险治理的直接主体。此外，在国家强化地方金融属地管理的趋向下，湖南、上海、重庆等多地的地方政府逐步制定金融监管条例，地方金融风险属地化管理倾向日益明显。

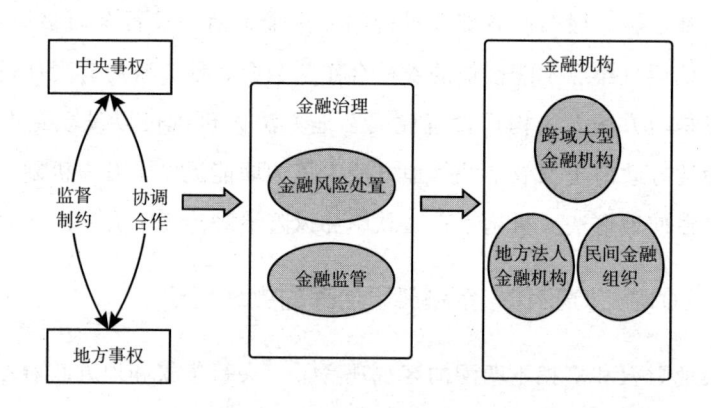

图2-7 央地金融监管和金融风险处置事权边界

资料来源：笔者自行绘制而得。

进一步地，2023年第十四届全国人民代表大会通过了金融监管机构权责和组织结构调整的方案，中央对金融的监管进入了新的发展阶段。具体来看，在中国银行保险监督管理委员会的基础上，将中国人民银行、中国证券监督管理委员会关于金融集团、金融消费者权益保护、投资者权益保护等权责全部并入新组建的国家金融监督管理总局，地方金融监管部门不再加挂金融办公室、金融工作局等牌子，从而强化行为监管、功能监管、机构监管、持续监管和穿透式监管。地方金融监管部门专门负责对地方金融机构的监管职责，央地之间关于金融监管尤其是金融风险监管的界限更为明显，有利于提高地方金融风险治理的效率。

第三节 基于大数据的地方金融风险治理政策趋势分析

伴随央地金融分权改革的深入，地方政府治理金融风险的强度逐步增大。当前，地方金融风险突出，新金融风险捕捉难度依然较大，地方金融风险治理的大数据手段和机制不足，限制了地方金融风险治理的效能。但是，强化风险监管与治理，仍然是地方金融风险治理的主要趋向。

一 基于大数据的文本挖掘分析设计

参考张文璇和张海波（2020）对系统性金融风险政策文本类别的划分，本节将地方金融风险划分为权威型、诱因型、能力建设型、象征与奖励型及学习型五类，其中，权威型包括国家法律法规、地方管理条例等政策文本，诱因型包括支持相关工作计划、指导意见等政策文本，能力建设型包括进一步做好相关工作、相关通知批复等政策文本，象征与奖励型包括修改文件、发行决定等政策文本，学习型包括发布相关文件、相关问题解决办法等政策文本。

利用 Python 网络爬虫技术，本节主要在中国银保监会网站[①]获取 2002~

[①] 考虑到地方金融监管局等地方政府所属的金融监管部门公开数据的文件相对较少，以及地方金融监管局等机构的权威性略低于中国银保监会派出机构，因此，本节未收集各地方金融监管局的政策文本数据。

2022年"法律行政法规""规范性文件（派出机构）""政策规章规范性文件（总会）"三类政策文本，共获得25087条文本记录①，下文将依据所获得的数据进行分析。

二 国家金融风险治理政策分析

表2-2显示了2002~2022年国家金融风险治理政策数量。从表2-2中可以看出，总体上，国家金融风险治理强度明显上升。2002~2022年，国家关于金融风险的政策数量由2002年的1件增加至2022年的51件，整体保持波动增加态势。尤其是2013年国家关于金融风险的政策呈现明显增加态势，2020年各种类型的政策数量达到77件，政策数量较多。主要原因在于2012年欧债危机、2016年互联网金融风险以及2020年重大突发公共卫生事件（新冠疫情等）对经济金融的影响，使国家加大了对金融风险的治理力度，政策出台力度较大。

表2-2 2002~2022年国家金融风险治理政策数量

单位：件

年份	权威型	诱因型	能力建设型	象征与奖励型	学习型	合计
2002	1	0	0	0	0	1
2003	0	1	1	1	3	6
2004	1	2	8	0	10	21
2005	1	0	6	0	5	12
2006	1	0	6	1	8	16
2007	1	1	4	5	16	27
2008	1	2	0	0	1	4
2009	0	0	1	1	4	6
2010	1	1	0	0	10	12
2011	0	0	0	1	9	10
2012	0	0	2	0	4	6

① 数据来源：http：//www.cbirc.gov.cn/cn/view/pages/index/index.html，最后访问日期：2022年11月21日。

续表

年份	权威型	诱因型	能力建设型	象征与奖励型	学习型	合计
2013	2	1	9	0	5	17
2014	0	3	11	0	8	22
2015	1	4	3	0	13	21
2016	0	5	11	0	10	26
2017	0	2	12	1	12	27
2018	2	1	12	3	19	37
2019	0	3	19	0	12	34
2020	2	3	42	0	30	77
2021	6	1	31	2	27	67
2022	1	6	21	1	22	51
合计	21	36	199	16	228	500

资料来源：笔者依据上文中收集的数据整理而得。

进一步地，观察不同类型的政策。考虑到政策的累积性，截至2022年，权威型、诱因型、能力建设型、象征与奖励型、学习型五种国家金融风险治理政策累计数分别为21件、36件、199件、16件、228件，占全部金融风险治理政策的比重分别为4.2%、7.2%、39.8%、3.2%、45.6%。这表明国家出台的金融风险治理政策以能力建设型和学习型政策为主，少数为权威型、诱因型、象征与奖励型。由此可见，国家金融风险治理政策以预防性政策为主，通过金融风险治理政策的不断引导，遏制金融风险的发生和蔓延，推动金融良性健康发展。

三 地方金融风险治理政策分析

表2-3显示了2002~2022年地方金融风险治理政策数量。从表2-3中可以看出，总体上，地方金融风险治理强度明显上升。2002~2022年，地方政府关于金融风险的政策数量由1件增加至80件，整体保持波动增加态势，与国家金融风险治理政策数量变化趋势保持一致。由于地方金融机构主要是银保监会（2023年3月更名为国家金融监管总局）的派出机构，其金融政

策与国家政策保持方向上的一致性。2012年以来地方政府关于金融风险的政策呈现明显增加态势，2020年各种类型的政策数量达到165件，政策数量较多，主要是因为重大突发公共卫生事件对经济金融的影响，使地方金融监管机构加大了对属地金融风险的监管力度。

表2-3 2002~2022年地方金融风险治理政策数量

单位：件

年份	权威型	诱因型	能力建设型	象征与奖励型	学习型	合计
2002	0	0	1	0	0	1
2003	0	0	0	0	0	0
2004	0	0	6	0	1	7
2005	0	0	6	0	0	6
2006	0	0	8	0	1	9
2007	0	1	10	0	6	17
2008	0	2	12	0	3	17
2009	0	4	11	0	1	16
2010	0	0	18	0	4	22
2011	0	0	16	0	4	20
2012	0	1	17	0	11	29
2013	0	2	24	0	13	39
2014	0	7	46	3	21	77
2015	0	3	20	0	13	36
2016	0	10	46	0	24	80
2017	0	8	34	1	22	65
2018	0	9	32	0	12	53
2019	0	10	53	0	31	94
2020	0	13	76	0	76	165
2021	0	20	72	0	55	147
2022	0	14	24	0	42	80
合计	0	104	532	4	340	980

资料来源：笔者依据上文中收集的数据整理而得。

进一步地，观察不同类型的政策。考虑到政策的累积性，截至2022年，权威型、诱因型、能力建设型、象征与奖励型、学习型五种地方金融风险治理政策累计数分别为 0、104 件、532 件、4 件、340 件，占全部金融风险治理政策的比重分别为 0、10.6%、54.3%、0.4%、34.7%。这表明地方金融监管机构出台的金融风险治理政策以能力建设型、学习型以及诱因型政策为主，象征与奖励型政策较少，无权威型政策。这与地方金融监管部门的职能定位，以及地方金融风险的客观实际一致。

从上文中我们可以看出，地方政府关于金融风险治理政策较多的年份是从 2012 年开始的，本节将构建 2013~2022 年 30 个省（区、市）（不含港澳台和西藏）的面板数据，以分析地方金融风险治理政策的区域异质性。同时，本节又将地方金融风险治理政策细分为虚假数据问题处置政策、金融制度性处置政策、金融罚款政策、信贷及风控问题处置政策、管理制度问题处置政策、管理人违法行为处置政策、金融诈骗处置政策、财产保险政策、银行政策和房地产政策等类别。① 基于此，表 2-4 显示了 2013~2022 年地方不同金融风险治理政策数量。

从表 2-4 中可以看出，总体上，地方不同金融风险治理政策的数量明显增加。地方不同金融风险的治理政策数量由 2013 年的 4983 件增加至 2022 年的 9842 件，整体呈现波动增加态势。具体来看，考虑到政策的时效性，本节以 2022 年为例来分析不同类别的政策。截至 2022 年，虚假数据问题处置政策、金融制度性处置政策、金融罚款政策、信贷及风控问题处置政策、管理制度问题处置政策、管理人违法行为处置政策、金融诈骗处置政策、财产保险政策、银行政策、房地产政策的数量分别为 7472 件、23082 件、39712 件、8528 件、363 件、2593 件、32 件、7938 件、13126 件、845 件，占全部地方金融风险治理政策的比重分别为 7.21%、22.26%、38.30%、8.22%、0.35%、2.50%、0.03%、7.66%、12.66%、0.81%。由此可见，地方金融风险治理政策以金融罚款政策和金融制度性处置政策为主，其他政策相对较少。

---

① 关于文本数据的描述和说明，请参考本书第五章分析。

表 2-4　2013~2022 年地方不同金融风险治理政策数量

单位：件

年份	合计	虚假数据处置问题政策	金融制度性处置政策	金融罚款政策	信贷及风控问题处置政策	管理制度问题处置政策	管理人违法行为处置政策	金融诈骗处置政策	财产保险政策	银行政策	房地产政策
2013	4983	381	994	2738	6	34	180	0	508	141	1
2014	5641	558	1189	2851	11	46	146	0	692	148	0
2015	9072	877	1866	4488	331	46	309	0	787	361	7
2016	13409	822	2630	5701	1443	90	415	20	924	1256	108
2017	12001	873	2435	4551	831	28	194	0	794	2253	42
2018	18756	1169	4702	7295	854	42	298	0	1118	3221	57
2019	9239	554	2205	3056	1069	9	172	0	598	1492	84
2020	9943	621	2348	3151	1131	26	258	1	807	1463	137
2021	10805	868	2409	3054	1393	32	389	2	1036	1410	212
2022	9842	749	2304	2827	1459	10	232	9	674	1381	197
合计	103691	7472	23082	39712	8528	363	2593	32	7938	13126	845

资料来源：笔者依据上文中收集的数据整理而得。

四 地方金融风险治理政策的区域异质性分析

近年来，以 P2P 为代表的地方金融组织快速发展，给地方金融发展带来了极大的风险。同时，在经济下行压力持续加大，尤其是房地产、地方政府债务等风险有所抬头的情况下，风险交织使部分地区出现了农信社、城市商业银行等金融机构的爆雷风险。在地方金融风险加剧的形势下，国家和地方政府逐步加大对金融风险的治理力度，尤其是政策强度明显上升。表 2-5 显示了 2013~2022 年不同地区金融风险治理政策数量。从地区分布来看，地方金融风险治理政策呈现东部地区多、其他地区少的空间分布特征。2022 年，东部、中部、西部、东北地区金融风险治理政策数量依次为 3843 件、1830 件、2304 件、1865 件，东部和西部地区金融风险治理政策明显多于其他地区，反映出东部和西部地区对金融风险治理的强度较大。

表 2-5　2013~2022 年不同地区金融风险治理政策数量

单位：件

年份	合计	东部地区	中部地区	西部地区	东北地区
2013	4983	2107	1120	1384	372
2014	5641	2293	727	1769	852
2015	9072	3524	2203	2263	1082
2016	13409	5744	3224	3777	664
2017	12001	5557	2103	2782	1559
2018	18756	8543	3972	4697	1544
2019	9239	3356	1496	2696	1691
2020	9943	4101	1855	2655	1332
2021	10805	4438	2041	3296	1030
2022	9842	3843	1830	2304	1865

资料来源：笔者依据上文中收集的数据整理而得。

进一步地，观察不同地方金融风险治理政策的区域差异，结果如表 2-6 所示。表 2-6 中，从东部地区来看，东部地区金融风险治理政策以金融罚款政策、金融制度性处置政策、信贷及风控问题处置政策及银行政策为主，同时，东部地区虚假数据问题以及房地产相关问题政策分别为 223 件、106 件，明显多于其他地区，尤其是房地产政策数量远多于其他地区。从西部地区来看，西部地区金融风险治理政策以金融罚款政策、金融制度性处置政策以及银行政策为主，与东部地区情况基本相似，但金融风险治理政策数量明显少于东部地区。从东北地区来看，东北地区金融风险治理政策以金融罚款政策、金融制度性处置政策、银行政策、信贷及风控问题处置政策为主，与东部地区情况相似。从中部地区来看，中部地区金融风险治理政策主要是金融罚款政策、金融制度性处置政策、信贷及风控问题处置政策，金融风险治理政策明显少于其他地区。

表 2-6 2022 年不同地区金融风险治理政策情况

单位：件

政策类别	东部地区	中部地区	西部地区	东北地区
虚假数据问题处置政策	223	206	174	146
金融制度性处置政策	883	481	497	443
金融罚款政策	1033	562	731	501
信贷及风控问题处置政策	714	229	301	215
管理制度问题处置政策	6	0	3	1
管理人违法行为处置政策	89	24	52	67
金融诈骗处置政策	5	1	0	3
财产保险政策	232	81	182	179
银行政策	552	201	340	288
房地产政策	106	45	24	22

资料来源：笔者依据上文中收集的数据整理而得。

进一步地，参考马灿坤等（2021）的研究，考虑 2021 年《中国人民银行关于〈地方金融监督管理条例（草案征求意见稿）〉公开征求意见的通知》，本节将地方金融机构划分为交易场所类、融资租赁/担保公司、互联网金融、小额贷款公司；同时，考虑到难以分类的非法集资、其他金融风险等风险类别，本节统计了 2018 年省级、市级政府关于地方金融风险治理的政策情况，如表 2-7 所示。

表 2-7 2018 年地方政府类金融风险治理政策情况

单位：件

类别	合计	东部地区		中部地区		西部地区	
		省级	市级	省级	市级	省级	市级
互联网金融	16	6	4	1	2	2	1
融资租赁/担保公司	15	4	4	2	1	1	3
交易场所类	15	4	1	3	1	3	3
非法集资	14	3	4	2	3	1	1
其他金融风险	7	2	2	0	1	1	1
小额贷款公司	6	3	1	2	0	0	0
合计	73	22	16	10	8	8	9

资料来源：参考马灿坤等（2021）的研究整理得到。

从表 2-7 中，我们可以看出：一是从政策类别来看，统计考察期间内地方政府关于金融风险治理的政策中，数量最多的政策文本是互联网金融，为 16 件，占全部统计政策文本数量的 21.92%。其次是融资租赁/担保公司、交易场所类政策，政策文本数量均为 15 件，均占全部统计政策文本数量的 20.55%。再次是非法集资类治理政策，文本数量为 14 件，占全部统计政策文本数量的 19.18%。由此可见，在样本考察期间内，地方金融风险治理的主要对象是互联网金融风险、交易场所风险、融资担保风险以及非法集资风险。二是从地区分布来看，东部、中部、西部地区金融风险治理政策文本数量依次是 38 件、18 件、17 件，东部地区成为地方金融风险治理文本最多的地区，占全部统计政策文本数量的 52.05%。同时，东部地区地方金融风险治理文本也主要集中于互联网金融（10 件）和融资租赁/担保公司（8 件），中部地区集中在非法集资（5 件）和交易场所类（4 件），西部地区集中在交易场所类（6 件）和融资租赁/担保公司（4 件）。三是分省市层级来看，省级、市级政府出台地方金融风险治理政策的数量分别为 40 件、33 件，省级政府出台的地方金融风险治理政策数量明显多于市级政府。同时，省级政府出台文件也主要集中在交易场所类（10 件）、互联网金融（9 件），市级政府出台文件主要集中在非法集资

（8件）、融资租赁/担保公司（8件）。

实践中，2016年以来，互联网技术在金融领域广泛应用。在金融监管法律尚未有效及时出台的情况下，互联网金融风险成为地方金融风险的主要表现形式，北京、上海、广东等国内经济发达地区成为互联网金融风险发生的重要地区，同时，互联网金融风险打破了地域物理界限，成为地方金融风险系统治理的关键内容。因此，地方政府逐步加大对地方金融风险尤其是互联网金融风险以及与互联网金融风险相关的非法集资、融资租赁等变相金融风险的治理力度，在一定程度上遏制了以互联网金融风险为代表的地方金融风险蔓延的势头。

第四节　基于大数据的地方金融风险监测预警难点分析

当前，大数据逐步释放对金融风险监测预警的优势，但地方金融风险监测预警仍面临重点领域金融风险突出、新金融风险捕捉难度大、金融风险治理大数据手段不充分以及算法约束限制监测预警效能等难点问题，制约了基于大数据的地方金融风险监测预警效能。

一　重点领域金融风险突出

当前，地方政府债务风险、房地产风险、中小银行风险、农信社风险等是地方政府金融监管面临的重要风险，不同风险之间交叉传染，提高了政府治理的难度。一方面，风险规模基数大。突出表现为地方政府债务风险仍然较大。来自Wind和财政部的统计数据显示，2021年全国共发行地方政府债券、城投债分别为7.49万亿元、5.1万亿元，二者相加占2021年GDP的11%，地方政府债务规模较大。同时，部分中小金融机构自身治理不健全，片面追求规模和发展速度，房地产市场投资过度，造成较高风险，催生地方金融不稳定性因素。中国人民银行发布的《中国金融稳定报告（2021）》统计数据显示，2021年在全部高风险金融机构中，村镇银行和农合机构

（农村信用合作社、农村合作银行以及农村商业银行）的风险机构数量最多，高风险机构数量分别为122家和271家，二者之和占全部测评金融高风险机构的比例为93%。同时，从地域分布来看，辽宁、内蒙古、甘肃、河南、吉林、黑龙江、山西等省（区）高风险金融机构数量最多，地方金融风险存在明显的空间异质性。此外，在经济下行压力下，房地产风险持续突出，尤其是2021年以来，房地产市场土地市场成交额持续下降，房地产库存明显上升，尤其是三线、四线城市商品房去库存压力大，房地产风险也同样增加了地方金融风险治理的难度。

另一方面，风险交叉传染。地方政府隐性债务和影子银行等重点风险源的存在，进一步加大了地方金融风险治理的难度。在地方政府财权和事权不匹配的客观现实下，地方政府通过投融资平台等来获得超过政府财力承受范围的债务，涉及产业发展、民生工程等多个领域。同时，影子银行又通过银行监管漏洞开发游离于法律监管之外的金融产品，产品本身横跨银行、债券、证券、保险等多个领域且风险隐蔽。此外，地方非法金融风险更是涉及地方金融发展的各个领域，主体多元、结构复杂，加大了地方金融风险治理的难度。

二 新金融风险捕捉难度大

新金融是以信息技术为基础，推动金融场景无界化、金融共享化的新业态、新模式，表现为金融科技和数字金融、互联网金融等，与传统金融机构有明显的区别（黄靖雯、陶士贵，2022）。无论是互联网金融风险，还是影子银行风险，二者均牵涉群众多、关联金融机构多、传播区域广、风险隐蔽性强、涉及金额巨大，对经济社会发展造成了巨大影响。同时，从影响新金融风险的要素来看，与传统金融风险相比，新金融风险兼顾操作风险、流动性风险、信用风险等传统金融风险，保持了跨区域、多主体、行业穿透性强、传染范围广等科技金融风险的特点，同时，还存在非标产品、盈利不规范等非监管类风险的特点。更为重要的是，新金融风险由于传染性、穿透性强，涉及不同地区、不同部门，在现有央地监管机制下存在监管真空，难以实现统一有效的监管。

较为明显的是，部分银行通过互联网金融平台突破地域限制，违规开展代办储蓄业务，扰乱存款市场秩序，增加了中小银行的流动性风险。中国人民银行发布的《中国金融稳定报告（2021）》统计数据显示，截至2020年末，全国有89家银行（84家中小银行）通过第三方互联网平台吸收的存款为5500亿元，其中央行评级8级及以上的高风险银行吸收存款占比约为50%，部分银行的年存款利率最高为4.875%，已达到国家同期规定行业自律机制要求的上限。2022年，河南省新东方村镇银行事件充分暴露出中小银行利用互联网平台突破地域限制导致了风险的溢出，增加了风险治理的难度。此外，经济形势、金融政策等对新金融风险也会起到刺激作用。因此，处置新金融风险是一项系统性工程，存在源头复杂、识别难、捕捉难的特点，依靠传统金融风险治理工具及政策难以有效实现监管和治理。

三 金融风险治理大数据手段不充分

当前，国内大部分省份已经建立了基于大数据的地方金融风险监测预警系统，加大了对地方金融风险监测预警的非现场监管力度。但是，部分地方金融风险治理的大数据手段仍然不充分。一方面，当前地方金融监管部门在省级层面充分利用大数据、区块链等先进技术搭建了地方金融风险监测预警平台，主要针对的是"7+4"类金融风险，对随机性较强的地方非法金融风险的监测仍缺少有效的监管治理举措。此外，部分地方金融风险治理大数据系统中多为企业财务等信息，缺少央行、证监会、银保监会、公安、司法等跨部门、跨行业的信息集成，风险的穿透性、可视性、可追溯性不强，制约了穿透式监管的效能。同时，缺少地方金融风险治理大数据技术创新的体制机制，技术迭代和更新依赖第三方平台或公司的技术支持，缺少知识产权和隐私保护，对大数据治理的前沿感知能力不强，制约了风险治理的效能。

另一方面，地方现有金融风险监测预警系统主要是在省级层面构建的，地市及县级监测预警的机构及组织设置不足，同时，监测系统主要是依托第三方专业技术公司来按需搭建，金融监管部门中自身兼具大数据技术和金融风险治理的复合型人才较为匮乏，尤其是在地市级以下机构中人才不足问题更为凸显。值得注意的是，隐性债务风险、房地产风险、非法集资风险主要发生在基层，基层现有人员组织数量和人员专业技术结构难以有效满足地方金融风险治理的客观要求。

四　算法约束限制监测预警效能

大数据是对地方金融风险的镜像反映，算法是对大数据进行加工处理、预测的主要工具，基于大数据的地方金融风险监测预警主要依赖算法。尽管机器学习等算法已经取得了长足的进步，譬如阿尔法狗等人工智能在与人类的博弈中取得了明显的优势，但是，受限于人工智能技术水平，现有算法仍然不能改变人为控制的局面。依据人的主观因素设计出来的算法，有类人特征，但是在程序设定及执行过程中仍然受到人类的干预，其本质上还是人对机器的控制。尤其是地方金融风险的大数据监测预警并不是一种商业行为，它会掺杂经济、政治等多种因素的考量，基于大数据的预测算法本身受到人的主观意识的影响。在算法存在偏误的情况下，技术性偏见将会导致算法误差，从而导致金融风险预测的精度下降。

当前，人工智能算法依赖数据驱动，尤其是人工智能算法的"黑箱"特征也导致治理的困难。突出表现为社会公众难以知晓数据信息的输入与输出情况，尤其是金融风险算法模型训练迭代的过程。同时，算法本身隐藏的缺陷，导致算法难以具有鲁棒性，有触发安全风险的可能，从而使得金融监管机构难以对算法信息进行审查，产生了公法权力的缺失，难以对算法问题进行有效的监管，影响对地方金融风险治理的决策效能。尤其是对于地市级以下的县级单位，在专业技术人员缺乏、财力支持有限的情况下，使用基于大数据的算法预测的金融风险存在失真的可能，限制了地方政府的反应速度和风险治理的效能。

第五节　基于大数据的地方金融风险协同治理现实约束

当前，基于大数据的地方金融风险协同治理的实践和理论研究仍处于起步阶段，存在实质参与不足、组织结构难以凝聚合力、数据共享限制、规则缺失等障碍，致使基于大数据的地方金融风险协同治理碎片化、滞后化，制约了治理的效能。

一　多元化协同主体缺乏实质参与

主体多元化是基于大数据的地方金融风险协同治理的显著特点，多元主体的参与也释放了协同治理的效能。但是，缺少统一的目标认知以及不同情境下主导者的缺位，使得多元化主体缺乏金融风险治理的实质参与。

一方面，缺少统一的目标认知。统一认知是构建完善的金融风险治理体系框架和有效开展金融风险治理工作的基本前提。地方金融风险具有强外部性，有明显的公共物品特性，属于政府的职责范畴。社会公众更偏好接受政府治理带来的外部性收益，参与金融风险治理的目标不明确。同时，排除伦理责任的高额治理成本也使得社会公众参与积极性下降，多元治理主体存在理论上认知的趋同，但缺少实质参与。比如，数据技术迭代以及数据安全等技术权力在提高多数科技企业参与金融风险治理的门槛的同时，抬高了科技企业数字化转型成本；数据隐私保护的缺陷，致使企业囿于数据价值而降低非强制性数据共享意愿，社会公众也会因缺少利他动机而降低主动参与治理的概率。此外，联合发文、签署备忘录仍然是地方金融风险联动处置的主要方式。由于缺少一致性的实质行动，部分地方政府对金融风险治理的认识不足也导致了风险治理的标准和举措不一，限制了地方金融风险治理的协调性。

另一方面，主导者的缺位。当前，政府仍然是基于大数据的地方金融风

第二章 基于大数据的地方金融风险治理现状分析 ———

险治理的主体，缺少社会公众、智库以及科技企业的决策参与，此类非政府主体的参与仍局限于数据采集等数据支撑业务，而非扮演治理角色。但是科技企业、社会公众及智库存在自身的治理决策优势。大数据内生的技术赋能强化了科技企业在大数据治理体系中的主导功能，大数据本身在算法歧视上的技术缺陷需要社会公众以及智库拓展治理边界、打破技术困境。而大数据驱动下的地方金融风险多样化形态，也促使多元化治理主体的实质参与。同时，基于大数据的地方金融风险治理主要发生在省级层面，在金融数据标准、金融风险处置流程设置、金融风险决策等方面仍缺少统一的规定，地市及县级政府的协调改进空间更大。新形势下，以新金融为代表的金融风险线上线下结合、跨区域传染，业务穿透多个行业领域。风险本身的隐蔽性、复杂性强，现有跨区域的风险联动机制仍然是由中央金融监管机构主导，在不同地方金融风险发生背景及风险波及范围不一的情况下，央地之间的联动也缺乏有效的衔接机制，加大了类似互联网金融等新金融风险治理的难度。此外，现有治理体系是依托大数据平台和技术分析来进行人工决策，大数据本身定位为工具而非参与治理的主体，其本质是人治过程，而非机器参与决策的融慧治理过程。这提高了治理的成本，降低了治理的精准性。

二 组织结构难以凝聚协同治理的合力

基于大数据的地方金融风险协同治理应重点突出整体协同理念，要求政府、企业、居民等主体通过组织协同有效应对地方高质量发展过程中的金融风险。然而，现有基于大数据的地方金融风险协同治理仍以政府传统科层体制、组织架构及其相应的监管模式为主，难以形成协同治理的合力。

一方面，传统的一元化治理模式导致其他金融利益主体难以有效嵌入治理系统。现有基于大数据的地方金融风险协同治理实践模式，仍旧以监管机构命令、金融机构服从式的传统金融管理模式为主，科技企业、居民等多元参与主体在数据贡献、风险决策中仍然处于从属地位，而不是决策主体。同时，大多数地方政府并没有为企业、居民参与金融风险治理提供便捷、高效的实质参与平台，并构建多方协同治理渠道，难以激发企业、居民参与金融风险治理的积极性和创造性。此外，现有地方金融风险治理机构多为由金融监管局（金融办）等金融监管机构主导的松散机构，交流的内容多为不同部门之间的信息通报、经验汇报。同时，不同部门的权责不一，也使得部门之间的协作在治理举措上缺乏统一性。如何使治理系统更加包容、开放、高效，是下一步组织结构革新的关键。

另一方面，各区域、各层级、各部门之间基于大数据的地方金融风险治理协作壁垒尚未打通，这加大了治理难度。在数字化时代，技术赋能的新型金融活动兼具传统金融风险特征与金融科技风险特征，线上非法集资、虚拟货币、跨区域网络借贷等打破了空间和时间的新型交易模式，加大了金融监管难度，需要强化金融功能性协同治理的力度。从纵向央地关系来看，地方政府在治理金融风险的同时，更需要关切地方金融发展，否则将会导致央地之间金融风险监管与治理缺乏协调性，尤其是中央派出机构与地方金融监管机构之间、地方金融监管机构与地方政府其他机构之间的信息流缺少统一性，监测预警系统"孤岛化"的问题依然突出。从不同区域来看，地方政府大多在省级层面设立不同类型的金融风险治理大数据中心等机构，缺少全国性以及覆盖地市级的统一性的金融大数据治理平台，这割裂了不同区域之间的金融政策、金融行为等数据信息，难以获得准确、完整、实时的海量金融数据，不易全方位地形成地方金融风险全息画像，制约了金融风险大数据监测预警的效能。从不同层级和部门来看，基于大数据的金融监管涉及金融、税务、工商、司法等多个部门之间的上下协调、横向沟通，现有传统政府组织条块模式导致的纵向垂直、横向协调的部门壁垒仍然存在，这降低了金融风险行为监管的穿透性，制约了金融风险协同治理的效能。

三 数据共享限制治理的协同效能

在大数据的驱动下，金融领域的不断创新使得金融风险边界逐渐模糊、传播速度更快、隐蔽性更强，金融风险治理大数据呈现几何式膨胀，风险数据共享难、数据安全难以保障问题突出，限制了大数据治理的协同效能。

一方面，金融风险数据难以有效共享。基于大数据的地方金融风险协同治理系统，在数据收集、整合、共享、分析的全过程中，涉及多个利益主体，政府与企业、企业与企业、政府与居民等不同主体间的数据穿透性不强，金融风险数据难以全方位、立体式共享。当前，基于大数据的地方金融风险协同治理中心大多集成了司法、税务、金融等不同部门的数据，但不同地区数据集成、数据交互的标准不一，制约了跨区域的数据协同。尤其是在新金融风险演变较快的客观现实下，仅靠舆情信息、司法诉讼、举报线索、工商变更等网络公开数据，以及经营行为、资金流水等企业数据，无法精准定位风险源头，从而实现对风险的预警锁定。同时，现有金融风险数据主要在府际共享，鲜有政府数据向社会开放。政府关于金融风险的公开数据大多是风险提示、审判完结的警示，社会公众难以感知金融风险要因等深层次金融数据，这阻碍了社会公众参与金融风险的治理。此外，社会公众缺少参与金融风险治理的动机。大数据驱动下，企业数字化转型过程中产生的金融和经济数据本身具有较高的商业价值，而政府本身缺少金融风险共享的机制或政策红利，资本的逐利性使得企业缺少与政府分享数据的动机。

另一方面，数据安全难以得到有效保障。区块链、云计算等新技术创新赋能在缓解数据共享问题的同时，也会集聚大量的金融交易以及宏观经济等数据信息，在不可抗力因素的干扰下导致大量金融数据被污染、被泄露，增加了决策成本和决策风险。尤其是大数据本身的商业价值高，也诱使企业通过暗箱操控、监管套利等技术手段伪装风险性金融产品。而数字金融产品本身的虚拟性，打破了时空限制，其流动速度快、隐蔽程度深、嬗变频率高，提高了识别金融风险数据准确性和完整性的难度，因而，金融风险治理部门容易因技术短板及其引致的高信息成本而陷入技术困境。

四 规则缺失制约治理的行为协同性

当前，不同地区在金融风险大数据治理过程中存在规则适应性不强、治理权益保障难等问题，削弱了信任基础，不利于平衡不同治理主体的利益诉求及其行为举措，制约了治理的行为协同性。

一方面，治理规则适应性不强。大数据技术的进步打破了资源要素的时空物理界限，金融系统间耦合关联性持续增强，催生了大数据技术风险与传统金融风险交织演化的复杂结构和嬗变形态，金融风险嬗变的速度超过相应金融监管政策的创新速度。法律条例等正式治理规则本身具有滞后性，加之当前大部分治理规则中关于技术创新、技术迭代等的数字技术盲区，使得正式规则难以适应大数据驱动下的金融创新发展的动态需求，金融监管主体难以针对新型潜在金融风险做出迅速且有效的预警和应对，这大幅降低了地方金融风险协同治理的有效性。此外，政府在数据产权、隐私保护上的制度刚性，也制约了企业等主体共享数据的积极性。

另一方面，治理权益保障难。当前，地方金融风险大数据治理以公法为主，缺少与多元化治理体系相适应的公法和软法相结合的主体权益保障机制，尤其是缺少居民、企业等主体参与金融风险治理的揭发检举行为的隐私保护和激励机制，制约了非正式主体参与金融风险治理的积极性。同时，地方金融风险大数据治理以政府主导为主，缺少相应的监督管理互动平台来实现对治理行为的权力监督，这限制了地方金融风险大数据治理的效能。

第三章
基于大数据的地方金融风险治理案例比较分析

实践中，地方金融风险治理难度大，核心在于信息的非对称性。以区块链、云计算等为代表的技术工具创新发展，尤其是区块链技术解决了金融风险信息的传递、存储问题，大数据解决了金融风险信息不对称问题，云计算、机器学习解决了金融风险信息预警预测问题，给地方金融风险治理提供了新思路、新方向。近年来，以广州、深圳等为代表的地方政府在以大数据推进地方金融风险的监测预警及协同治理领域取得了宝贵经验，并走在全国地方金融风险治理的前列。因此，本章将从案例分析角度，进一步剖析不同地方政府在以大数据治理金融风险的过程中，在数据治理、风险识别、风险监测预警与协同决策等方面的经验与做法，为构建基于大数据的地方金融风险监测预警及协同治理机制提供实践依据。

第一节　政府主导型：广州大数据治理实践

一　案例选择依据

2013年以来，以P2P网络借贷为代表的互联网金融风险持续出现，广州作为互联网金融风险重要集聚区，逐步探索大数据驱动下的地方金融风险治理模式，尤其是进行互联网金融隐蔽下的非法集资、金融诈骗等地方非法金融风险治理实践，并取得了初步成效。广州作为广东省省会及国内金融中心，金融发展程度高，同时，自2013年起以P2P网络借贷为代表的地方非正式金融组织借贷风险发生频率高、风险复杂、治理难度大，迫切需要通过治理模式变革和创新来降低金融风险，推进地方金融健康发展。基于地方金融风险大数据治理的广州实践，尤其是以P2P网络借贷为代表的地方非正式金融组织借贷风险的具体案例，本节通过解剖地方金融风险大数据治理的路径与特点，验证风险识别、风险监测预警、风险大数据治理等在地方金融风险监测预警及协同治理中的作用。

地方金融风险大数据治理体系是广州金融风险治理的创新点，也是国内首个由地方政府主导建立的地方金融风险大数据治理体系。该治理体系充分运用人工智能、云计算等科技，对金融市场主体进行全方位监测，实现全域化、实时性的监测，有效地降低了地方金融风险发生概率，尤其是对以P2P网络借贷为代表的地方非正式金融组织借贷风险起到了较好的治理作用。

金鹰系统是广州地方金融风险大数据协同治理平台，它将移动互联网技术与政府公共治理职能深度融合，实现对地方金融风险的智能化治理（见图3-1）。该系统具有三大功能。一是风险监测功能。该系统能够从多个维度、"7×24小时"对辖区金融数据进行采集，从而有效地扩大覆盖面，深度监测风险。二是风险预警功能。该系统运用人工智能、区块链等技术工具，能够从大数据系统中识别风险，进行深度分析，并依据分析做出预警响应。三是风险打击功能。该系统能够运用资金监管和统一清算模块，对监测的违法违规主体进行冻结资金、停止开户等处置，有效精准地控制金融风险。2021年，该系统已经涵盖广东省12.24万家企业，发现风险企业1546家[①]，覆盖全市11个区和"7+4+1"类地方金融业态[②]，实现对地方金融风险监测的全覆盖。

[①] 数据来源于广州金融风险监测防控中心。
[②] 7类地方金融业态是指小额贷款公司、融资担保公司、区域性股权市场、典当行、融资租赁公司、商业保理公司、地方资产管理公司；4类地方金融业态是指投资公司、农民专业合作社、社会众筹机构、地方各类交易所；1类地方金融业态是指P2P网络借贷组织。

第三章 基于大数据的地方金融风险治理案例比较分析

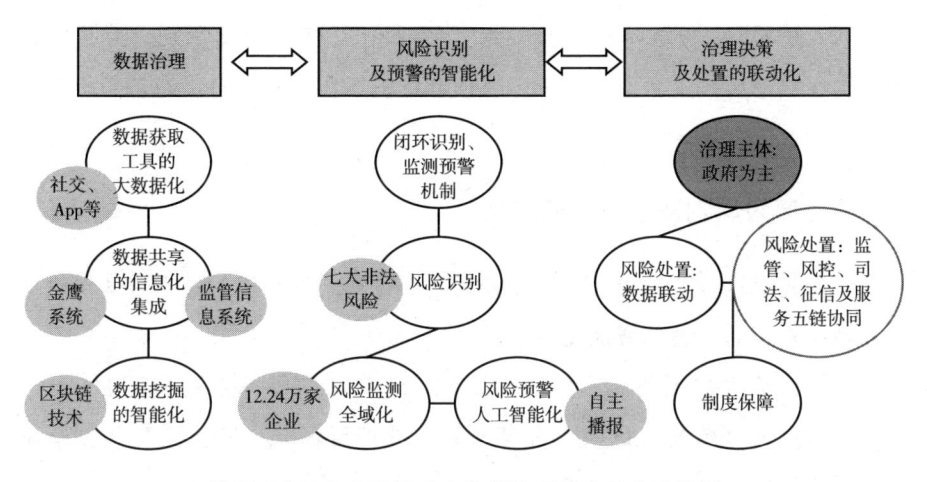

图 3-1 地方金融风险大数据治理的广州实践逻辑

资料来源：笔者依据公开资料自行绘制。

二 数据治理

数据获取工具的大数据化。以非法集资、P2P 网络借贷等地方金融风险典型样本为依托，通过专家论证和机器学习等手段建立地方金融风险监测数据标准体系，并依托金鹰系统建立基于大数据的金融系统数据直报和类金融机构信息采集系统，实现对采集信息的数据化管理。同时，采用支付宝、微信等移动便捷化终端平台或者二维码信息，运用金鹰投诉举报小程序来采集地方非法金融风险信息，不断拓展风险信息源。

数据共享的信息化集成。数据容量大是大数据的主要特点，应将大数据融入地方金融风险治理的过程，解决地方金融风险治理的数据难题，尤其是 P2P 网络借贷以及非法集资等典型金融风险的数据前端问题，从而为风险治理提供可靠、及时的数据信息。为了解决广州非持牌金融机构多、P2P 网络借贷平台集中等导致的地方金融风险监测数据获取难、监测难等问题，广州打造了大数据集成平台——金鹰系统，并据此建立了全域化、实时性的风险监测机制。

数据挖掘的智能化。通过聚焦视频、音频、图片自动识别和关键词分析等领域的人工智能技术，实时对广东省 25 个广播频道、44 个电视频道、42

份报刊、10538个网站以及金融广告"随手拍"进行自动识别、分析、预警，旨在规范从事金融业务的持牌机构的广告宣传行为，打击非持牌机构违法发布金融广告行为。

三 风险识别及预警的智能化

广州金融风险监测防控中心充分运用云计算、区块链等技术来实现对地方金融风险监测预警的智能化。

一是依托大数据特点，建立"识别—监测—预警—处置—反馈—再监测"的风险处理流程，以及"监测预警—处理反馈—持续监测"的创新风险闭环管理机制。

二是风险识别。通过案例自主学习，掌握识别非法外汇、非法代币、非法支付、非法期货、非法证券、非法黄金和非法集资七大非法金融风险的能力。

三是金融风险监测的全域化。基于金鹰系统，广州地方金融风险大数据监测预警平台实现了监测全域化。2021年，金鹰数据中台实现对全市11个区、12.24万家企业、"7+4+1"类地方金融业态监控的区域覆盖，其中包含723家融资租赁公司、347家商业保理公司及1546家风险企业。同时，利用小程序、二维码等技术手段，建立办公楼等楼宇场所风险直报点，实现对广州市楼宇场所风险直报上的地理空间全覆盖。

四是风险预警的人工智能化。广州地方金融风险大数据监测预警平台的构建运用了人工智能、机器学习以及神经网络等技术手段。广州通过合规性、收益率、特征词命中、传播力、投资举报五大维度，基于社交、舆情、网站、App及企业信息等互联网全量的实时信息流数据，利用知识图谱、机器学习及文本挖掘等技术手段，从大数据库中筛选、甄别出高危和高风险信息，并参考地方金融风险监测预警警情标准，自主发出地方金融风险警情播报，供地方金融风险治理主体决策参考。

四 治理决策及处置的联动化

广州市依托区块链、人工智能等技术手段，建立金融风险的数字化协同治理机制。一是以政府为协同治理主体。广州市地方金融监督管理局与广州互联网法院、越秀区政府深度合作，确立以司法部门、行政部门、地方金融风险监测平台、金融科技公司以及市场化征信机构等金融风险防控优势资源为主体的"五链协同"治理主体，打破地方金融风险治理的数据烟囱。二是风险处置的数据联动化。广州运用大数据信息化集成平台，监测企业出现的金融风险情况，激活统一清算和资金监管模块功能，对监测的违法违规主体进行冻结资金、停止开户等处置，实现基于大数据的"监测+预警+处置"的有效联动机制。三是依托区块链技术建立协同治理机制。依托区块链技术，建立监管链、风控链、司法链、征信链及服务链，实现监测大数据的信息共享。①监管链是核心。通过完善数字化监管和数据报送系统，确保数据的真实性、完整性和报送的及时性，在为实时监测和穿透式监管提供数据支撑的同时，也为其他四链的建立奠定数据基础。②风控链，依托广州金融风险监测防控中心，以监管链数据库为基础，研发市场风险监控模型，完善舆情收集分析体系，形成"监测预警—处置反馈—持续监测"的闭环管理。③司法链，以规范互联网小额信贷市场规则、保障金融消费者权益为出发点，整合可化解相关纠纷的资源，通过运用大数据、区块链等技术提升纠纷解决质效，以科技手段提升司法救济能力。④征信链，通过建设区块链征信共享平台，完善中小微企业信用评估体系，打击重复、多头、恶意借贷现象，缓解中小微企业及个体工商户融资难题，这是社会信用体系建设的有益补充。⑤服务链，建设底层资产真实性校验系统，并与金融市场资源信息系统对接。四是建立保障机制。广州市出台《广州市决胜防控金融风险攻坚战三年行动计划（2018—2020年）》，以法律制度推进地方金融风险数字化治理。在高效的联动处置机制下，截至2020年5月，广州金融风险监测防控中心为各级政府提供567条风险线索，累计处置493条，基于大数据的金融风险防范效果较佳。此外，2019年，广州金融风险监测防控中心研发全国首条地方金融非现场监管区块链，实现广州P2P网络借贷行业有序出清，也使得广州成为当时全国特大城市中唯一全年无平台爆雷的城市。

第二节 企业主导型：深圳大数据治理实践

一 案例选择依据

在互联网技术驱动下，以 P2P 网络借贷为代表的地方非正式金融组织借贷风险持续出现，传统金融监管制度及技术手段难以满足数据隐蔽性强、风险传播快的新金融风险的现实需要。深圳作为国内金融中心，互联网金融等新兴金融创新程度高、数量多；同时，作为全国科技创新中心，拥有腾讯等全球知名的互联网技术企业，AI 等高科技基础扎实。因此，深圳有着风险治理的诉求和大数据治理的基础。

以企业为主导建立金融风险大数据治理平台，是深圳金融风险治理的创新点。2017 年以来，深圳充分整合互联网舆情信息、政府行政资源数据及银行资金数据三大数据体系，先后建立了"深圳市金融风险监测预警平台""深圳市地方金融监管信息平台""灵鲲金融安全大数据平台"，逐步建立了大数据驱动下的地方金融风险治理平台（见图 3-2）。其中，"灵鲲金融安全大数据平台"由深圳市政府与腾讯公司合作建设，其最大的优势在于依托腾讯自有数据及深圳市金融风险治理机构本地数据的融合，深度挖掘金融黑产数据和金融组织机构的业务风险数据，在数据分析的基础上确立金融安全风险决策引擎模型，运用机器学习算法学习金融案例并生成对应的风险量化指标，通过反复校验人工指标和机器学习生成的指标来优化算法，从而对 P2P 网络借贷、小额贷款等地方金融风险进行自主学习、智能化防控。

目前，聚焦于深圳实践，"灵鲲金融安全大数据平台"上线当年（2018 年），深圳市互联网借贷平台不合规资金规模由 1345 亿元降至 286 亿元。截至 2020 年 5 月，"灵鲲金融安全大数据平台"收录 51148 家深圳企业，识别出 1451 家风险企业。同时，依托深圳治理实践，灵鲲金融风险监管平台逐步服务于国家市场监督管理总局、北京金融局及河北金融局等金融机构，监测超过 49 万家企业，"灵鲲"金融安全监管模式已经在全国各地得到推广。

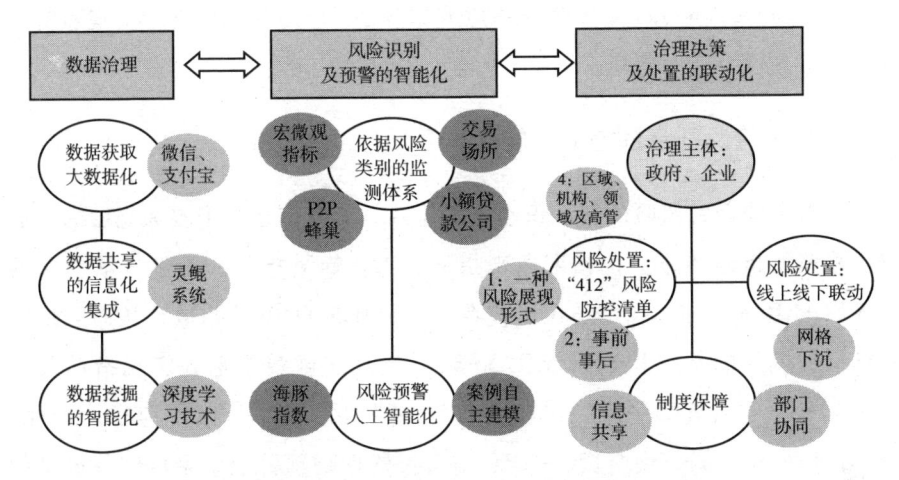

图 3-2　地方金融风险大数据治理的深圳实践逻辑

资料来源：笔者依据公开资料自行绘制。

二　数据治理

基于信息化的地方金融风险数据平台。深圳市地方金融风险大数据平台主要包括两个信息系统——"深圳市地方金融监管信息平台"和"灵鲲金融安全大数据平台"，形成了涵盖企业、银行、社交、舆情等一体化的大数据治理载体。

大数据挖掘采集数据。"深圳市地方金融监管信息平台"涵盖舆情、工商、法院、全市企业经营以及银行等基本信息，重点采集小额贷款、交易场所及 P2P 网络借贷等新兴金融业态的交易信息。"灵鲲金融安全大数据平台"系统采集舆情、App、社交、企业信息等互联网全量的实时信息流信息。

数据共享集成机制。基于区块链技术，采用 NVP、VP 节点的分布式管理模式，以及 CA（Certificate Authority）[①] 的智能合约[②]及 PBFT（Practical

---

[①] CA 认证又称为电子认证服务，是指为电子签名各相关方提供真实性、可靠性验证的活动。
[②] 一种旨在以信息化方式传播、验证或执行合同的计算机协议。

Byzantine Fault Tolerance，实用拜占庭容错算法①）的共识机制，实现监管数据的不可逆性及实时报送。

三 风险识别及预警的智能化

针对不同金融风险的精准识别监测体系。深圳市建立了较为完备的大数据风险监测指标体系，包括宏微观指标、P2P 蜂巢指数、小额贷款公司的 CAMEL+RR 评级体系以及适用于各类交易场所的 FORCE 指数，从而实现对不同借贷风险的精准识别（见图 3-3）。一是宏微观指标。宏观指标包括 GDP 增长率、通货膨胀率、出口变化率、投资增长率、银行存贷款变化、资产价格变化，涵盖现金贷、P2P、虚假投资理财预警及金融传销等场景的风险识别。微观指标包括信用风险、操作风险、流动性风险、市场风险、法律风险、传播风险及舆情风险等，同时，对人员流、设备流、信息流及资金流进行实时监测、实时止损、实时展示数据链接。二是 P2P 蜂巢指数。从信用、操作、管理、经营四个风险维度构建模型，形成 14 张基础报表、266 项基础指标、45 项一级衍生指标及 24 项二级衍生指标，实现对 P2P 网络借贷风险的识别。三是小额贷款公司的 CAMEL+RR 评级体系。从资本充足、资产质量、公司治理、盈利状况、流动性五类风险指标，以及服务实体经济、社会责任两类附加指标共 7 个维度进行评价，共形成 12 张基础报表、60 项定量指标、33 项定性指标，实现对小额贷款公司的风险识别。四是适用于各类交易场所的 FORCE 指数。根据不同功能，将交易场所划分为商品、区域股权、金融及其他四种不同类别，同时，从经营风险、合规风险、信用风险及管理风险四个维度构建金融风险综合评价指标体系，及时识别不同交易场所的风险。

聚焦地方非法金融风险，深圳市从基于人工智能的平台识别、数据挖掘的多维信息关联、知识图谱的平台风险指数计算及涉众人数增长异常的规模

---

① PBFT 共识主要是为了解决拜占庭将军问题，系统中存在主节点与子节点的节点结构，系统内不同节点之间会相互通信，并且遵循少数服从多数的原则，从而产生数据共识。在实际算法估计过程中，需要 2/3 的节点同意才能获得共识，并进入下一阶段的算法分析。

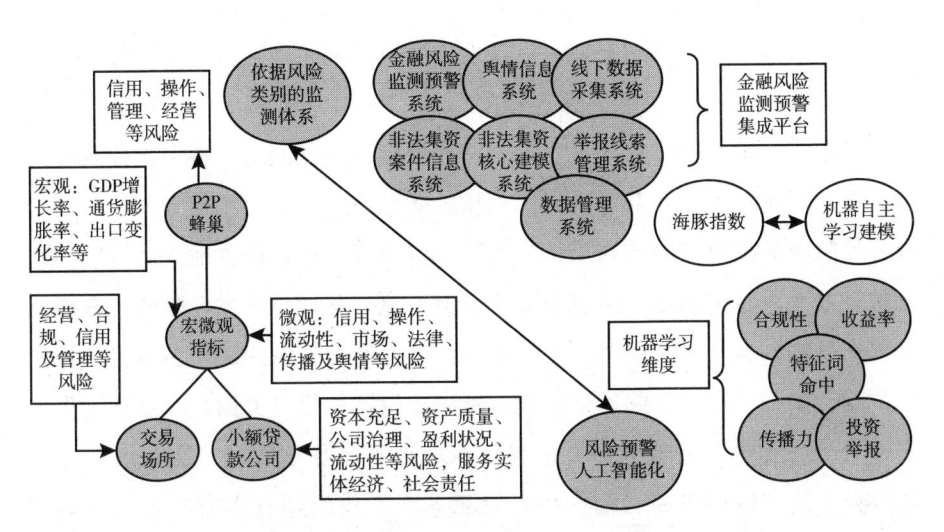

第三章 基于大数据的地方金融风险治理案例比较分析

图 3-3 深圳地方金融风险大数据识别及预警智能化机制

资料来源：笔者依据公开资料自行绘制。

预警四个方向入手，对活跃的互联网类金融平台进行全面监测。一方面，深圳市金融风险监测预警平台集成了金融风险监测预警系统、非法集资核心建模系统、舆情信息系统、线下数据采集系统、非法集资案件信息系统、举报线索管理系统和数据管理系统，通过合规性、收益率、特征词命中、传播力及投资举报五大维度，利用知识图谱、机器学习及文本挖掘等技术手段，依据"海豚指数"对企业风险进行分级预警、分类处置。另一方面，"灵鲲金融安全大数据平台"通过 AI 智能分析，以及典型案例自主机器学习，实现对非法集资等非法金融行为模型的构建，同时，通过与深圳市地方金融监管信息平台对接，建立 P2P 网络借贷蜂巢指数、小额贷款公司 CAMEL+RR、交易场所 FORCE 等系列非现场监管报表体系，将监测范围拓展至融资租赁、融资担保及典当等业务领域，实现"一企一界面"的全息画像。此外，基于上述数据分析，利用知识图谱实现对风险指数的可视化展示，提高地方金融风险治理效率。

四 治理决策及处置的联动化

以大数据治理平台为依托，建立政府、平台深度契合的大数据治理体系，突出大数据平台的引导性，以及地方政府不同组织层次的协调性。一是"412"风险防控清单机制。聚焦风险区域、机构、领域及高管四个维度识别风险源头，形成一种风险展现形式，提前做好事后应对、事中防控两种应急方案。二是线上线下联动机制。在派出所、街道办建立工作专班，利用平台将风险企业信息实时传送给街道民警、网格管理员，极大地提高风险网络化排查效率。三是制度保障机制。一方面，建立深圳市金融风险防范联席会议工作机制，成员涵盖金融、市场监管、公安经侦、法院、信访维稳及宣传等单位，实行季度会议制度，实现监管组织保障。另一方面，在制度上先后颁布《金融委办公室地方协调机制（深圳市）工作规程（试行）》《金融委办公室地方协调机制（深圳市）信息共享工作细则（试行）》《金融委办公室地方协调机制（深圳市）信息共享目录（试行）》《金融委办公室地方协调机制（深圳市）金融风险监测会商工作细则（试行）》等政策文件，为协同治理提供法律保障。

第三节 其他类型：典型地区大数据治理实践

一 大数据治理移动便捷化：上海黄浦实践

2013年以来，以P2P网络借贷为代表的互联网金融风险持续出现，上海作为互联网金融风险重要集聚区，逐步探索大数据驱动下的地方金融风险治理模式，并取得了初步成效。上海黄浦作为上海及国内金融中心，金融发展程度高。同时，自2013年起以P2P网络借贷为代表的地方非正式金融组织借贷风险发生频率高、复杂程度高、治理难度大，迫切需要通过治理模式变革和创新来降低金融风险，推进地方金融组织健康发展。

移动化、可视化的大数据终端管理体系是上海黄浦的地方金融风险大数据治理体系，是国内首个"机构数据+群众举报数据"双结合的地方非法金融风险科技治理模式，有效地解决了地方非正式金融组织自身隐蔽性强导致的地方金融风险治理数据来源问题，尤其是依托移动终端，可以提高金融风险识别效率及处置效率（见图3-4）。

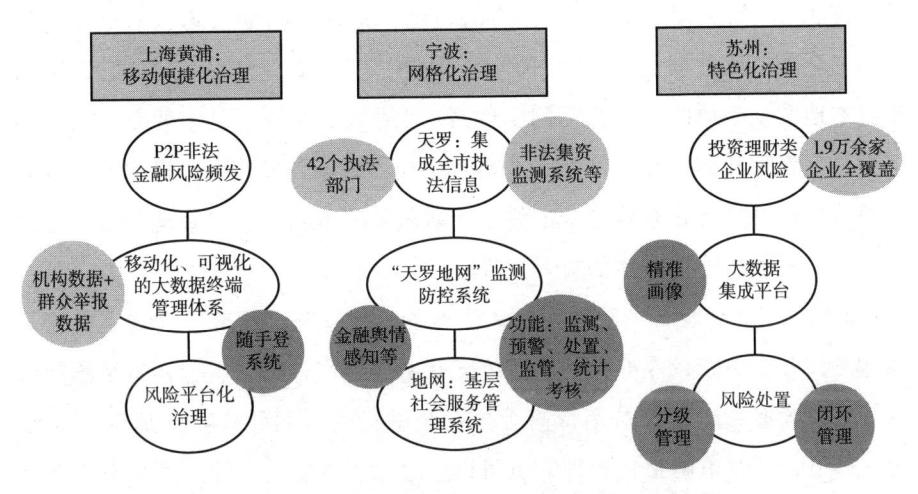

图3-4 地方金融风险大数据治理的典型实践逻辑

资料来源：笔者依据公开资料自行绘制。

该体系运行的关键在于以"随手登"等便携移动终端为智能协同治理平台，将移动互联网技术与政府公共治理职能充分融合，实现对地方非法金融活动的便捷化治理。其中，"随手登"为非法金融活动线索登记小程序，包含"线索随手登""宣传教育"等栏目，用户可以通过在支付宝首页搜索关键词"随手登"，以及运用支付宝移动终端扫描"随手登"二维码两种方式进入线索等级和查询页面，包含后台管理和用户前端两个组成部分。前者主要包括达成线索风险判定、线索流转处置及线索信息分析统计等功能，后者主要包括线索举报、线索识别和金融风险宣传教育等功能，从而实现非法金融风险治理的线上化、流程化及协同化。此外，宣传教育栏目包含知识普及、公益视频以及案例警示三个部分，起到非法金融风险宣传教育的警示作用。

二　大数据治理网格化：宁波实践

宁波"天罗地网"是全国首创的"大数据+网格化风险排查"模式，包含"天罗"和"地网",是地方金融风险治理网格化的代表(见图3-4)。其中,"天罗"系统,依托互联网大数据技术平台,整合互联网海量信息以及全市42个执法部门的相关经济金融数据,接入包括非法集资监测系统等在内的金融监测数据信息系统,运用区块链、人工智能等新技术手段,构建宁波本地的金融风险实时监测网络体系。"地网"系统,是宁波金融风险基层网格化管理载体,重点依托宁波市基层社会服务管理系统,形成基层日常管理与金融风险排查有效结合的线下金融风险监测系统,有效地拓展了金融风险识别范围、治理主体的权责边界。

同时,"天罗地网"监测防控系统具备风险监测、预警、处置、监管及统计考核五个功能,能够全网络监控互联网金融广告信息、金融舆情感知信息等,持续追踪产品收益率奇高等异常金融行为。此外,在"地网"系统的支撑下,宁波市网格化管理人员可以通过手机App,对辖区内所有企业进行"一企一档"管理,构建地方金融行为数据库。

三 大数据治理特色化:苏州实践

与其他地方金融风险大数据治理实践不同,苏州金融风险大数据治理聚焦投资理财类企业,具有鲜明的行业属性特色。目前,苏州投资理财类企业风险监测系统实现了对全市1.9万余家企业的全覆盖监测,风险治理特点较为明显。

苏州金融风险治理模式(见图3-4)主要有四个特点。一是搭建大数据集成平台。苏州地方金融风险大数据监测预警平台自2016年开始探索,拥有风险监测预警、全息信息查询及举报分析三大功能。二是基于大数据实现企业精准画像。搭建大数据集成平台,充分运用当地企业征信平台,利用爬虫等互联网技术,集成企业的法院、工商、招聘等信息,同时清洗与企业相关的关联关系、资本背景、诉讼举报、扩张路径等大数据信息,通过关联图谱模型实现对企业的大数据画像。三是基于大数据精准监测风险。通过风险指数模型,及时计算风险分值,并将0~40分认定为低风险企业、40~50分认定为持续关注企业、50~60分认定为重点监控企业、60分及以上认定

第三章　基于大数据的地方金融风险治理案例比较分析

为高危企业，实现分级管理。四是治理机制。基于全天候、实时的监测预警结果，形成非法集资风险的"监测预警—处置反馈—持续监测"闭环管理。其中，重点监控企业，由当地非法金融办公室进行核查；高危企业，由苏州市非法金融办公室联合公安机关等进行专项处置。

第四节　小结

本章重点剖析了广州政府主导型、深圳企业主导型地方金融风险大数据治理实践，并分析了上海、宁波及苏州等典型地区的大数据治理经验，可以看出上述案例在地方金融风险治理过程中基本遵循数据治理、风险识别、风险监测预警及协同决策等动态闭环治理过程，为构建基于大数据的地方金融风险监测预警及协同治理机制提供了实践依据。本节进一步对比分析不同案例的特点，如表3-1所示。

表3-1　地方金融风险治理案例对比分析

要素	广州实践	深圳实践	上海黄浦实践	宁波实践	苏州实践
特色	政府主导	企业主导	治理移动便捷化	治理网格化	治理特色化
数据治理	工具、数据获取、集成平台等	一体化数据载体	机构数据+群众举报数据	大数据+网格化风险排查	大数据集成
风险识别	七类风险、时空全域覆盖	类金融风险	非法金融风险	非法金融风险	投资理财类企业风险
风险监测预警	人工智能	海豚指数	随手登	"天罗地网"监测防控系统	风险指数模型
协同决策	五链协同	政府、平台深度契合及"412"风险防控清单	非法金融风险治理协同化	基层日常管理与金融风险排查有效结合	分级管理、闭环管理
过程	监测预警—处置反馈—持续监测	数据挖掘—决策引擎模型—量化指标预警—风险决策	风险判断—处置—信息统计	预警—处置—监测	数据集成—数据挖掘—评级预警—分级治理

资料来源：笔者依据上文内容自行整理而得。

一 基于大数据的治理遵循动态闭环过程

技术嵌入赋能下的金融风险大数据治理过程遵循"数据治理—风险监测预警—风险治理"的动态闭环过程,契合大数据驱动下的公共决策循环模型,广州等案例分析进一步验证了技术嵌入赋能下金融风险大数据治理的动态闭环过程。

在表3-1广州案例中,广州将金融风险识别纳入风险监测,形成了"监测预警—处置反馈—持续监测"的动态闭环。在深圳案例中,深圳依托企业自主研发的数据引擎,运用数据挖掘技术来进行风险的自我识别、预警与处置,具有鲜明的风险大数据治理智能化特征,形成治理的动态闭环。苏州案例中,风险大数据治理模式与之相似。同时,宁波依托基层网格化管理拓展了企业金融风险识别及处置的边界,也遵循了上述动态闭环过程。此外,与上述地方金融风险大数据治理具有鲜明的智能化特征不同,上海案例明确指出,对不同线索进行风险判断,是一种前置风险类别的被动式识别,系统的智能化水平相对较低。因此,基于上述对比,基于大数据的地方金融风险监测预警及协同治理也应该遵循"数据治理—风险监测预警—风险协同治理"的动态闭环过程(Höchtl et al.,2016)。

二 数据治理的大数据化

从表3-1不同案例实践中我们可以看出,数据治理是地方金融风险大数据治理的基础。在广州案例中,从数据获取工具大数据化、数据获取方式大数据化、大数据共享集成化、大数据自适应拓展的人工智能化中,我们可以初步看出,地方金融风险大数据治理的显著特点就是从大数据的数据特征角度来实现对数据采集、清洗、共享、拓展等环节的大数据化,大数据治理本身是一体化的过程。同时,上海黄浦、宁波案例均较好地展示了数据拓展方面的优势,在一定程度上克服了地方金融风险数据获取难的问题。因此,地方金融风险的大数据治理,也应该遵循一体化数据治理过程,从多个方面系统推进地方金融风险数据的治理。

三　基于大数据的风险识别多样化

无论是从广州、深圳金融风险治理实践，还是从上海、宁波、苏州等典型地区金融风险治理实践，我们可以发现金融风险识别主体具有多元化、精准化、专业化特征，这为基于大数据的地方金融风险监测预警体系提供了风险识别指标的构建依据。

在信息技术驱动下，地方非法金融组织创新演变加快，风险形式更加多样化（如"元宇宙"概念）[①]，非法风险捕捉的难度进一步加大。在国家大力防控金融风险的现实下，地方金融风险识别需要实现类型上的动态精准化，应建立地方金融风险类别大数据库。可将地方金融组织面临或导致的货币政策风险、信贷风险、操作风险等借贷风险进行大数据动态延展，集成非法外汇、非法代币、非法支付、非法期货、非法证券、非法黄金和非法集资等风险，聚焦企业、居民、民间非正式金融组织等行为主体，通过对行为主体所导致风险的精准画像，形成风险类库，提高风险识别精度。

四　基于大数据的监测预警全域化、人工智能化

大数据技术嵌入是上述案例的共同特点。从金鹰系统、海豚指数、"随手登"到"天罗地网"监测防控系统，不同地区金融风险的监测预警均是依赖区块链、云技术等技术手段，打破时空壁垒、数据壁垒、部门壁垒，实现数据的有序自由流动，这为构建基于大数据的地方金融风险监测预警体系提供了依据。

风险大数据监测的全域化、全时化，提高了风险预警效率。在横向上，可实现对一国或地区，省、地级市、县（区）、乡镇（街道）、村等行政层次，以及办公楼宇等微观层次的全覆盖，同时，也可基于区块链、云计算等

[①] 2022年北京银保监局发出风险提示，警惕借助"元宇宙""区块链"等概念，宣传"边玩游戏边赚钱""虚拟币兑换"等，诱骗大学生网络借贷。

手段实现对P2P网络借贷、高利贷、非法集资等直接或间接的地方正式或非正式金融组织风险的全覆盖。在纵向上，大数据监测工具能够实现对不同层次、不同主体的全时覆盖，在地理空间、时间上对地方正式与非正式金融组织进行全域化、全时化监测，从而实现对地方金融风险的精准捕捉，有效解决风险难发现的问题。

地方非正式金融组织风险的隐蔽性，导致非正式金融组织风险监测难度高，借助人工智能手段可以有效地解决监测难的问题。地方金融风险监测预警需要建立基于大数据的人工智能监测预警机制。一方面，基于特征工程、神经网络等人工智能工具，实现在多维度复杂数据情况下不同主体之间的关联分析，借助公有链、私有链等区块链技术实现对地方金融风险的可追溯式跟踪、监控，通过知识图谱实现对金融风险关联的可视化分析。另一方面，基于云计算、机器学习等工具，强化对不同风险样本的学习及自主模块构建，实现对金融风险类别、模式、特点等的迭代式防控。

五 基于大数据的治理联动协同化

从治理决策的主体来看，上述案例呈现不同特点。广州案例、上海黄浦案例呈现典型的政府决策地位，深圳案例呈现明显的技术企业和政府双主体地位，宁波案例呈现基层组织主体地位，苏州案例呈现投资理财类企业主体地位。总体来看，主体多元化是技术嵌入赋能下金融风险大数据治理的基本趋势，这为基于大数据的地方金融风险协同治理提供了风险决策主体建构依据。无论是政府主导型，还是企业主导型，企业和政府只是扮演了主导者角色，而不是决定性角色。地方金融风险的大数据治理是一个多元治理的过程，金融风险决策亦是多元决策过程。大数据技术嵌入赋能下，地方金融风险的治理主体更多，包含政府、企业、民众等多种主体。

从治理决策的联动性来看，表3-1中，不同案例下多元主体决策过程遵循协同化的趋势，如广州案例中的五链协同、宁波案例中"天罗"与"地网"的结合等，均体现了不同主体在治理上的联动性。因此，在地方金融风险治理上需要体现出主体的联动性,可基于大数据特点,突出在不同治理主体、决策机制、数据共享与安全及治理规则等方面的协同。

此外,从治理决策的内容来看,表3-1不同案例中,决策管理更多地体现了精准性、分级分类特点,地方金融风险治理需要突出决策的多情景响应。

第四章
基于大数据的地方金融风险监测预警体系构建

实践中，2016年以来，以广州金融风险监测防控中心为代表的地方金融风险大数据监测预警平台相继问世，通过人工智能技术及互联网互联互通实现了对地方金融风险尤其是P2P网络借贷风险等地方非法金融风险的有力监控，对防范地方金融风险起到了关键作用。但是，我们也需要看到区块链技术及人工智能技术仍处于起步阶段，由体制机制问题导致的数据烟囱依然存在。同时，技术驱动下地方金融风险的隐蔽性仍旧突出，如何突破数据约束，构建基于大数据的地方金融风险监测预警体系成为政府风险治理的关键。为此，本章将基于现有学者的研究结果，结合第一至第三章中关于地方金融风险大数据监测预警的多维分析，构建基于大数据的地方金融风险监测预警体系，为提高地方金融风险协同治理效能提供依据。

第一节 基于大数据的地方金融风险数据治理

数据治理是基于大数据的地方金融风险监测预警的基础。基于第一章中的理论分析以及第二章中的难点分析，结合第三章中地方金融风险大数据监测预警实践，本节从数据自适应学习机制、数据集成平台及数据区块链集成机制等维度构建基于大数据的地方金融风险数据治理机制，如图4-1所示。

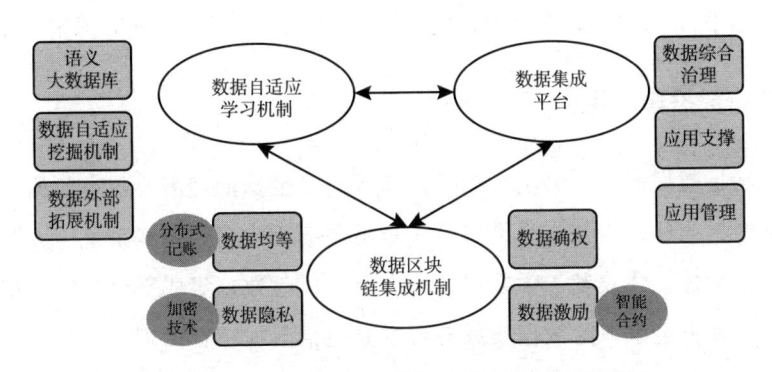

图4-1　基于大数据的地方金融风险数据治理机制

资料来源：笔者自行绘制而得。

一　数据自适应学习机制

大数据技术赋能下，基于深度学习的算法功能可以自我寻找、判断数据需求，并自主进行数据采集，有效化解风险嬗变频率高与人工干预滞后之间的矛盾，提高数据识别、数据采集和清洗的效率。为此，需要充分发挥深度学习的大数据技术优势，通过机器自主学习，不断拓展数据来源，降低人工干预程度。

一是建立地方金融风险语义大数据库。可参考深圳案例经验，充分发挥高科技企业在算法迭代更新、人才集聚等方面的优势，基于现有案例建立敏感词汇数据库、舆情数据库等网络搜索数据库。其中，敏感词汇数据库主要由地方金融风险的敏感词语组成，包括债务违约、爆雷、高利息、无担保、放款快等；舆情数据库可以由网络热搜、网络留言等信息组成。

二是建立地方金融风险数据自适应挖掘机制。充分运用人工神经网络、机器学习等算法工具，基于社交、舆情、网站、App、企业信息等互联网全量的实时信息流数据，利用Python等软件工具，通过网络智能搜索引擎实现对地方金融风险数据的自适应挖掘，从而不断完善地方金融风险数据库。

三是建立数据外部拓展机制。通过建立手机移动平台，积极鼓励企业和居民通过手机 App 随时向金融监管部门提供风险数据，拓展数据来源。

二 数据集成平台

在满足数据需求、解决数据采集问题后，数据治理需要解决数据组织和存储问题，为此，本节充分借鉴第三章不同案例中诸如金鹰系统、灵鲲系统等大数据载体，建立基于大数据的地方金融风险数据集成平台。结合现有研究成果，地方金融风险数据集成平台主要包括数据综合治理、业务应用支撑以及应用管理三个部分，如图 4-2 所示。

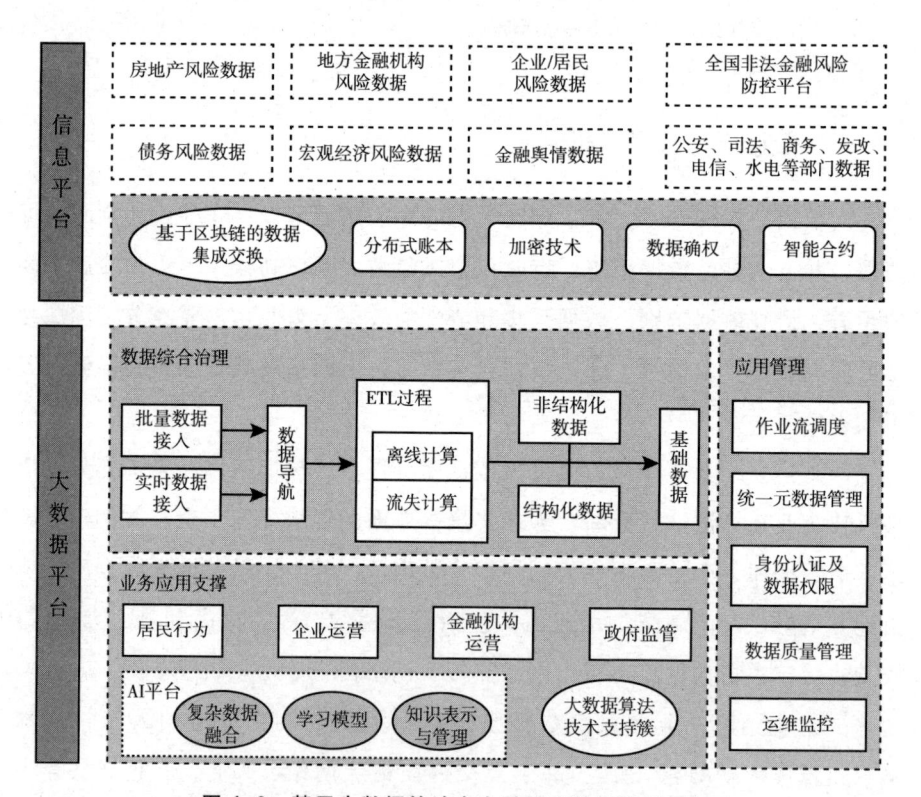

图 4-2 基于大数据的地方金融风险数据集成平台

资料来源：笔者自行绘制而得。

一是数据综合治理。该部分是大数据平台的基础，包括批量和实时数据接入，经过数据抽取、数据转化和数据加载 ETL 过程，尤其是数据清洗、加工，区分结构化数据和非结构化数据，统一数据标准，形成基础数据。这是数据治理的基础环节。

二是业务应用支撑。该部分是大数据平台的实际应用，包括居民行为、企业运营、金融机构运营、政府监管等部分，可实现对所有数据的集成管理。尤其是通过复杂数据融合、学习模型、知识表示与管理等方式，利用大数据算法技术支持簇，将沉淀数据快速转化为地方金融风险治理的标准数据。这是数据治理的核心环节。

三是应用管理。该部分主要是对大数据平台的管理，包括作业流调度、统一元数据管理、身份认证及数据权限、数据质量管理以及运维监控等，是对数据应用的管理，是数据治理的关键环节。

三 数据区块链集成机制

区块链技术的应用，能够打破数据烟囱，具有数据加密性强等优势。可建立公有链—行业链—私有链的三链数据共享机制，解决数据难穿透、数据烟囱林立等问题，实现数据共享（张成虎等，2023）。这是集成地方金融风险数据的有效方式。其中，满足地方金融风险监测需求的公有链，是包含税务局、法院、公安、银保监会、工商局及电力等节点的公有链网络；行业链，是包含行业自律协会（如金融协会）等节点的行业链网络，也包含黑名单企业等主要节点；私有链，是以银行、民间金融组织、企业等为主要节点的私有链网络。

一是利用分布式账本实现数据均等化。运用 DLT（Distributed Ledger Technology，分布式记账技术）构建公有链—行业链—私有链的共享账本模式，解决不同政府部门、企业、居民等数据主体的地位不对等问题，实现数据均等化共享，尤其是在公有链与公有链之间、公有链与私有链之间，有效地解决信息不对称问题，提高不同主体的信息质量。

二是强化加密技术保护数据隐私。一方面，运用基于区块链的 CA 签名、非对称加密等数据加密算法，实现对字段级信息的自主授权，建立终端用户授权保护机制。另一方面，运用零知识证明技术，在密文条件下实现对金融资源数据的关联性检查，解决地方金融风险主体多次违约问题。

三是利用区块链实现数据确权。运用区块链技术将数据产生、流转、交易等不同节点加入区块链网络，自动对应不同节点使用者，从而实现对数据资源的精准确权，促进基于商业价值的数据共享与流通。

四是基于智能合约建立数据激励机制。运用智能合约及公有链数据的逐级共享机制，通过财税手段，鼓励和支持民间金融组织、中小企业等私有链终端用户上传自身的数据信息，激励不同用户积极上传数据。

第二节 基于大数据的地方金融风险识别

在科技与金融相互作用下，地方金融风险嬗变快、捕捉难度大，这增加了地方金融风险识别的难度。为此，本节将从金融风险案件、文献分析以及金融风险政策分析三个角度，识别地方金融风险的类别。

一 基于金融风险案件的识别

金融风险案件是地方金融风险的主要表现方式，为此，本节先从金融风险案件数量角度来识别地方金融风险的主要类型。考虑到中国裁判文书网是最高人民法院关于中国经济社会案件的权威数据库，本节将基于中国裁判文书网，利用大数据技术来获得相关的统计数据。为了尽可能地搜索到与金融风险相关的主题词，结合上文中关于金融风险相关类别的分析，本节分别以担保、交易、金融、风险、民间借贷、银行、债务、商业银行、农村信用合作联社、村镇银行、集资、房地产、小额贷款、互联网金融14个关键词进行检索，同时，参考中国裁判文书网关于主题词分类的条目，绘制了金融风险类别识别表（见表4-1）。

第四章 基于大数据的地方金融风险监测预警体系构建

表 4-1 金融风险相关裁判文书案件条目

单位：万条

关键词	所有	债务	银行	担保	民间借贷	金融	交易	房地产	商业银行	风险	小额贷款	农村信用合作联社	集资	村镇银行	互联网金融
合计	20098.1	6542.9	5112.2	2787.9	2233.4	1783.2	1717.2	1052.7	537.2	418.2	343.2	264.2	64.0	54.8	50.2
利息	14399.2	1135.7	816.9	408.4	172.6	320.5	329.9	259.0	90.3	87.3	46.7	44.5	12.4	10.2	7.0
贷款	1092.2	1029.3	858.3	364.3	389.6	286.5	274.2	87.8	81.3	52.7	38.8	41.0	9.3	0.9	8.2
合同约定	396.7	372.2	352.8	200.1	66.8	195.5	86.4	46.4	44.4	22.4	52.9	24.9	2.9	6.2	2.8
利率	522.1	448.3	328.2	190.5	172.6	158.9	118.7	123.4	42.2	36.4	22.7	22.9	3.4	5.2	4.5
借款合同	751.9	730.0	580.4	237.1	389.6	156.1	173.4	57.4	38.8	32.0	32.5	15.5	5.4	4.5	7.7
强制性规定	313.9	295.6	245.2	189.2	127.1	149.8	58.0	27.8	45.9	14.1	38.1	30.6	2.9	6.2	4.6
担保	432.6	376.8	281.1	137.4	65.7	117.0	115.2	81.5	28.8	32.1	15.1	12.6	3.6	3.2	4.2
清偿	329.7	293.7	245.1	329.7	100.6	115.5	57.7	42.6	43.7	19.8	19.7	23.9	3.4	6.0	2.6
债权	330.0	323.0	249.0	183.3	98.5	109.7	73.8	32.0	38.7	18.2	19.2	19.9	2.6	4.8	2.1
违约金	371.5	320.5	279.0	117.7	121.4	10.5	56.8	63.1	31.1	59.0	11.3	9.9	2.1	2.7	2.6
民间借贷	433.3	401.9	303.9	108.0	60.3	87.3	148.2	94.9	15.4	30.0	9.0	4.6	2.2	1.3	3.8
抵押权	468.8	433.3	279.3	130.5	468.8	46.4	93.3	0.0	10.9	14.3	21.4	0.0	9.1	1.1	0.0
同业拆借	0.0	0.0	114.4	119.6	0.0	29.8	29.6	46.0	16.9	0.0	4.6	8.5	0.0	2.5	0.0
民事责任	0.0	0.0	93.0	0.0	0.0	0.0	0.0	0.0	0.0	0.0	0.0	0.0	0.0	0.0	0.0
房屋买卖	0.0	148.0	85.6	0.0	0.0	0.0	0.0	0.0	8.7	0.0	3.5	5.6	0.0	0.0	0.0
经济犯罪	0.0	0.0	0.0	0.0	0.0	0.0	26.5	34.8	0.0	0.0	0.0	0.0	1.8	0.0	0.0
违约责任	256.2	234.6	0.0	72.2	0.0	0.0	75.4	56.2	0.0	0.0	7.8	0.0	0.0	0.0	0.0

注：为了尽可能多地识别金融风险的类别，本节坚持按照与金融风险相关且词汇语义边界广的原则来选择搜索关键词。
资料来源：中国裁判文书网，https://wenshu.court.gov.cn，最后访问日期：2022 年 12 月 13 日。

从表 4-1 中，我们可以看出：一是金融风险是中国裁判文书涉及案件的重要组成部分。在以无（"所有"）为关键词的情况下，合同、利息、利率、合同约定、民间借贷、违约金、强制性规定等的自定条目数量超过 400 万条，其中，合同、利息、利率、合同约定、民间借贷等条目的数量较多，表明金融是全部裁判文书案件的重要条目，尤其是民间借贷是除债务、银行、担保之外的重要条目，民间借贷风险问题较为突出。

二是金融案件结构特点突出。除了"所有"，其他关键词条目数据从多到少依次为债务（6542.9 万条）、银行（5112.2 万条）、担保（2787.9 万条）、民间借贷（2233.4 万条）、金融（1783.2 万条）、交易（1717.2 万条）、房地产（1052.7 万条）、商业银行（537.2 万条）、风险（418.2 万条）、小额贷款（343.2 万条）、农村信用合作联社（264.2 万条）、集资（64.0 万条）、村镇银行（54.8 万条）、互联网金融（50.2 万条），这表明债务、银行、民间借贷、房地产、小额贷款、农村信用合作联社等是金融案件的主要来源，集资、村镇银行、互联网金融等领域的案件相对较少。因此，债务、银行、民间借贷、房地产、小额贷款、农村信用合作联社等是地方金融风险的关键领域。

二 基于文献分析的识别

考虑到中国地方金融风险的现实，以"金融风险"为关键词，在中国知网中采集与之相关的文献。[①] 截至 2022 年 12 月 13 日，中国知网中共有 3.68 万篇文献与金融风险相关，图 4-3 显示了 1986~2022 年金融风险相关文献的变化趋势。从该图中我们可以看出，学者们关于金融风险的文献保持总体增加的态势，自 2016 年以来，整体保持每年 3000 篇以上的发文数量。在重大金融风险前后，金融风险相关文献的数量明显增加。其中，1998 年亚洲金融危机后，国内关于金融风险的文献数量增加至 1800 篇左右/年的频数；2008 年美国次贷危机、2012 年欧洲债务危机前后，金融相

---

① 数据来源：中国知网，https://www.cnki.net/，最后访问日期：2022 年 12 月 13 日。

关文献数量增加至 2000 篇左右/年的频数，尤其是 2016 年以后，有关金融风险的研究文献增加至 3000 篇以上/年的频数。可见，金融风险一直是学者们关注的热点。

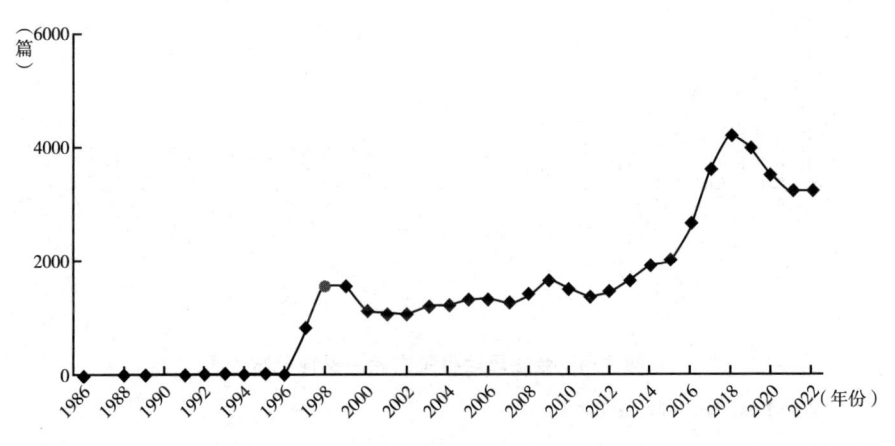

图 4-3　1986~2022 年金融风险相关文献变化趋势

资料来源：中国知网统计数据。

进一步地，本节分析了学者们对金融风险关注的热点。对图 4-4 进行整合统计后我们可以看出，学者们关注的金融风险相关热点话题依据文献数量从多到少依次为互联网金融（2980 篇）、商业银行（2092 篇）、房地产金融（1171 篇）、供应链金融（810 篇）、金融创新（653 篇）、影子银行（342 篇）、农村信用社（336 篇）、农村金融（296 篇）。①

基于上文对金融风险相关文献主题词的抽取分析，图 4-5 显示了 1994~2022 年金融风险相关文献主题词的变化趋势。从该图中我们可以看出，房地产、农村信用社、影子银行、不良贷款率、金融科技等金融风险热点均保持稳中有升的研究趋势。

因此，从学者们关于金融风险的研究热点来看，金融风险的热点领域主

---

① 注意：此处数据是在图 4-4 基础上，对部分相关数据进行整合统计后的结果，例如，将"互联网金融""互联网金融风险"归类为互联网金融，将"商业银行""我国商业银行""国有商业银行"归类为商业银行，将"房地产""房地产金融风险"归类为房地产。

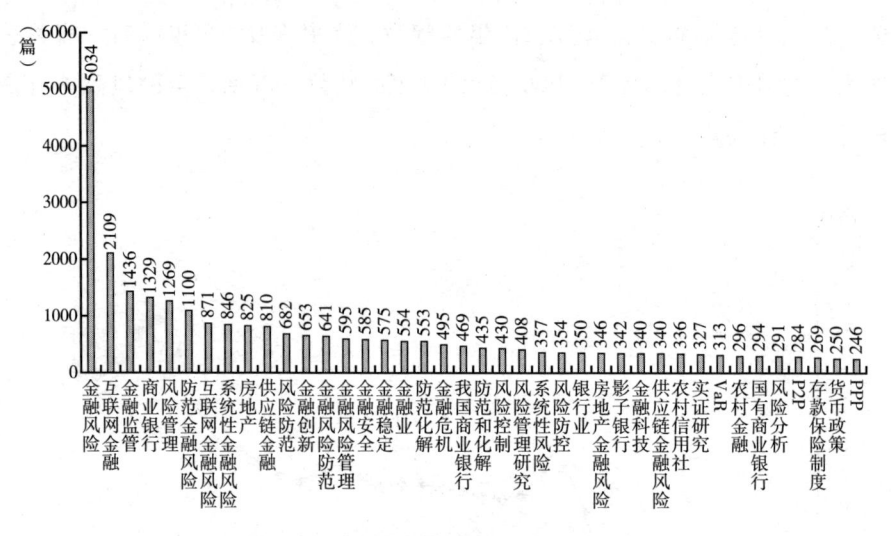

图 4-4　金融风险相关文献主题词分布

资料来源：中国知网统计数据。

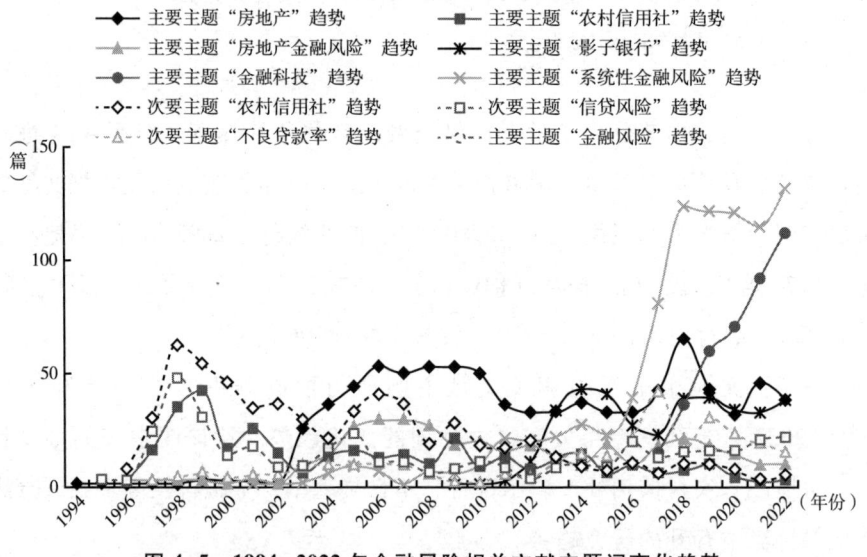

图 4-5　1994~2022 年金融风险相关文献主题词变化趋势

资料来源：中国知网统计数据。

要是商业银行风险、房地产金融风险、互联网金融风险、影子银行风险、农村金融风险、金融创新风险等。

进一步地，本节以"债务"为关键词，在中国知网中采集与之相关的文献。① 截至 2022 年 12 月 13 日，中国知网总共有 16.51 万篇文献与债务相关，图 4-6 显示了 1983~2022 年债务风险相关文献的变化趋势。从该图中我们可以看出，1993 年以后，债务风险相关文献数量稳步增加，至 2022 年超过 7500 篇，这表明债务问题一直是学者们研究的热点。

图 4-6　1983~2022 年债务风险相关文献变化趋势

资料来源：中国知网统计数据。

进一步地，本节分析了学者们对债务风险关注的热点。对图 4-7 进行整合统计后我们可以看出，学者们关注的债务风险相关热点话题依据文献数量从多到少依次为地方政府债务风险（5787 篇）、资本结构（4593 篇）、上市公司（3700 篇）、债务风险（2499 篇）、债务重组（2164 篇）、财务风险（1574 篇）、中小企业（972 篇）、商业银行（809 篇）、房地产（762 篇）。②

基于上文对债务风险相关文献主题词的抽取分析，图 4-8 显示了 1983~2022 年债务风险相关文献主题词的变化趋势。从该图中我们可以看

---

① 数据来源：中国知网，https://www.cnki.net/，最后访问日期：2022 年 12 月 13 日。
② 注意：此处数据是在图 4-7 基础上，对部分相关数据进行整合统计后的结果，例如，将"地方政府债务""地方政府""地方政府债务风险""地方政府融资平台"归类为地方政府债务风险，将"资本结构""公司资本结构"归类为资本结构，将"上市公司""我国上市公司"归类为上市公司，将"债务风险""债务危机"归类为债务风险。

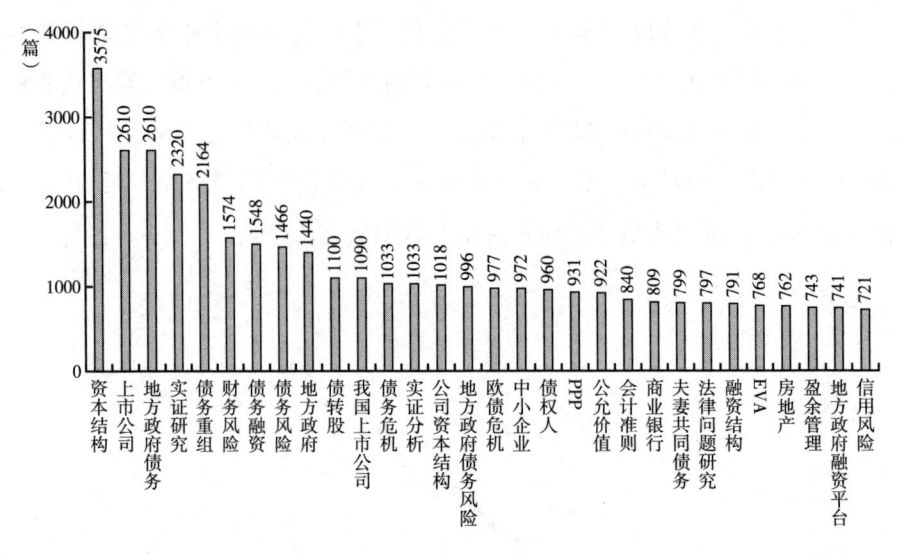

图 4-7　债务风险相关文献主题词分布

资料来源：中国知网统计数据。

出，地方政府债务、债务风险、上市公司、中小企业、商业银行、房地产等债务热点均保持稳中有升的研究趋势。

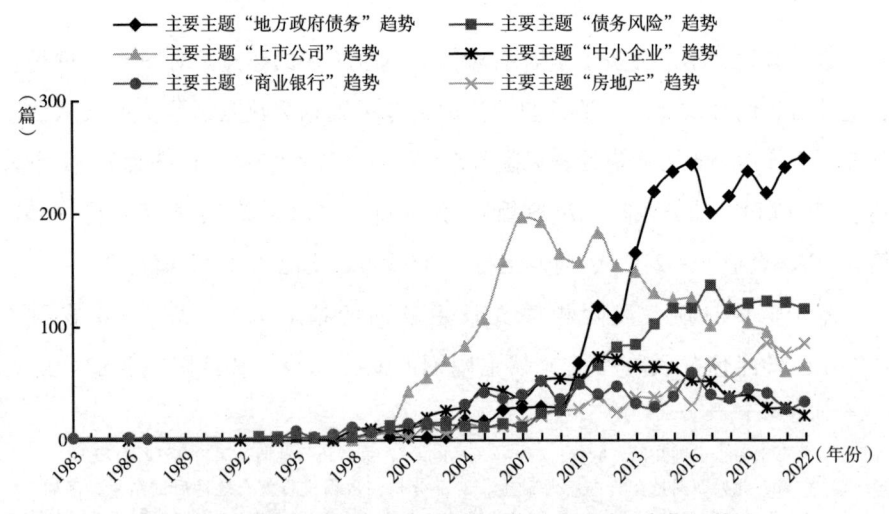

图 4-8　1983~2022 年债务风险相关文献主题词变化趋势

资料来源：中国知网统计数据。

因此,从学者们关于债务风险的研究热点来看,债务风险的热点研究领域主要是地方政府债务风险、商业银行、房地产、企业债务等。

三 基于金融风险政策分析的识别

本部分参考马灿坤等（2021）对2018年地方金融风险治理政策的统计数据,识别地方金融风险的主要类型。表4-2显示了2018年地方政府金融风险治理政策情况。从表4-2中我们可以看出,地方金融风险治理特征突出。统计考察期间内,地方政府关于金融风险治理的政策中,数量最多的政策文本是互联网金融,为16件,占全部统计政策文本数量的21.92%；其次是融资租赁/担保公司、交易场所类政策,政策文本数量均为15件,均占全部统计政策文本数量的20.55%；再次是非法集资类政策,文本数量为14件,占全部统计政策文本数量的19.18%。

表4-2 2018年地方政府金融风险治理政策情况

单位:件,%

马灿坤等(2021)	互联网金融	融资租赁/担保公司	交易场所类	非法集资	其他金融风险	小额贷款公司
数量	16	15	15	14	7	6
占比	21.92	20.55	20.55	19.18	9.59	8.22
第二章数据	房地产	银行风险	金融诈骗	虚假数据	信贷风险	—
数量	843	13115	32	7462	8493	—
占比	2.82	43.80	0.11	24.92	28.36	—

资料来源:笔者依据马灿坤等（2021）及第二章的统计数据整理而得。

进一步地,基于第二章中利用大数据技术获取的政策数据,笔者发现银行风险、信贷风险、虚假数据等治理政策文本较多,侧面反映了上述风险是地方金融风险治理的重点。由此可见,在样本考察期内,地方金融风险治理的主要对象是互联网金融风险、交易场所风险、融资担保风险以及非法集资风险。

四 地方金融风险类别的对比分析

基于上文对金融风险类别的多维度分析，表4-3显示了不同维度下金融风险类别的对比情况。

表4-3 金融风险类别的对比情况

中国裁判文书网案件		知网文献分析				治理政策分析	
类别	条目数量（万条）	类别	文献数量（篇）	类别	文献数量（篇）	类别	政策数量（件）
债务	6542.9	互联网金融	2980	地方政府债务风险	5787	互联网金融	16
银行	5112.2	商业银行	2092	上市公司	3700	融资租赁/担保公司	15
担保	2787.9	房地产金融	1171	资本结构	4593	交易场所类	15
民间借贷	2233.4	金融创新	653	债务风险	2499	非法集资	14
金融	1783.2	供应链金融	810	债务重组	2164	其他金融风险	7
交易	1717.2	影子银行	342	财务风险	1574	小额贷款公司	6
房地产	1052.7	农村金融	296	中小企业	972	房地产	843
商业银行	537.2	农村信用社	336	商业银行	809	银行风险	13115
风险	418.2	—	—	房地产	762	金融诈骗	32
小额贷款	343.2	—	—	—	—	虚假数据	7462
农村信用合作联社	264.2	—	—	—	—	信贷风险	8493
集资	64.0						
村镇银行	54.8						
互联网金融	50.2						

资料来源：笔者依据自行收集的资料整理而得。

总结表4-3可以得出结论：从中国裁判文书网案件的数据看，地方金融风险主要集中在债务、民间借贷、房地产、商业银行、小额贷款、农村信用合作联社以及村镇银行与集资等领域;从中国知网文献数量看,地方金融风险主要集中在互联网金融、商业银行、房地产金融、影子银行、农村金融、地方政府债务、企业债务、商业银行债务、房地产债务等领域;从地方金融风险治理政策重点看,地方金融风险主要集中在互联网金融、融资租赁/担保公司、交易场所类以及非法集资等领域。上述不同分析对地方金融风险的识别存在一定差异,但是不同分析的共同点仍然较为明显,突出表现在三个方面。一是均涉及正式金融风险和非正式金融风险。二是均涉及地方金融风险的重点领域,包括商业银行风险、农信社风险、影子银行风险、房地产风险、民间借贷风险、非法集资风险、金融创新风险、地方政府债务风险、企业债务风险等。三是地方经济金融领域风险交织,比如债务风险领域与金融风险领域紧密相连,从广义角度识别地方金融风险更能够反映地方金融风险的实际。

2016年国家开展互联网金融风险专项整治行动,2020年P2P平台已经全部清零,金融科技被普遍纳入"监管沙盒"进行管控,而数字普惠金融作为一种新型的互联网金融,可将数字普惠金融风险纳入金融创新风险监测之中。为此,结合第二章、第三章以及上文关于地方金融风险的分析,本节将地方金融风险划分为影子银行风险、房地产风险、商业银行风险、民间借贷风险、非法集资风险、地方政府债务风险、企业债务风险以及金融创新风险等。

同时,参考第三章案例分析中不同地方金融风险大数据治理的经验,尤其是广州、深圳等对地方非法金融风险的识别,本节将地方金融风险进一步划分为地方金融机构风险、房地产风险、债务风险以及经济环境风险四种类型。其中,地方金融机构风险包括地方正式金融风险、地方非正式金融风险和金融创新风险,债务风险包括地方政府债务风险和企业债务风险等,经济环境风险包括经济增长风险和环境风险等。同时,考虑到金融舆情监测、企业和居民信息监测等其他要素的影响,参考德国对不同风险采取均衡权重方法进行衡量,结合10位金融领域权威专家的意见,本节采用均衡权重方式来划分不同风险的权重,如表4-4所示。

表4-4　大数据治理的风险识别指标体系

单位：%

一级指标	风险权重	一级指标	风险权重
地方金融机构风险	16.67	经济环境风险	16.67
房地产风险	16.67	金融舆情监测	16.67
债务风险	16.67	企业和居民信息监测	16.67

资料来源：笔者依据自行收集的资料整理而得。

进一步地，参考风险容忍度模型，对风险等级的划分要考虑到风险发生概率，又要考虑到风险发生规模。在第一章的分析中，英国的风险识别体系包含了非常高、高、中等、低四个等级，主流的风险信号灯法将风险程度划分了五个等级。据此，本节地方金融风险大数据治理的风险等级采用五分法进行划分，风险等级从高到低依次为五级、四级、三级、二级、一级，同时，结合风险发生概率和风险发生规模，判定行动必要性，结果如表4-5所示。

表4-5　大数据治理的风险等级

风险等级	风险发生概率	风险发生规模	行动必要性
五级	高	大	很有必要
四级	中		有必要
三级		中	
二级	低		一般必要
一级		小	日常监管

资料来源：笔者依据自行收集的资料整理而得。

第三节　基于大数据的地方金融风险监测指标体系

大数据指标体系的构建，需要考虑大数据本身"量"的多维性、规模性，以及大数据工具本身的可穿透性、可挖掘性，同时又需考虑地方金融风险的隐蔽性。为此，需要把握大数据及地方金融风险的特点，兼顾个性和共性，构建科学、全面的地方金融风险大数据监测指标体系。遵循科学性、结构优化、可操作性原则，基于现有研究成果（柳向东、李凤，2016；崔炎炎、刘立新，2020；Correa and Goldberg，2022），参考第二章中地方金融重点领域的风险分析，结合第三章广州等地基于大数据的地方金融风险识别及监测预警指标构建经验，以及上文对地方金融风险的识别，本节重点监测商业银行、地方非正式金融组织、债务、房地产等风险类别，构建地方金融风险大数据监测指标体系。该指标体系包括地方金融机构风险、房地产风险、债务风险、经济环境风险、金融舆情监测、企业和居民信息监测6个部分共133个指标，如表4-6所示。

表4-6 地方金融风险大数据监测指标体系

一级指标	二级指标	三级指标	计算方式
地方金融机构风险	商业银行风险	杠杆情况	杠杆率
		信用风险	不良贷款率
			不良资产率
			不良贷款额
			拨备覆盖率
			贷款拨备率
			单一集团客户授信集中度
			单一客户贷款集中度
			单一客户关联度
			全部关联度
			正常贷款迁徙率
		盈利率	资产利用率
			资本利用率
			净息差
			成本收入比
			中间业务收入比例
		流动性风险	流动性覆盖率
			流动性缺口率
			流动性比例

续表

一级指标	二级指标	三级指标	计算方式
地方金融机构风险	商业银行风险	流动性风险	核心负债依存度
			存贷款比例
		市场风险	美元敞口头寸比例
			利率风险敏感度
		资产充足率	核心一级资本充足率
			一级资本充足率
		信贷膨胀率	贷款增速/GDP增速
	民间非正式金融组织风险	个体特征	注册资本
			员工数量
			企业主教育程度
			管理层教育程度
			企业主征信信息
			管理层征信信息
			交易资金规模
			交易用户规模
		注册信息	企业注册形式
			主营业务范围
			注册资本
			实缴资本
			股权结构
		产品特征指标	产品种类
			预期年化利率
			分期手续费
			展期手续费
		借贷程序特征	借贷周期
			程序简化度
		抵押特征	是否有抵押物
			抵押物形式
			是否以个人信息抵押
		资金动向	实缴资金来源
			企业关联性
			资金流向
			是否有房产
			是否流向证券市场

续表

一级指标	二级指标	三级指标	计算方式
地方金融机构风险	民间非正式金融组织风险	公共轨迹信息	企业纳税次数
			企业纳税总额
			企业水电费
			企业供气供热费
		风险防控管理	风控体系健全度
		信息安全	经营平台形式
			信息保护健全度
			技术安全度
		民间借贷纠纷	民间借贷纠纷立案数
			利息纠纷占比
			利率纠纷占比
			债权纠纷占比
	股票市场风险	上市公司财务状况	上市公司平均净资产收益率
			沪深指数增长幅度
			民间违法借贷案件
		股票市场发展状况	股票市值占 GDP 比重
	保险市场风险	保险赔付率	保险赔付支出/保费收入
		保险深度	保费收入/GDP
	互联网金融风险	数字普惠金融风险	数字普惠金融指数
房地产风险	房地产价格	房价水平	平均商品房销售价格
		购买力水平	商品房平均价格与城市居民家庭年收入之比
		房价增长率	当前商品房平均价格/上年商品房平均价格
			房价增速与 GDP 增速之比
		土地价格	出让土地价格
	房地产开发库存状况	住宅空置率	住房待售面积/近三年住房累计竣工面积
		房地产销售	商品房待售面积
		房地产开发	商品房竣工面积
			待开发土地面积
			土地购置面积
			施工面积

续表

一级指标	二级指标	三级指标	计算方式
房地产风险	房地产信贷	杠杆率	房地产企业杠杆率
		信贷结构	房地产信贷占比
			房地产其他来源的资金占所有资金比重
		信贷规模	房地产开发投资占固定资产投资比重
			房地产企业实际到位资金
债务风险	政府债务风险	地方政府显性债务率	地方政府显性债务/GDP
		地方政府隐性债务率	地方城投债存量/GDP
			城投债存量平均票面与发行利率之比
			债券余额
			存债数
			发债主体数
		债务负担能力	债务负担规模
			财政自给率
			财政负债率
	企业债务风险	非金融企业杠杆率	企业部门总负债/GDP
		企业财务状况	规模以上工业企业资产负债率
			规模以上工业企业亏损企业亏损额
			规模以上工业企业亏损额占工业增加值比重
		债务违约情况	违约债券只数
			违约债券余额
			余额违约率
			违约发行人数量
			发行人违约比例
	个人债务风险	区域个人收支	个人收入/省际均值
		个人收支	个人支出/个人收入
经济环境风险	人口就业状况	人口规模	常住人口数量
		人口增长	人口增长率
		就业状况	失业率
	经济发展	经济质量	人均GDP
		实体经济发展	实体经济增长率
		通货膨胀率	CPI指数
	环境状况	碳排放	碳排放强度
		空气污染	PM2.5排放量

续表

一级指标	二级指标	三级指标	计算方式
金融舆情监测	金融风险舆情	金融机构营销监测	无抵押、放款快等词频监测
		媒体导向监测	媒体报道时长
			机构舆情指数
		群众举报监测	群众举报次数
			举报事件特征
	公共安全	群体性事件	爆发次数
			事件人数
企业和居民信息监测	企业信息监测	诚信信息	企业征信次数
			企业征信评价程度
			企业信用教育程度
		经营信息	纳税记录
			水电费记录
		舆情导向	网络舆情指数
	居民信息监测	信用记录	居民征信次数
			居民征信评价程度
			居民信用教育程度
		消费记录	奢侈性消费记录

资料来源：笔者自行绘制而得。

一 地方金融机构风险指标

地方金融机构风险指标，反映地方正式金融机构和非正式金融机构的风险特征，包括商业银行风险、民间非正式金融组织风险、股票市场风险、保险市场风险、互联网金融风险5个二级指标。一是商业银行风险指标，反映地方法人银行机构和属地商业银行等的金融风险。参考中国人民银行关于商业银行风险管理的指标体系以及巴塞尔协议Ⅲ中的"CAMEL"指标设计，商业银行风险指标包括杠杆情况、信用风险、盈利率、流动性风险、市场风险、资产充足率、信贷膨胀率7个三级指标（李辰颖，2020）。二是民间非正式金融组织风险指标，反映地方非正式金融机构的金融风险。参考石涛（2020）对民间非正式金融组织借贷风险的监测指标设计，民间非正式金融组织风险指标包括个体特征、注册信息、产品特征指标、借贷程序特征、抵押特征、资金动向、公共轨迹信息、风险防控管理、信息安全、民间借贷纠纷10个三级指标。三是股票市场风险指标，反映地方上市公司和股票市场发展风险。参考沈丽等（2019a）的研究，股票市场风险指标包括上市公司财务状况及股票市场发展状况2个三级指标。四是保险市场风险指标，反映地方保险市场的风险。参考周晔和丁鑫（2022）的研究，保险市场风险指标包括保险赔付率和保险深度2个三级指标。五是互联网金融风险指标，反映地方金融创新风险。参考党印等（2022a）的研究，互联网金融风险指标包括数字普惠金融风险1个三级指标。

二 房地产风险指标

房地产风险指标，反映地方房地产市场存在的信贷和增长等风险特征，包括房地产价格、房地产开发库存状况、房地产信贷3个二级指标。一是房地产价格指标，反映房地产市场价格波动及市场购买力等情况，包括房价水平、购买力水平、房价增长率和土地价格4个三级指标（张金鑫，2021）。二是房地产开发库存状况指标，反映房地产市场开发和销售库存的情况，包括住宅空置率、房地产销售和房地产开发3个三级指标。三是房地产信贷指标，反映房地产企业融资结构和规模特征，包括杠杆率、信贷结构和信贷规模3个三级指标。

三 债务风险指标

债务风险指标，反映地方政府债务风险、企业债务风险和居民债务风险状况，包括政府债务风险、企业债务风险、个人债务风险3个二级指标。一是政府债务风险指标，反映地方政府显性债务风险水平和隐性债务风险水平。参考熊琛等（2022）的研究，政府债务风险指标包括地方政府显性债务率、地方政府隐性债务率和债务负担能力3个三级指标。二是企业债务风险指标，反映企业债务风险水平，包括非金融企业杠杆率、企业财务状况和债务违约情况3个三级指标。三是个人债务风险指标，反映地方居民个人收支能力，包括区域个人收支和个人收支2个三级指标。

四 经济环境风险指标

经济环境风险指标，反映宏观经济发展状况，包括人口就业状况、经济发展和环境状况3个二级指标。一是人口就业状况指标，反映地方人口流动和规模等特征，包括人口规模、人口增长和就业状况3个三级指标。二是经济发展指标，反映地方经济发展状态特征，包括经济质量、实体经济发展和通货膨胀率3个三级指标（魏敏、李书昊，2018）。三是环境状况指标，反映地方生态环境发展特征，包括碳排放和空气污染2个三级指标。

五 金融舆情监测指标

金融舆情监测指标，反映地方金融风险舆情态势和走向，包括金融风险舆情和公共安全2个二级指标。一是金融风险舆情指标，反映地方金融风险舆情发展程度，包括金融机构营销监测、媒体导向监测和群众举报监测3个三级指标。二是公共安全指标，反映地方金融风险整体情况，包括群体性事件1个三级指标。

六 企业和居民信息监测指标

企业和居民信息监测指标，反映地方企业和居民社会诚信等方面的特征，包括企业信息监测和居民信息监测2个二级指标。一是企业信息监测指标，反映企业信用和违法行为特征，包括诚信信息、经营信息和舆情导向3个三级指标。二是居民信息监测指标，反映居民信用和消费情况，包括信用记录和消费记录2个三级指标。

第四节 基于大数据的地方金融风险预警

大数据本身的"量"和工具优势，使得利用大数据进行地方金融风险评估预警成为重要方向。本节将基于大数据的特点，构建大数据对地方金融风险数据的学习预警方法簇、地方金融风险评估机制、风险警情的人工智能分析机制和响应处罚机制。

一 基于大数据的地方金融风险预测

学习预测是基于大数据的地方金融风险监测预警的基础性功能。当前，从理论分析和地方政府大数据治理的实践经验来看，地方金融风险的大数据学习预测方法主要包括深度学习和机器学习两种。其中，深度学习是机器学习的一种深化类型。同时，根据是否利用观察数据来构建预测模型，可以将机器学习划分为无监督学习、监督学习和强化学习三种类型（吕琦等，2022；王玉龙等，2022）。其中，无监督学习不需要观测数据，监督学习需要观测数据，强化学习通过补充其他数据信息来弥补无监督学习的不足。深度学习的优势在于具有强大的判别能力和自主学习能力，它也成为机器学习的重要方式（林宇等，2023；栾建霖等，2023），使用频率较高的方法包括CNN、RNN 及 DNN 等。此外，LSTM 作为一种特殊的 RNN，是一种时间循环神经网络，在时间序列预测中精度较高。为此，本部分采用 LSTM 集成模型来进行地方金融风险的大数据学习预测。

（一）SVR 模型

SVR（Support Vector Regression）采用最小化原则来克服传统识别模型的"维度灾害"（Balogun et al.，2021；Darwiche and Mokhiamar，2022）。SVR 模型最大的特点在于，允许预测结果与实际值之间存在一定的误差 ξ。这相当于以预测值 $f(x)$ 为中心，形成一个宽度为 $2\times\xi$ 的误差隔离带，落入该误差隔离带的预测值即为预测准确值，预测损失即为 0。同时，隔离带最近的输入向量构成了其"支持向量"。通过最小法向量 w 的欧几里得范数实现最小化损失，则 SVR 问题可以表示为：

$$\min \frac{1}{2}\|w\|^2 + C\sum_{i=1}^{m} l_{\xi}[f(x_i) - y_i]\alpha \qquad (4-1)$$

式（4-1）中，C 表示正则化参数，是前项和后项的调节系数。其中，前项刻画模型结构，使预测值尽量落入误差隔离带中；后项应用不敏感损失函数，刻画模型预测效果与实际值的契合程度，标记为 $l_\xi(z)$，则有：

$$l_\xi(z) = \begin{cases} 0, & |z| \leq \xi \\ |z| - \xi, & \text{其他} \end{cases} \quad (4-2)$$

式（4-2）中，z 表示预测值与实际值的绝对误差。在预测值与实际值之间存在较大误差的情况下，引入松弛变量 ζ_i 和 ζ_i^* 进行软化，则式（4-2）可表示为：

$$\min \frac{1}{2} \|w\|^2 + C \sum_{i=1}^{m} l_\xi [\zeta_i - \zeta_i^*] \quad (4-3)$$

$$\text{s.t.} \begin{cases} f(x_i) - y_i \leq \varepsilon + \zeta_i \\ y_i - f(x_i) \leq \varepsilon + \zeta_i^* \end{cases}$$

进一步，利用对偶原理引入拉格朗日乘子 β_i 和 β_i^*，那么 SVR 的对偶问题可以表示为：

$$\max_{\beta_i, \beta_i^*} \sum_{i=1}^{m} y_i(\beta_i^* - \beta_i) - \varepsilon(\beta_i^* - \beta_i) - \frac{1}{2} \sum_{i=1}^{m} \sum_{j=1}^{m} y_i(\beta_i^* - \beta_i)(\beta_j^* + \beta_j) x_i^T x_j$$

$$\text{s.t.} \sum_{i=1}^{m} (\beta_i^* - \beta_i) = 0, 0 \leq \beta_i^*, \beta_i \leq C \quad (4-4)$$

当预测值落入软间隔带时，β_i 和 β_i^* 才能取非零值，且一个预测值不能落入两个相对区域，β_i 和 β_i^* 中至少有一个为 0，则 SVR 回归预测函数可以表示为：

$$f(x) = \sum_{i=1}^{m} (\beta_i^* - \beta_i) x_i^T x + b \quad (4-5)$$

其中，$b = y_i + \xi - \sum_{j=1}^{m} (\beta_j - \beta_j^*) x_j^T x_i$。

（二）GWO 算法

GWO（Grey Wolf Optimizer）是一种群体智能优化算法（Mirjalili et al.,

2014)。GWO 算法包含了三个步骤。第一步,划分社会等级(Social Hierarchy)。GWO算法将最佳方案(Fitting Solution)标记为 α,其他灰狼要服从 α 狼的命令,α 狼为支配狼;第二和第三最优解分别标记为 β 和 δ,第四候选方案标记为 ω。GWO算法的优化过程(猎杀)取决于 α、β、δ,ω 服从其他层次的灰狼,如果没有 ω 狼,狼群将出现自相残杀问题。

第二步,包围猎物(Encircling Prey)。灰狼的狩猎行为可以表示为:

$$\begin{cases} \vec{D} = |\vec{C} \cdot \vec{X}_p(t) - \vec{X}(t)| \\ \vec{X}(t+1) = \vec{X}_p(t) - \vec{A} \cdot \vec{D} \\ \vec{A} = 2\vec{\alpha} \cdot \vec{r}_1 - \vec{\alpha} \\ \vec{C} = 2 \cdot \vec{r}_2 \end{cases} \quad (4-6)$$

式(4-6)中,t 表示当前的迭代次数,"·"表示 hadamard 乘积,D 表示灰狼间距离,$\vec{A}$ 和 $\vec{C}$ 表示协同系数向量,$\vec{X}_p$ 表示猎物的位置向量,$\vec{X}$ 表示灰狼的位置向量。在灰狼算法的迭代过程中,α 将由 2 线性降至 0,同时,$\vec{r}_1$ 和 $\vec{r}_2$ 是 [0, 1] 中的随机向量。

第三步,狩猎(Hunting)。灰狼寻找最优解的搜索过程由 α、β、δ 指引完成。实际上,灰狼无法确定猎物的最佳位置,需要假定 α、β、δ 在识别猎物位置上具有较强能力。因此,在每次迭代过程中,仅保留最好的三只灰狼 α、β、δ 的位置,然后根据它们的位置来搜索其他灰狼 ω 的最佳位置,则有:

$$\begin{cases} \vec{D}_j = |\vec{C}_i \cdot \vec{X}_j(t) - \vec{X}(t)| \\ \vec{X}_j(t) = |\vec{C}_i \cdot \vec{X}_j(t) - \vec{A}_i \cdot \vec{D}_j| \\ \vec{X}(t+1) = \frac{1}{3}\sum_{i=1}^{3} \vec{X}_i(t) \end{cases} \quad (4-7)$$

式(4-7)中,j 表示 α、β、δ;i 表示 j 的第一次解,$i=1, 2, 3$;D_j 表示当前候选灰狼与最好的三条灰狼之间的距离;灰狼协同系数 $|\vec{A}| \in [-\alpha, \alpha]$。其中,当 $|\vec{A}|<1$ 时,灰狼会攻击猎物;反之,灰狼将继续搜索猎物。

基于 GWO 算法的 SVR 模型建模原理为：首先，设置 SVR 模型的参数；然后，用 GWO 算法对地方金融风险数据进行初始化处理，得出最优的迭代参数，并判断适应度最佳的地方金融风险数据的灰狼 X_α；最后，利用 SVR 最优参数构建预测模型，进行地方金融风险数据预测。

（三）LSTM 算法

LSTM 是 RNN 的一种特殊类型，可以学习长期依赖的信息（Hochreiter and Schmidhuber，1997），其算法示意如图 4-9 所示。

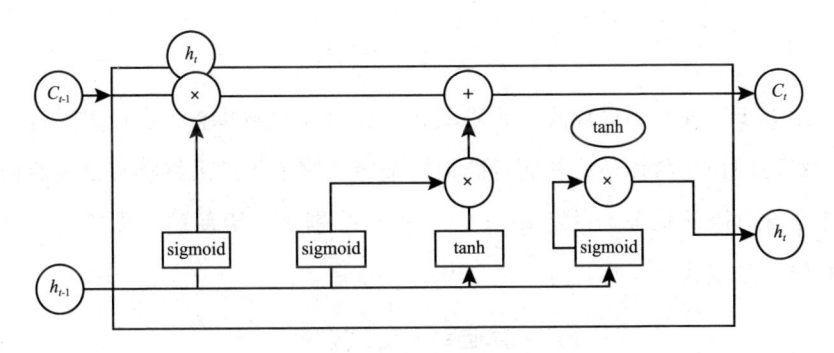

图 4-9　LSTM 算法示意

资料来源：笔者依据 Hochreiter 和 Schmidhuber（1997）的研究绘制而得。

第一步，运用 LSTM 算法来识别地方金融风险因子中需要丢弃的信息。LSTM 算法在激活函数 $f_t(\cdot)$ 的作用下，将读取地方金融风险监测指标数据集中的样本数据 h_t 和 x_t，并自动对每个读取的信息标记标签 C_{t-1}，则有激活函数 $f_t(\cdot)$：

$$f_t = \sigma(W_f \cdot [h_{t-1}, x_t] + b_f) \qquad (4-8)$$

第二步，运用 sigmoid 函数和 tanh 函数，分别决定需要更新的数值以及新建候选向量，从而将有效的风险信息纳入细胞状态中，有：

$$i_t = \sigma(W_i \cdot [h_{t-1}, x_t] + b_i) \qquad (4-9)$$

$$\tilde{C}_t = \tanh(W_C \cdot [h_{t-1}, x_t] + b_C) \qquad (4-10)$$

第三步，在获得有效的地方金融风险因子后，得到更新后的细胞 C_t，则有：

$$C_t = f_t \times C_{t-1} + i_t \times \tilde{C}_t \qquad (4-11)$$

第四步，用 sigmoid 函数和 tanh 函数来处理不同风险细胞状态，从而得到地方金融风险因子的新状态，有：

$$o_t = \sigma(W_o \cdot [h_{t-1}, x_t] + b_o) \qquad (4-12)$$

$$h_t = o_t \times \tanh(C_t) \qquad (4-13)$$

第五步，混合不同风险因子隐藏状态和风险细胞状态，进一步进行风险因子状态的识别与评估，从而得到地方金融风险因子的最终状态，进而识别地方金融风险的状态。设定 z_t、r_t、h_t 和 $\tilde{h}_t$ 分别表示更新门、重置门、记忆体和候选隐藏状态，有：

$$\begin{cases} z_t = \sigma(W_z \cdot [h_{t-1}, x_t]) \\ r_t = \sigma(W_r \cdot [h_{t-1}, x_r]) \\ h_t = (1-z_t) \times h_{t-1} + z_t \times \tilde{h}_t \\ \tilde{h}_t = \tanh(W \cdot [r_t \times h_{t-1}, x_t]) \end{cases} \qquad (4-14)$$

进一步地，在隐藏处理层接收数据输入层处理后的数据，先运用 CNN 卷积层和池化层来获得数据的空间特征，再用 LSTM 模型获得地方金融风险数据的时序特征，最后 LSTM-CNN 通过完全连接层生成地方金融风险预测数据，从而实现对地方金融风险的数据挖掘及预测分析。

同样，LSTM-SVR 模型的基本原理是：首先，由 LSTM 模型依据地方金融风险原始数据生成预测值，并得到预测值和原始值的误差；其次，利用 SVR 模型对地方金融风险误差值进行预测，并通过网格寻优算法对误差值进行纠正，得出最优的误差值；最后，依次得到 LSTM 预测值和 SVR 纠正的误差值，从而得出组合预测结果，经过聚类分析后得出对地方金融风险原始数据的最终预测值。

二 基于大数据的风险等级综合评估

地方金融风险大数据库，本身就是一个以指标体系为主的数据集成体，测算地方金融风险主要是基于指数评估方法，其核心在于指标的赋权问题。从现有文献来看，指数评估主要采取客观赋权、主观赋权以及主客观赋权相结合的方法，其中，以熵值法为代表的客观赋权法，以及以层次分析法为代表的主客观赋权法是主流评估方法。在大数据驱动机制下，通过机器自主学习方式，指标的权重主要由机器自适应调整，采用客观赋权法相对于主客观和主观赋权法更有优势。同时，KLR信号灯法能够提前1~2年实现风险预警，是风险预警的国际主流方法。上文对地方金融机构风险、房地产风险、债务风险、经济环境风险、金融舆情监测、企业和居民信息监测6个地方金融风险监测指标采取同等权重的方式，考虑数据的客观性，本节将结合熵值法以及KLR信号灯法来建立地方金融风险评估信号体系。同样，参考PRS集团国际国别风险指南（International Country Risk Guide，ICRG）中对国家（区域）风险的测算方式，地方金融风险评估指数的具体计算公式为：

$$FR_i = \sum_{i=1}^{n} w_i \times RT_i \quad (4-15)$$

式（4-15）中，RT_i 表示第 i 个风险指标，w_i 表示第 i 个指标的风险权重。进一步地，采用熵值法测算 w_i，有：

$$\begin{cases} RT'_i = \dfrac{RT_i - \min\{RT_1,\cdots,RT_n\}}{\max\{RT_1,\cdots,RT_n\} - \min\{RT_1,\cdots,RT_n\}} \\ p_{ij} = (1 + RT'_{ij}) / \sum_{i=1}^{n}(1 + RT'_{ij}) \\ e_j = -k \sum_{i=1}^{n} p_{ij} \times \ln(p_{ij}), k = 1/\ln(n) \end{cases} \quad (4-16)$$

其中，RT'_i 表示标准化后的 RT_i 值，负向标准化 RT_i 只需将 RT'_i 的分子变为（$\max\{RT_1,\cdots,RT_n\} - RT_i$），$p_{ij}$ 表示样本指标权重矩阵，e_j 表示第 j 个评价指标的信息熵，n 表示样本数量。据此得到不同样本的权重 w_j，有：

$$w_j = d_j / \sum_{j=1}^{m} d_j, d_j = 1 - e_j \qquad (4-17)$$

其中，d_j 为第 j 个评价指标的效用值。

结合上文中风险等级的划分以及 ICRG 的标准，风险指标为 100 分制，并依据分值将风险等级划分为极高风险、高风险、中度风险、低风险、极低风险五级，且评分值越高，风险等级越低，对应紫灯、红灯、橙灯、绿灯、蓝灯 5 个预警信号标识，详细如表 4-7 所示。

表 4-7 地方金融风险预警信号体系

分值（Z）	风险等级	预警信号
$0 \leq Z < 50$	五级	紫灯预警
$50 \leq Z < 60$	四级	红灯预警
$60 \leq Z < 70$	三级	橙灯预警
$70 \leq Z < 85$	二级	绿灯预警
$85 \leq Z \leq 100$	一级	蓝灯预警

资料来源：笔者自行整理而得。

三 基于大数据的警情人工智能分析

借鉴参考深圳及广州警情分析系统，聚焦商业银行、民间金融、房地产、债务四个重点领域，构建基于深度学习的智能风险合规学习机制、基于知识图谱的金融风险判别分析机制、基于机器学习的可信框架下的风险模型训练机制，实现地方金融风险警情人工智能分析。

（1）基于深度学习的智能风险合规学习机制。基于认知计算程序，通过数字化监管协议，利用统一化、标准化的"机器可读"规则，使认知计算机全面、快速地学习国家、省市金融、房地产、债务等领域的司法、地方条例、规章制度，通过智能知识引擎和 AI 智能监管机器人建立地方金融合规大数据自学习机制，从而实现地方金融风险执法的智能化。

（2）基于知识图谱的金融风险判别分析机制。通过语义技术对房地产企业、城投平台、金融机构等不同主体的经营文本及舆论报道等进行分析，围绕特征词命中、传播力、投资举报等维度，从中抽取观点、表达、情绪等文本数据，利用内嵌自然语言处理（Natural Language Processing，NLP）技术、知识图谱对不同风险进行关联性、可视化分析，绘制地方金融风险知识图谱。同时，利用机器学习比照合规语义大数据，实现数据钩稽关系、逻辑一致性等的自主监测，明确地方金融风险点及法律参照，实现对地方金融风险，尤其是对非法金融风险的全息可视化画像。

（3）基于机器学习的可信框架下的风险模型训练机制。围绕可靠可控、透明可释、数据保护、明确责任等可信特征，使用聚类分析等无监督学习算法，对非法集资等地方金融风险进行特征的公共化、抽象化，构建参数可设置、因子可自由组合的多场景应用模型。同时，利用LSTM等监督学习算法，商业银行可在具备先验性的条件下训练出不同情景下的风险模型，分析研判地方金融风险的未来发展趋势。此外，采取政企合作等多种模式，利用高科技企业在人工智能模型训练等方面的优势，通过持续的数据积累，不断优化风险预警模型，从而提高风险预警及分析的精准度。

四　基于大数据的风险预警响应触发

结合现有学者的研究成果，以及第二章基于大数据的地方金融风险监测预警响应机制分析，参考第三章中广州、深圳等基于大数据的地方金融风险监测预警实践，从五级触发、警情自主播报等方面构建基于大数据的地方金融风险预警响应机制。

地方金融风险的五级触发标准。一是紫灯预警。紫灯预警表明地方金融风险极高，极易出现局部系统性金融风险，以风险等级高且风险发生概率中等的Ⅵ型、风险等级高且风险发生概率高的Ⅸ型地方金融风险情景为主。二是红灯预警。红灯预警表明地方金融风险高，群体性事件逐渐增多，网络舆情指数高，以风险等级中等且风险发生概率高的Ⅷ型、风险等级中等且风发生概率中等的Ⅴ型地方金融风险情景为主。三是橙灯预警。橙灯预警表明地方金融风险处于中等风险区，网络舆情指数显著上升，群体性事件开始出现，以风险等级高但风险发生概率低的Ⅲ型、风险等级低但风险发生概率较高的Ⅳ型和Ⅶ型地方金融风险情景为主。四是绿灯预警。绿灯预警表明地方金融风险低，网络舆情指数开始上升，民事诉讼案件增加，表现为风险等级中等且风险发生概率低的Ⅱ型地方金融风险情景。五是蓝灯预警。蓝灯预警表明地方金融风险处于安全区，表现为风险等级低且风险发生概率低的Ⅰ型地方金融风险情景。

地方金融风险警情自主播报机制。基于地方金融风险大数据监测预警平台，建立金融风险电子警察、风险电子监管AI等可驯化的人工智能工具，利用人工智能手段实现对警情报告的自主学习，自主撰写警情分析报告，并参考五色警情分级报告自主判断警情，通过公有链技术，实现对警情跨部门之间的实时共享，从而提高警情预警效率。

第五节 基于大数据的地方金融风险决策与处置

基于大数据的地方金融风险识别及预警，为地方金融风险的政府治理提供了精准决策依据。基于大数据的地方金融风险决策与处置是对地方金融风险监测预警的响应，基于上述分析，本节构建基于大数据的地方金融风险治理五级响应决策与处置机制。

一 一级响应决策与处置：服务创新

蓝灯表明地方金融风险处于安全区，表现为Ⅰ型地方金融风险情景，以推进地方金融服务实体经济的模式创新为主。在蓝灯阶段，以智能合约机制激发地方金融机构、非金融机构和企业向大数据监测预警平台共享终端数据，政府部门可有序释放公有链数据，解决好地方金融风险公有链数据缺失导致的信息不对称进而引发的金融资源错配问题。同时，地方金融风险大数据监控平台基于联邦学习特征①，可以在导出不同借贷企业数据的情况下构建第三方机器学习模型，并借助边缘学习②解决企业异质性问题，探索地方金融机构服务实体经济发展的有效模式，从而实现金融服务模式创新，尤其是着重解决中小微企业融资难、融资贵问题。此外，利用地方金融风险大数据监控平台，形成政策评估分析报告，重点通过移动App向企业、农信社、城市商业银行、民间金融机构等地方金融行为主体发布诚信宣传教育、信用教育、非法集资等信息提醒，逐步增强不同主体的金融风险安全意识。

二 二级响应决策与处置：智能化监测

绿灯表明地方金融风险较低，表现为Ⅱ型地方金融风险情景，以机器学习智能化监测为主。在绿灯阶段，地方金融机构、非金融机构、企业、居民等主体可以将金融风险事件通过私有链与行业链共享，将有关债券违约、信贷违约、资金跑路、非法集资、诈骗等典型数据上传至行业链，起到全行业警示作用。同时，基于公有链上的数据共享，地方金融监管部门需要及时关注此类风险的源头，在大数据监控平台上利用机器学习进行多维建模，并进行仿真模拟，形成对地方金融风险的重点监测。此外，围绕重点监测风险，由政府、科技企业、其他企业和居民形成政策评估分析报告，推进金融监管制度创新，尤其是功能监管和行为监管创新，及时补齐制度短板。

三 三级响应决策与处置：智能+专家辅助

橙灯表明地方金融风险处于中等风险区，表现为Ⅲ型、Ⅳ型和Ⅶ型地方金融风险情景，以AI智能决策+专家辅助响应为主。在橙灯阶段，基于AI智能系统，通过区块链技术在公有链—行业链上对金融风险事件下的风险主

---

① 当前针对联邦学习并没有统一的概念界定，联邦学习的特征表现为：可以通过其他方的数据来进行联合建模，同时，各方之间的数据不出本域，通过加密机制来进行参数机制交换。因此，联邦学习的隐私保护性较强。
② 边缘学习，主要是针对深度学习而言的，是利用计算资源受限的边缘设备，构建和优化联邦学习系统，让学习算法更贴近实际场景。

体进行技术锁定，生成警情分析报告，并形成基于知识图谱的警情链式解剖。同时，以地方金融监管部门为响应主体，召开地方金融风险治理联席会议，重点审查和分析AI智能报告，对辖区内的地方金融风险形成判断评估，据此对相关违法违规的企业、金融机构、居民、政府部门等主体进行约谈或者警示其整改，并出台地方金融风险治理的相关行政法规，规范辖区内的地方金融风险行为。此外，以房地产企业、城投债、城商行、农信社、企业或居民为训练样本，继续迭代训练在蓝灯阶段的地方金融风险仿真预测模型，逐步校准风险监控仿真模型精度。

四 四级响应决策与处置：跨部门协同

红灯表明地方金融风险处于高等级风险区，表现为Ⅷ型和Ⅴ型地方金融风险情景，以省级金融监管部门为响应主体。在红灯阶段，地方金融风险的社会负面效应较强，需要以省级金融监管部门为责任主体，牵头召开包含金融监管、司法、公安及大数据等部门的联席会议，重点审查地方金融监管部门的风险形势评估报告，针对涉案群众多和涉案金额巨大的非法集资、城投债违约、中小银行爆雷等地方金融风险，提出治理决策，并将相关决策上报至省级行政主管部门审议。此外，将重点防控的房地产企业、民间金融组织等的类金融风险纳入大数据监测预警平台，形成类金融风险监测模型。

五 五级响应决策与处置：顶层设计

紫灯表明地方金融风险处于极高等级风险区，表现为Ⅵ型和Ⅸ型地方金融风险情景，以国务院金融稳定发展委员会为响应主体，强化跨区域的风险协调处置。在紫灯阶段，由国务院金融稳定发展委员会审查各省级政府提交的地方金融风险重大警情评估报告，研究全国及重点风险源头的特点，并提出相应治理建议，重点从顶层设计上提出响应决策。此外，国务院金融稳定发展委员会作为国家金融稳定发展的权力机构，可专设地方金融风险常规性议题，对地方金融风险发展趋势以及风险生成的共性因素进行研究，聚焦《民法》《刑事诉讼法》等国家法典提出相应的地方金融风险法规修改意见，向全国人大负责。

第五章
地方金融风险水平的测度及收敛性分析

"十四五"规划明确提出,维护金融安全,守住不发生系统性风险底线。地方金融安全是国家金融安全的基础。近年来,地方城投债违约及地方中小银行爆雷等典型金融风险时有发生,金融风险的区域属性明显增强。同时,在部分地方政府对房地产依赖性依然较强的客观现实下,防范房地产"灰犀牛",亦是地方金融风险防控的题中之义。把握地方金融风险演化的客观规律,对于提高地方金融风险治理效能具有重要的现实意义。为此,本章将基于第四章中地方金融风险大数据监测指标体系,结合现有学者的研究基础和数据可得性,构建科学的地方金融风险测算指标体系。尤其是运用大数据文本挖掘方法获得金融监管处罚及民间信贷等变量的非结构化数据,利用熵值法测算 2013~2021 年中国 30 个省(区、市)(不含港澳台和西藏)的地方金融风险水平指数,采用 Dagum 基尼系数分解法、变异系数法及空间收敛模型等多种计量方法分析地方金融风险水平的动态演进趋势、区域差异及收敛机制。

第一节 研究设计与数据来源

一 测算指标体系构建

分析地方金融风险水平的动态分布、区域差异及随机收敛性,首先要构建地方金融风险水平的测算指标体系。地方金融是服务地方经济高质量发展的主体，在地方政府干预及部分非正式金融机构违法经营等多重因素干扰下，地方金融风险也逐渐表现出隐蔽性、交叉性、传染性及扩散性，这导致地方金融风险主体多元化、关联复杂化（毛锐等，2018）。

在土地金融惯性及现有央地财政收支机制下，地方政府对房地产行业的依赖性强，房地产行业也逐渐成为威胁金融安全的"灰犀牛"（郭树清，2020），房地产风险是地方金融风险的重要组成部分（唐云锋、毛军，2020）。同时，金融过度虚拟化导致金融与实体经济发展之间的分离，尤其是城商行等地方金融机构服务"好"企业的信贷刚性强，对小微企业的信贷抑制性强，使企业融资成本上升，对民间借贷的依赖性高。因此，债务危机以及民间借贷危机也成为地方金融风险的重要表现。也正是金融脱离实体经济，导致实体经济增长乏力，地方财政压力加大，部分地方政府通过城投债等多种方式获得更多的财政资金。因此，强化地方债务治理也成为"十四五"规划的重要内容。同时，股票市场过度泡沫化以及保险支持力度不大也会导致地方金融风险。此外，地方金融风险的发展还会受到地方经济及环境的影响。

为此，结合现有学者的研究成果，基于第四章中地方金融风险大数据监测指标体系，遵循全面性、科学性、动态性、可操作性及数据可得性等原则，本节构建了包含房地产风险、债务风险、金融机构风险、宏观经济风险4个部分39个指标的地方金融风险测算指标体系（见表5-1）。

表5-1　地方金融风险测算指标体系

一级指标	二级指标	计算方式	单位	属性
房地产风险	房地产价格	房价收入比（房价=1）	—	负向
		商品房销售价格增长率	%	正向
		房价增速/GDP增速	—	正向
		本年土地成交价格增长率	%	正向
		土地出让价格增速/GDP增速	—	正向

续表

一级指标	二级指标	计算方式	单位	属性
房地产风险	房地产销售	待开发土地面积占施工土地面积比重	%	正向
		商品房待售或空置3年以上比例	%	正向
	房地产投资	国内贷款占本年资金比重	%	正向
		非银行金融机构贷款占国内贷款比重	%	正向
		自筹资金占全部资金比重	%	负向
		房地产开发企业利润总额占GDP比重	%	负向
		住宅投资占全社会固定资产投资的比重	%	正向
债务风险	地方政府显性债务	政府债务增长率	%	正向
		当年债务余额占GDP比重	%	正向
		债务依存度	%	正向
		债务率	%	正向
		偿债率	%	正向
		赤字依存度	%	正向
	地方政府隐性债务	财政稳定性	—	正向
		城投债余额占GDP比重	%	正向
		城投债增长率	%	正向
	企业债务	规模以上工业企业亏损企业亏损额占GDP比重	%	正向
		规模以上工业企业利润总额占GDP比重	%	负向
	个人债务	个人支出/个人收入	—	正向
金融机构风险	非金融机构风险	上市公司平均净资产收益率	%	负向
		保险深度	%	负向
		数字普惠金融风险	%	适度
	正式金融机构风险	不良贷款率	%	正向
		单位GDP金融行政处罚数	件/亿元	正向
		金融制度性处置强度	—	正向
		金融罚款强度	—	正向
	非正式金融机构风险	单位GDP民间借贷纠纷立案数	件/亿元	正向
		利息纠纷占比	%	正向
		合同纠纷占比	%	正向
宏观经济风险	经济环境	非房地产和金融的第三产业增加值占比	%	负向
		城镇登记失业率	%	正向
		碳排放强度	吨/亿元	正向
	经济潜力	研究与试验发展(R&D)经费投入强度	%	负向
		人口增长率	%	负向

二 研究方法

（一）地方金融风险水平的测度方法

对于评价类指标，相对于层次分析法等测算方法，熵值法能够有效地规避指标赋权的主观性，较为客观地综合评价指标。本节运用熵值法计算地方金融风险水平，有：

$$\begin{cases} x'_i = \dfrac{x_i - \min\{x_1,\cdots,x_n\}}{\max\{x_1,\cdots,x_n\} - \min\{x_1,\cdots,x_n\}} \\ p_{ij} = (1 + x'_{ij}) / \sum_{i=1}^{n} (1 + x'_{ij}) \\ e_j = -k \sum_{i=1}^{n} p_{ij} \times \ln(p_{ij}), k = 1/\ln(n) \end{cases} \quad (5-1)$$

其中，x'_i 表示标准化后的第 i 个观测样本 x_i 值，负向标准化 x_i 只需将 x'_i 的分子变为 $(\max\{x_1,\cdots,x_n\} - x_i)$，$p_{ij}$ 表示样本指标权重矩阵，e_j 是第 j 个评价指标的信息熵，n 是样本数量。据此得到不同样本的权重 w_j，有：

$$w_j = d_j / \sum_{j=1}^{m} d_j, d_j = 1 - e_j \quad (5-2)$$

式（5-2）中，d_j 为第 j 个评价指标的效用值。地方金融风险水平 $frisk_i$ 计算公式为：

$$frisk_i = \sum_{j=1}^{m} w_j \times x'_i \quad (5-3)$$

（二）Dagum 基尼系数分解法

采用 Dagum 基尼系数分解法测度和分解地方金融风险水平的相对区域差异及差异来源。相对于其他方法，Dagum 基尼系数分解法的优势在于：将不同地区的不平衡划分为地区内部不平衡、地区间不平衡以及超变密度三个部分。其中，超变密度是指地区间重叠引起的地区非均衡性。参考 Dagum（1997）的计算方法，地方金融风险水平的基尼系数 G 为：

第五章 地方金融风险水平的测度及收敛性分析

$$G = \frac{\sum_{j=1}^{k}\sum_{h=1}^{k}\sum_{i=1}^{n_j}\sum_{r=1}^{n_h}|y_{ji} - y_{hr}|}{2n^2\zeta} \quad (5-4)$$

式（5-4）中，k 表示区域数量，参考国家发展改革委及国家统计局标准将全国划分为东部、中部、西部及东北地区①，即 $k=4$；n 表示省份数量，本章 $n=30$；n_j、n_h 分别表示区域 j 和 h 的省份数量，y_{ji}、y_{hr} 分别表示第 j 个地区省份 i、第 h 个地区省份 r 的地方金融风险水平；ζ 表示所有样本省份地方金融风险水平的均值。基尼系数 G 越大，表示地区间金融风险水平差异越大。

先对不同地区地方金融风险水平均值进行区域间排序，再将地方金融风险水平总体基尼系数分为区域内差异的贡献 G_w、区域间净值差异的贡献 G_b 和超变密度的贡献 G_t 三个部分，且 $G=G_w+G_b+G_t$。假设区域 j 样本省份数量占全部样本省份数量 n 的比重为 p_j，则 $p_j=n_j/n$；区域 j 地方金融风险水平总和占全部样本省份地方金融风险水平总和的比重为 s_j，则 $s_j=n_j\zeta_j/n\zeta$。那么，区域 j 的基尼系数 G_{jj}、区域内差异的贡献 G_w 以及区域 h 的基尼系数 G_{jh} 可以表示为：

$$G_{jj} = \frac{\sum_{i=1}^{n_j}\sum_{r=1}^{n_j}|y_{ji} - y_{hr}|}{2n_j^2\zeta_j} \quad (5-5)$$

$$G_w = \sum_{j=1}^{k} G_{jj}\zeta_j s_j \quad (5-6)$$

$$G_{jh} = \frac{\sum_{i=1}^{n_j}\sum_{r=1}^{n_h}|y_{ji} - y_{hr}|}{n_j n_h(\zeta_j + \zeta_h)} \quad (5-7)$$

进一步地，设定 d_{jh} 为区域 j 和区域 h 间地方金融风险水平的差值，是区域中所有 $y_{ji}-y_{hr}>0$ 的数学期望；p_{jh} 为超变一阶矩，是区域中所有 $y_{hr}-y_{ji}>0$

---

① 依据国家发展改革委及国家统计局标准，东部地区包括北京、天津、河北、上海、江苏、浙江、福建、山东、广东及海南10个省（市）；中部地区包括山西、安徽、江西、河南、湖北及湖南6个省份；西部地区包括内蒙古、广西、云南、重庆、四川、贵州、陕西、甘肃、青海、宁夏及新疆11个省（区、市）；东北地区包括辽宁、吉林及黑龙江3个省份。

的数学期望；D_{jh} 表示区域 j 和区域 h 间地方金融风险水平的相对影响。函数 F 是区域 $j(h)$ 地方金融风险的累积密度函数，则有：

$$d_{jh} = \int_0^\infty dF_j(y) \int_0^y (y-x) dF_h(x) \quad (5-8)$$

$$p_{jh} = \int_0^\infty dF_h(y) \int_0^y (y-x) dF_j(x) \quad (5-9)$$

$$D_{jh} = \frac{d_{jh} - p_{jh}}{d_{jh} + p_{jh}} \quad (5-10)$$

那么，区域间净值差异的贡献 G_b 和超变密度的贡献 G_t 为：

$$G_b = \sum_{j=2}^{k} \sum_{h=1}^{j-1} G_{jh} D_{jh} (p_j s_h + p_h s_j) \quad (5-11)$$

$$G_t = \sum_{j=2}^{k} \sum_{h=1}^{j-1} G_{jh} (1 - D_{jh}) (p_j s_h + p_h s_j) \quad (5-12)$$

（三）σ 收敛机制

σ 收敛是指地方金融风险水平的离散程度随着时间不断下降的过程。常见衡量指标包括变异系数及泰尔指数等，参考现有学者的研究成果（陈景华等，2020），本节选择变异系数法进行分析，公式为：

$$\sigma_j = \frac{\sqrt{\left[\sum_{i}^{n_j} (frisk_{jt} - \overline{frisk_{jt}})^2\right]/n_j}}{\overline{frisk_{jt}}} \quad (5-13)$$

（四）β 收敛机制

β 收敛是从增长率角度考察不同区域地方金融风险水平的发展态势，具体表现为地方金融高风险地区风险以更快的降低速度逐渐达到低风险地区风险水平，实现金融风险下降的收敛状态。β 收敛可以分为绝对 β 收敛和条件 β 收敛两种。绝对 β 收敛是指仅考虑地方金融风险本身的收敛态势，而条件 β 收敛是指控制了一系列影响因素后的收敛态势。基于面板数据的绝对 β 收敛模型为：

$$\ln\left(\frac{frisk_{i,t+1}}{frisk_{it}}\right) = \alpha + \beta \ln frisk_{it} + \mu_i + v_t + \varepsilon_{it} \quad (5-14)$$

式（5-14）中，μ_i 是地区效应，υ_t 是时间效应，ε_{it} 是随机误差项。

条件 β 收敛模型则是在绝对 β 收敛模型基础上增加控制变量。当 $\beta<0$ 且显著时，中国地方金融风险水平存在收敛，反之则发散。收敛速度 $b=-\ln(1+\beta)/T$，T 表示时间跨度，本章 $T=9$。同时，区域间的经济往来越来越密切，空间依赖性日益突出，越来越多学者从空间角度分析 β 收敛问题，采用空间杜宾模型来进行 β 收敛系数估计，绝对 β 收敛与条件 β 收敛模型分别为：

$$\ln\left(\frac{frisk_{i,t+1}}{frisk_{it}}\right) = \alpha + \beta\ln frisk_{it} + \rho W_{ij}\ln\left(\frac{frisk_{i,t+1}}{frisk_{it}}\right) + \mu_i + \upsilon_t + \varepsilon_{it} \quad (5-15)$$

$$\ln\left(\frac{frisk_{i,t+1}}{frisk_{it}}\right) = \alpha + \beta\ln frisk_{it} + \rho W_{ij}\ln\left(\frac{frisk_{i,t+1}}{frisk_{it}}\right) + \delta H + \mu_i + \upsilon_t + \varepsilon_{it} \quad (5-16)$$

$$\varepsilon_{it} = \lambda W_{ij}\varepsilon_{it} + \eta_{it} \quad (5-17)$$

式（5-15）至式（5-17）中，ρ 表示空间滞后项系数；W_{ij} 表示空间权重矩阵第 i 行第 j 列元素，定义为样本省份 i、j 间的经济距离，有 $W_{ij}=\frac{1}{|GDP_i - GDP_j|^2}$；$H$ 表示一系列控制变量；η 表示扰动项。

三 变量说明及数据来源

（一）变量说明

第四章表 4-6 已经对监测指标进行了分析，同时表 5-1 对测算指标进行了详细说明，在此不再赘述，仅对条件 β 收敛的控制变量进行说明。本章从经济状况、财政压力、对外开放水平、固定资产投资水平及通货膨胀率五个方面来分析不同要素对地方金融风险水平的影响。其中，经济状况由人均 GDP（$rgdp$）表示，财政压力（$rfir$）由财政收支缺口占 GDP 比重表示，对外开放水平（$inmp$）由进出口额占 GDP 比重表示，固定资产投资水平（$fdgp$）由全社会固定资产投资占 GDP 比重表示，通货膨胀率（$inflat$）由居民消费价格指数表示。

（二）数据来源

以上数据未经特殊说明均来自《中国统计年鉴》、《中国金融统计年鉴》、

Wind 数据库、EPS 数据库以及中国裁判文书网。表 5-1 中，正式金融机构风险指标下的金融罚款强度、金融制度性处置强度指标数据，是运用 Python 软件爬取中国银保监会网站中每天的处罚数据而得，共获得 2008 年 5 月 8 日至 2022 年 11 月 21 日包含 30 个省（区、市）的 25087 条金融处罚数据；同时，通过分词技术，划分金融制度性处置、金融罚款等关键词对数据进行整合平衡，其中，金融处置分词包括警告、罚款、改正、禁止终身、取消、任职资格、责令、通报、撤换、整改等。非正式金融机构风险指标数据，来源于中国裁判文书网，并依据中国裁判文书网对关键词的命名来提取非正式金融机构组织风险类别。考虑到在整合平衡时部分数据从 2013 年开始，遵从数据可得性原则，故样本考察时间设定为 2013~2021 年，构建全国 30 个省（区、市）的面板数据，部分缺失值采取 5 年移动平均方法计算而得。为减小方差影响，本节对变量 $frisk$、$rgdp$、$fgdp$、$rfir$、$inmp$、$inflat$ 均进行对数化处理，相关变量的描述性统计如表 5-2 所示。

表 5-2 相关变量描述性统计分析

变量名称	变量符号	均值	标准差	最小值	最大值
地方金融风险水平	$\ln frisk$	3.739	0.102	3.389	4.034
人均 GDP	$\ln rgdp$	10.933	0.411	10.050	12.013
固定资产投资水平	$\ln fgdp$	4.380	0.508	1.884	5.259
财政压力	$\ln rfir$	2.385	0.777	0.360	3.996
对外开放水平	$\ln inmp$	1.136	2.006	-4.605	4.386
通货膨胀率	$\ln inflat$	-0.002	0.008	-0.034	0.017

注：本章样本数量为 270 个。

第二节 中国地方金融风险水平的动态演进分析

一 地方金融风险水平的总体趋势分析

图 5-1 显示了 2013~2021 年全国及不同地区地方金融风险水平。依据

测算结果，地方金融风险水平均值由2013年的0.402上升至2021年的0.434，年均增长0.962%，地方金融风险水平缓慢上升。其中，地方金融风险水平均值由2013年的0.402上升至2018年的0.429，年均增长1.309%；地方金融风险水平均值由2019年的0.408上升至2021年的0.434，年均增长3.137%，地方金融风险水平整体呈现"下降—上升"的"V"形波动趋势。在金融监管漏洞及互联网技术驱动下，以P2P网络借贷、非法集资等为代表的非法金融风险爆发，成为地方金融风险的重要表现形式。同时，2015年以来中国人民银行、银保监会等国家部委先后就互联网金融发布了《关于促进互联网金融健康发展的指导意见》等一系列监管制度，将互联网金融纳入国家金融监管范畴，互联网金融增量风险得到了一定抑制，2018年后地方金融风险水平出现明显减速。但是，欧债危机以来，美国、欧盟等发达经济体尚未恢复至次贷危机、欧债危机之前的发展水平；国内房地产市场持续火热，导致房地产"灰犀牛"等潜在金融风险明显提升。同时，2019年新冠疫情对全球宏观经济造成的巨大冲击，也对中国经济发展造成了明显的影响，经济转型压力下地方债务风险也逐渐显露。这些内外部因素均从资产风险、债务风险及银行风险等多个方面助推地方金融风险形成。

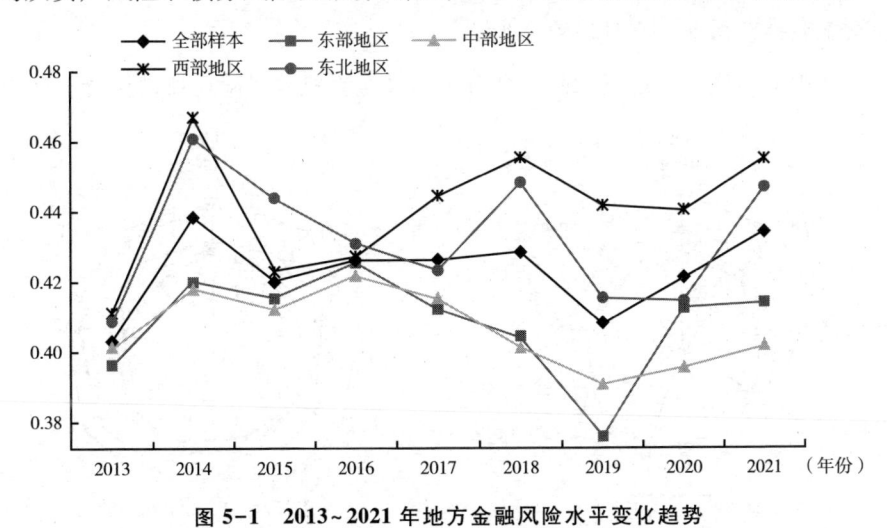

图5-1 2013~2021年地方金融风险水平变化趋势

资料来源：笔者自行绘制而得。

从地方金融风险水平的区域波动趋势来看，东北及西部地区地方金融风险水平均值分别由 2013 年的 0.408、0.411 上升至 2021 年的 0.447、0.455，年均增长率分别为 1.148%、1.279%，整体呈现波动上升趋势；东部地区地方金融风险水平均值由 2013 年的 0.396 上升至 2021 年的 0.414，年均增长 0.557%，整体呈缓慢波动上升趋势；中部地区地方金融风险水平 2013 年与 2021 年持平。可见，在四大区域中，西部地区地方金融风险水平最高，其次依次是东北、东部及中部地区，西部地区增速最快。

二 不同地区地方金融风险的变化趋势分析

进一步地，本部分观察不同地区地方金融风险水平子项来分析地方金融风险变化的主因，图 5-2 显示了不同地区地方金融风险子项特征。

在东部地区，房地产风险、债务风险及宏观经济风险子项均保持上升趋势，风险均值分别由 2013 年的 0.463、0.367、0.355 上升至 2021 年的 0.488、0.395、0.364，年均增长率分别为 0.660%、0.923%、0.313%，房地产风险是东部地区地方金融风险的主要形式，尤其是 2016 年后北京、上海及深圳等东部经济发达地区房价急剧上涨，房地产逐步脱离居住属性而增强金融属性，房地产金融风险增加。

在中部地区，房地产风险、债务风险及金融机构风险子项均保持上升趋

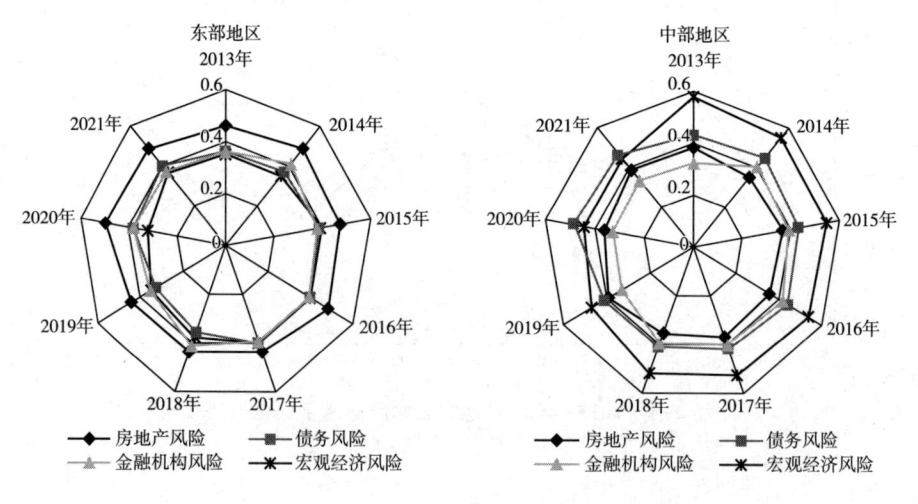

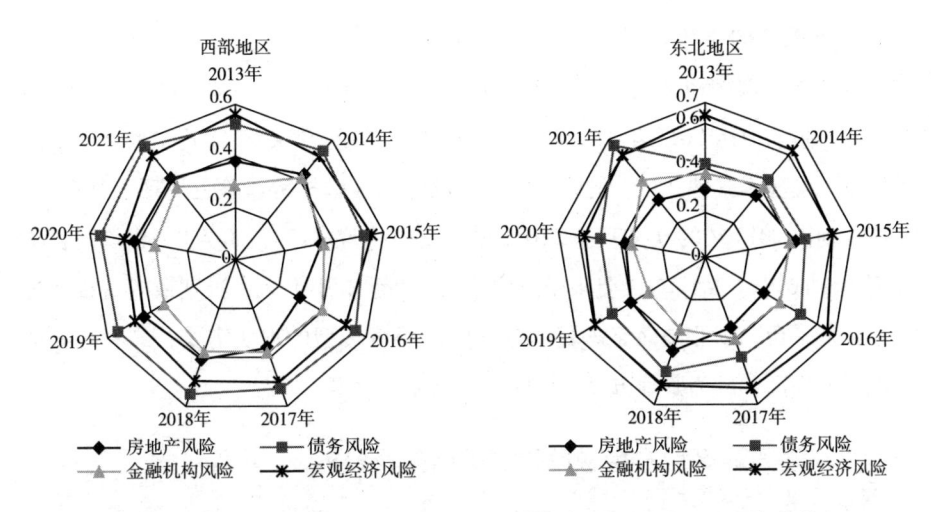

图 5-2　2013~2021 年东中西及东北地区地方金融风险水平子项变化特征

资料来源：笔者自行绘制而得。

势，风险均值分别由 2013 年的 0.381、0.431、0.324 上升至 2021 年的 0.392、0.463、0.337，年均增长率分别为 0.356%、0.899%、0.493%，宏观经济风险均值由 2013 年的 0.580 降至 2021 年的 0.444，年均下降 3.285%。在 2019 年后，中部地区债务风险明显高于其他子项，是中部地区地方金融风险的主要形式。在新冠疫情冲击下，中部地区部分省份在土地金融惯性以及经济转型压力加大的现实下，对房地产财政的依赖性强，也在一定程度上抬高了地区债务风险。

与中部地区相似，西部地区的债务风险较为明显。西部地区债务风险均值由 2013 年的 0.518 上升至 2021 年的 0.571，年均增长 1.225%。同时，西部地区金融机构风险、房地产风险也呈现持续上升态势，均值分别由 2013 年的 0.285、0.377 上升至 2021 年的 0.368、0.412，年均增长率分别为 3.247%、1.116%。可见，西部地区金融发展水平不高，外部融资环境相对较为严峻，不同省（区、市）之间经济发展水平差异较大，导致部分企业融资困难、政府财政收支紧张，尤其是青海、宁夏等地区财政收支较为紧张，陆续发生债务违约以及破产重组等金融风险事件，债务风险是西部地区地方金融风险的主要形式。

与中部和西部地区相似，东北地区的债务风险上升趋势较为明显。东北地区债务风险均值由2013年的0.422上升至2021年的0.662，年均增长5.790%，且债务风险高于其他地区。同时，房地产风险和金融机构风险也呈现上升态势，均值分别由2013年的0.307、0.380上升至2021年的0.345、0.460，年均增长率分别为1.469%、2.417%。受限于东北地区外部融资压力大、过度依赖城投债等地方融资平台，东北地区金融资源难以匹配经济转型的现实需要，二者之间的错配程度提高，成为其地方金融风险的主要驱动因素。

三 不同地区地方金融风险的类别差异分析

本部分参考魏敏和李书昊（2018）的计算方法，以2021年地方金融风险水平为例，依据地方金融风险水平标准差SD（0.052）和均值E（0.434）关系，将地方金融风险水平大于0.486（$E+SD$）的样本划分为风险突出型，介于0.434和0.486之间的样本划分为风险增强型，介于0.382（$E-SD$）和0.434之间的样本划分为风险较强型，低于0.382的样本划分为风险较弱型，各类别地方金融风险水平的区域分布如表5-3所示。

表5-3 2021年各类别地方金融风险水平的区域分布

类别	东部地区	中部地区	西部地区	东北地区
风险突出型	—	—	宁夏、青海	辽宁
风险增强型	北京、海南、天津	—	内蒙古、甘肃、云南、广西、贵州	黑龙江
风险较强型	山东、河北、广东、福建	湖北、安徽、湖南、河南、山西	重庆、陕西、四川、新疆	吉林
风险较弱型	江苏、上海、浙江	江西	—	—

资料来源：笔者自行绘制而得。

表5-3中，东部有3个地区属于风险增强型、4个地区属于风险较强型、3个地区属于风险较弱型，风险增强型及风险较强型地区数量占东部地区样本省份的70%，地方金融风险水平相对偏高。中部有5个地区属于风险较强型、

1个地区属于风险较弱型，中部地区地方金融风险水平偏低。西部有2个地区属于风险突出型、5个地区属于风险增强型、4个地区属于风险较强型，高风险地区偏多。东北有1个地区属于风险突出型、1个地区属于风险增强型、1个地区属于风险较强型。由此可见，当前不同地区地方金融风险类型差异较大，地方金融风险存在显著的省际非平衡性。

第三节　地方金融风险水平的区域差异分析

一　地方金融风险水平的基尼系数

图5-3显示了全国、东中西及东北地区地方金融风险水平基尼系数的变化趋势。从全国趋势来看，全国地方金融风险水平基尼系数由2013年的0.040增加至2021年的0.065，年均增长6.26%，2019年达到最高值0.071，呈现波动上升的变化趋势。得益于国家强化金融风险治理的政策力度，严控地方债务风险及互联网金融风险的增量风险，地方金融风险持续走高的趋势被遏制，地方金融风险水平全国范围的差异逐步缩小。但是，受到新冠疫情等重大突发公共卫生事件的冲击，2019年后不同地区之间的地方金融风险差异有扩大趋势。

分区域来看，东部、中部和西部地区地方金融风险水平基尼系数呈现波动上升趋势，东北地区基尼系数呈现波动下降趋势。具体而言，2013~2019年东部地区金融风险水平基尼系数波动上升，2020年显著降至0.047，降幅达到25.63%，但2021年地方金融风险水平基尼系数增加至0.064，表明东部地区地方金融风险区域内部不平衡性较大。作为国内互联网金融风险的"重灾区"，2016年以来，东部地区大多数省（市）实行更为严格的互联网金融风险治理举措，明确不合规P2P网络借贷机构清零计划和实施步骤，这极大地降低了区域地方金融风险水平，区域地方金融风险水平基尼系数呈现明显收窄趋势。正如上文指出的，重大突发公共卫生事件冲击下，东部地区经济发展稳中趋缓，导致地方金融风险水平明显上升，区域内部地方金融风险差异有扩大趋势。中部地区地方金融风险水平基尼系数整体呈现波动上升态势，基

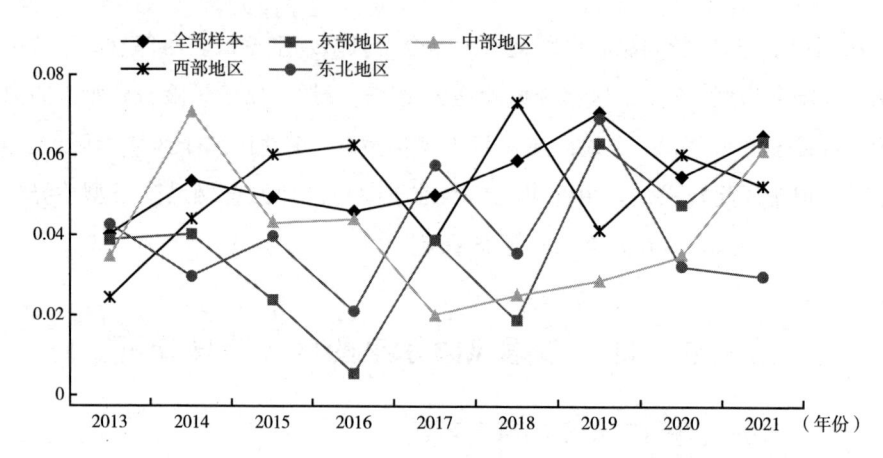

图 5-3　2013~2021 年全国、东中西及东北地区地方金融风险水平基尼系数变化趋势

资料来源：笔者自行绘制而得。

尼系数由 2013 年的 0.034 增加至 2021 年的 0.061，年均增长 7.58%，地区内部金融风险的不平衡性有所增强，主要是因为债务风险及房地产风险的增加，加剧了区域内部的不平衡性。同样，西部地区地方金融风险水平的基尼系数整体呈现波动上升趋势，2016 年及 2018 年达到阶段性高点，2020 年后地区间金融风险差异有缩小趋势。东北地区地方金融风险水平基尼系数在 2019 年达到最高值 0.070，随后开始稳步下降，地区间金融风险差异有缩小趋势。

从地方金融风险水平基尼系数的数值大小来看，2021 年东部地区基尼系数最高，其次是中部地区，表明东部及中部地区地方金融风险的内部差异大于其他地区。从地方金融风险水平基尼系数的波动趋势来看，2013~2021 年东部、中部和西部地区地方金融风险差异呈发散趋势，东北地区地方金融风险差异呈收敛趋势。

二　地方金融风险水平的区域间差异

图 5-4 显示了 2013~2021 年区域间地方金融风险水平基尼系数变化趋势。总体上看，区域间基尼系数变化较大，地方金融风险差异明显，不同地区地方金融风险水平的区域间差异可以划分为三个阶段。第一阶段（2013~2018 年）。在此阶段，P2P 网络借贷等金融风险逐步增加，有形成地方局部潜在系统性金融风险的可能。同时，不同地区金融风险的治理强度及地方财

政压力存在差异，部分地区地方金融风险治理效果较好，部分地区地方金融风险水平仍然处于高位，比如东部地区严重的 P2P 网络借贷风险、中西部地区高额的地方债务等，区域间地方金融风险水平基尼系数普遍上升，区域间风险差异逐步扩大。

第二阶段（2018~2020 年）。国家对 P2P 网络借贷、地方政府隐性债务等地方金融风险进行严格管控，尤其是出台针对互联网金融风险的"清零"政策，有效遏制了互联网金融风险的增量上升势头，地方金融风险普遍下降，区域间地方金融风险水平基尼系数普遍下降，区域间风险差异逐步缩小。从区域间风险差异的大小来看，东部、中部地区与其他地区的差异较大，下降较为明显，2018~2020 年东部—西部、东部—东北、中部—西部、中部—东北地区间差异的下降幅度分别为 22.88%、18.18%、26.02%、22.89%，地区间差异明显缩小。东部—中部地区间差异的上升幅度为 70.63%，东部—中部地区间地方金融风险差异逐步扩大。

第三阶段（2020~2021 年）。受到新冠疫情等重大突发公共卫生事件的冲击，以及全球大宗商品价格普遍上升引发的通货膨胀影响，房地产下行风险和地方政府隐性债务风险叠加，地方金融风险水平普遍上升，区域间地方金融风险水平基尼系数普遍上升，区域间金融风险差异逐步扩大。

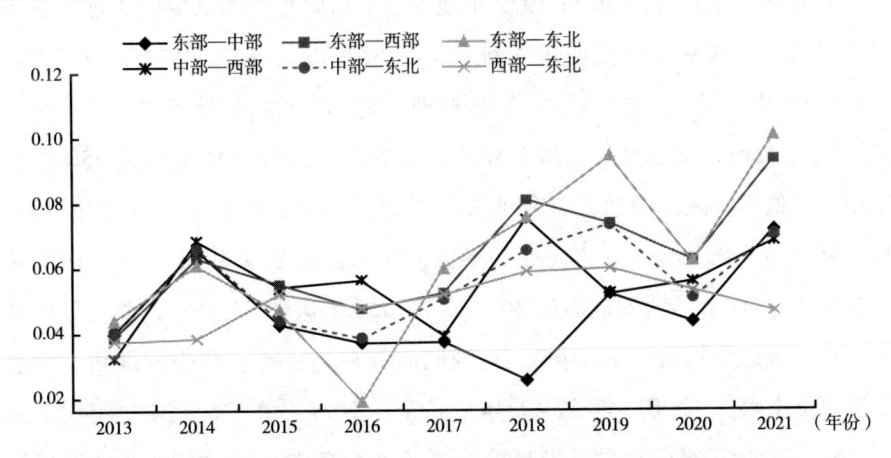

图 5-4　2013~2021 年区域间地方金融风险水平基尼系数变化趋势

资料来源：笔者自行绘制而得。

三 地方金融风险水平的基尼系数分解

表5-4显示了2013~2021年地方金融风险水平的基尼系数分解结果,不同差异来源的贡献率反映了地方金融风险水平差异产生的机制变化。

表5-4 2013~2021年地方金融风险水平的基尼系数分解

年份	区域内		区域间		超变密度	
	G_w	贡献率(%)	G_b	贡献率(%)	G_t	贡献率(%)
2013	0.0117	29.03	0.0086	21.49	0.0199	49.48
2014	0.0123	22.93	0.0260	48.40	0.0154	28.67
2015	0.0142	28.79	0.0099	19.95	0.0253	51.25
2016	0.0138	29.90	0.0036	7.90	0.0287	62.20
2017	0.0134	26.76	0.0178	35.47	0.0189	37.77
2018	0.0128	21.82	0.0333	56.72	0.0126	21.47
2019	0.0183	25.83	0.0387	54.73	0.0138	19.44
2020	0.0148	26.96	0.0225	40.86	0.0177	32.18
2021	0.0160	24.61	0.0355	54.58	0.0136	20.81

资料来源:笔者自行绘制而得。

从差异来源来看,2013~2021年地方金融风险水平的区域间贡献率总体高于区域内贡献率及超变密度贡献率。区域间贡献率为7.90%~56.72%,是地方金融风险总体差异的关键来源;超变密度贡献率为19.44%~62.20%,是地方金融风险总体差异的第二来源;区域内贡献率在25%左右浮动,是地方金融风险总体差异的第三来源。从差异来源的演变特征来看,2013年地方金融风险水平基尼系数的区域间差异贡献率为21.49%,随后波动上升,在2018年达到最高值56.72%,2021年达到54.58%,总体保持波动上升态势,年均增长12.36%,区域间差异持续扩大。超变密度贡献率总体呈下降态势,由2013年的49.48%下降至2021年的20.81%,年均下降10.26%,表明区域间地方金融风险交叉重叠现象有所减少,地方金融风险水平较高区域内的部分省份金融风险水平可能高于地方金融风险水平较低区域内的部分省份。同时，超变密度贡献率在2013年、2015~2017年超过区域间贡献率，地方金融风险区域间重叠对地方金融风险水平差异的贡献高于区域间差异。此外，区域内差异贡献率在25%左右波动，表明区域内部地方金融风险水平差异较小且相对稳定。

第四节 地方金融风险水平的收敛性分析

一 σ 收敛检验

表5-5显示了2013~2021年地方金融风险水平变异系数的估计结果。从全国层面来看，地方金融风险水平的变异系数波动上升，由2013年的0.0446增加至2021年的0.0577，其中，2018年和2019年地方金融风险水平的变异系数较高，表明全国地方金融风险水平呈现 σ 波动收敛态势，地方金融风险水平差异呈现波动缩小趋势，这与上文分析一致。

表5-5 2013~2021年地方金融风险水平变异系数的估计结果

年份	全国	东部地区	中部地区	西部地区	东北地区
2013	0.0446	0.0768	0.0648	0.0687	0.0628
2014	0.0492	0.0777	0.0533	0.0776	0.1102
2015	0.0622	0.1084	0.0723	0.0832	0.0608
2016	0.0649	0.1125	0.0378	0.0806	0.0256
2017	0.0609	0.1037	0.0749	0.0733	0.0254
2018	0.0784	0.1304	0.0642	0.0536	0.0780
2019	0.0794	0.1221	0.0732	0.1280	0.0373
2020	0.0624	0.1084	0.0608	0.0891	0.0501
2021	0.0577	0.0927	0.0553	0.1258	0.0954

资料来源：笔者自行绘制而得。

从变异系数的区域差异来看，2021年，东部、中部、西部、东北地区地方金融风险水平变异系数分别为0.0927、0.0553、0.1258、0.0954，西部地区变异系数明显高于其他地区，表明西部地区地方金融风险水平的 σ 收敛性低于其他地区。从变异系数的区域变化来看，东部、西部、东北地区的变异系数分别由 2013 年的 0.0768、0.0687、0.0628 上升至 2021 年的 0.0927、0.1258、0.0954，年均增长率分别为 2.38%、7.86%、5.37%，呈现 σ 发散趋势。同时，东部、中部、西部及东北地区变异系数分别在 2018 年、2017 年、2019 年、2014 年达到阶段性高点，均呈现"上升—下降"的变化趋势，呈现阶段性 σ 收敛特征。中部地区变异系数波动下降，2017 年达到阶段性高点，随后下降，整体呈现明显的 σ 收敛特征。

由此可见，近年来东部、中部、西部及东北地区地方金融风险水平变异系数均波动下降，表明东部、中部、西部及东北地区的地方金融风险均呈现明显的 σ 波动收敛趋向。

二 β 收敛检验

（一）空间相关性检验

表 5-6 显示了 2013~2021 年地方金融风险水平的 Moran's I 指数。该表中，2013~2021 年地方金融风险水平的 Moran's I 指标绝大部分为正值，大多介于 0.011 和 0.335 之间，且在 2018~2021 年统计显著，表明地方金融风险水平存在空间正向相关性，空间集聚效应显著。同时，Moran's I 指数波动变大，地方金融风险的空间集聚效应逐渐增强。

表 5-6 2013~2021 年地方金融风险水平的 Moran's I 指数

指标	2013 年	2014 年	2015 年	2016 年	2017 年	2018 年	2019 年	2020 年	2021 年
Moran's I	0.077*	0.011	0.076	-0.031	0.074	0.257***	0.335***	0.158**	0.189**
z	1.081	0.434	1.068	0.038	1.043	2.824	3.625	1.854	2.193

注：***、**、* 分别表示在 1%、5%、10%的置信水平上显著。

（二）绝对 β 收敛检验

经过 Hausman 检验，本部分采用固定效应的面板模型（OLS）及随机效应的空间杜宾模型（SDM）进行绝对 β 收敛系数估计，结果如表 5-7 所示。

第五章 地方金融风险水平的测度及收敛性分析

表 5-7 地方金融风险水平绝对 β 收敛系数估计结果

变量	全国		东部地区		中部地区		西部地区		东北地区	
	OLS	SDM	OLS	SDM	OLS	SDM	OLS	SDM	OLS	SDM
$\ln frisk$	-0.875*** (-13.13)	-0.668*** (-8.37)	-0.798*** (-7.49)	-0.792*** (-8.31)	-0.845*** (-5.39)	-0.643*** (-3.68)	-0.978*** (-7.74)	-0.915*** (-8.11)	-0.498** (-2.17)	-0.621*** (-3.32)
L.$\ln frisk$										0.0841 (0.49)
常数项	-0.752*** (-12.93)	-0.511*** (-3.52)	-0.716*** (-7.40)		-0.762*** (-5.37)		-0.744*** (-6.51)		-0.394* (-2.03)	
$W \times \ln frisk$		0.0728 (0.50)		-0.418* (-1.69)		0.0868 (0.16)		0.094 (0.30)		-0.316 (-1.02)
ρ		0.239** (2.53)		-0.397*** (-2.81)		-0.932*** (-4.18)		0.526*** (3.13)		0.376** (2.17)
个体效应	是	否	是	是	是	是	是	是	是	是
时间效应	是	否	是	是	是	是	是	是	是	是
R^2	0.452	0.174	0.448	0.166	0.414	0.318	0.678	0.296	0.191	0.508
样本量	240	240	80	80	48	48	88	88	24	21

注：***、**、* 分别表示在 1%、5%、10% 的置信水平上显著，括号内为 t 值；L. 表示滞后一期。

表 5-7 中，全国、西部及东北地区的空间滞后项系数 ρ 在 5%（或 1%）的置信水平上显著为正，表明全国、西部及东北地区的地方金融风险水平均具有空间正向相关性，经济距离相近省份地方金融风险产生显著的空间正向溢出效应。东部及中部地区的空间滞后项系数 ρ 均在 1% 的置信水平上显著为负，表明东部及中部地区的地方金融风险水平均具有空间负向相关性，经济距离相近省份地方金融风险产生显著的空间负向溢出效应，不同地区地方金融风险的空间溢出效应差异明显。从模型估计系数来看，全国、东中西及东北地区地方金融风险水平的绝对 β 收敛系数在 1%（或 5%）的置信水平上显著为负，表明全国、东中西及东北地区地方金融风险水平存在绝对 β 收敛趋势，地方金融风险水平的增速存在趋同性，基于空间杜宾模型估计系数的绝对 β 收敛速度分别为 12.25%、17.45%、11.44%、27.39%、10.78%。

（三）条件 β 收敛检验

进一步地，本部分控制经济状况、财政压力、对外开放水平、固定资产投资水平及通货膨胀率等因素的影响，表 5-8 显示了条件 β 收敛系数估计结果。

全国、东中西部地区空间杜宾模型的空间滞后项系数在 1%（或 10%）的置信水平上显著为负，表明全国、东中西部地区地方金融风险产生显著的空间负向溢出效应。从模型估计系数来看，全国及四大区域地方金融风险水平的条件 β 收敛系数均在 1% 的置信水平上显著为负，表明全国、东中西及东北地区地方金融风险水平存在条件 β 收敛趋势，进一步证实地方金融风险水平的增速存在趋同性，基于空间杜宾模型估计系数的收敛速度分别为 22.50%、22.09%、11.51%、-8.72%、-8.71%。可见，在控制一系列因素后，部分地区地方金融风险水平条件 β 收敛速度明显上升，部分地区地方金融风险水平条件 β 收敛速度明显下降，经济状况、财政压力、对外开放水平、固定资产投资水平及通货膨胀率等因素在一定程度上提高了全国、东部、中部地区地方金融风险水平的收敛速度，降低了西部和东北地区地方金融风险水平的收敛速度。

第五章 地方金融风险水平的测度及收敛性分析

表 5-8 地方金融风险水平条件 β 收敛系数估计结果

变量	全国 OLS	全国 SDM	东部地区 OLS	东部地区 SDM	中部地区 OLS	中部地区 SDM	西部地区 OLS	西部地区 SDM	东北地区 OLS	东北地区 SDM
ln frisk	-0.908*** (-13.63)	-0.868*** (-13.72)	-0.892*** (-7.82)	-0.863*** (-8.33)	-0.970*** (-5.67)	-0.645*** (-3.09)	-1.112*** (-9.74)	-1.191*** (-9.48)	-1.306*** (-4.93)	-1.190*** (-6.74)
ln rgdp	-0.088*** (-2.72)	-0.176*** (-3.07)	-0.227* (-1.98)	-0.0935 (-0.62)	-0.105* (-1.70)	-0.986*** (-3.51)	-0.0543 (-1.01)	-0.377** (-2.54)	0.0363 (0.19)	-0.0698 (-0.48)
ln fgdp	-0.0500** (-2.27)	-0.0446** (-2.27)	-0.0360 (-0.29)	-0.0489 (-0.35)	-0.00419 (-0.12)	-0.0159 (-0.63)	-0.0543 (-0.93)	-0.001 (-0.01)	-0.196*** (-4.14)	-0.180*** (-4.86)
ln fir	0.0174 (0.66)	-0.0461 (-1.27)	0.00318 (0.07)	0.0568 (1.12)	-0.0522 (-0.54)	-0.585*** (-2.99)	0.150* (1.82)	-0.0460 (-0.27)	-0.0110 (-0.17)	-0.0819 (-0.48)
ln inmp	-0.0111 (-0.75)	-0.00749 (-0.57)	-0.0890 (-1.16)	-0.116 (-1.31)	-0.122* (-1.91)	-0.231*** (-3.45)	-0.0001 (-0.01)	0.0003 (0.02)	0.121 (1.43)	0.0966* (1.91)
ln inflat	0.430 (0.58)	1.541* (1.69)	-0.0734 (-0.06)	1.301 (0.88)	-0.916 (-0.63)	-1.736 (-0.72)	1.309 (1.13)	0.464 (0.39)	-5.471** (-2.05)	-0.563 (-0.25)
常数项	0.371 (1.08)		2.155 (1.23)		0.556 (0.89)		-0.528 (-0.98)		-0.780 (-0.38)	
W×ln frisk		-0.223 (-1.26)		-0.570** (-2.09)		-0.178 (-0.30)		-0.504 (-1.19)		-0.666* (-1.98)
W×ln rgdp		-0.00965 (-0.08)		0.00810 (0.02)		-2.954*** (-3.61)		-0.634 (-1.57)		-0.0146 (-0.04)

163

续表

变量	全国 OLS	全国 SDM	东部地区 OLS	东部地区 SDM	中部地区 OLS	中部地区 SDM	西部地区 OLS	西部地区 SDM	东北地区 OLS	东北地区 SDM
$W \times \ln fgdp$		-0.0302		-0.0659		0.0400		0.206		-0.203
		(-0.56)		(-0.26)		(0.60)		(0.74)		(-0.91)
$W \times \ln fir$		0.000961		0.140		-1.613***		0.00107		0.129
		(0.01)		(1.37)		(-2.73)		(0.00)		(0.83)
$W \times \ln inmp$		-0.0353		-0.255		-0.456**		-0.0160		0.0469
		(-0.89)		(-1.31)		(-2.10)		(-0.43)		(0.79)
$W \times \ln inflat$		3.216		-4.090		1.252		1.524		-11.53***
		(1.51)		(-1.57)		(0.19)		(0.48)		(-3.77)
ρ		-0.192*		-0.464***		-1.076***		-0.310*		-0.321
		(-1.78)		(-3.34)		(-5.15)		(-1.70)		(-1.63)
R^2	0.490	0.211	0.495	0.062	0.545	0.027	0.622	0.151	0.678	0.232
样本量	240	240	80	80	48	48	88	88	24	24

注：***、**、*分别表示在1%、5%、10%的置信水平上显著，括号内为t值。

三　稳健性检验

（一）基于泰尔指数的地方金融风险区域差异分析

为了检验 Dagum 基尼系数分解法的稳健性，本部分采用泰尔指数法测算地方金融风险的基尼系数，表 5-9 显示了基于泰尔指数的地方金融风险水平基尼系数测算及其分解。

表 5-9　基于泰尔指数的地方金融风险水平基尼系数测算及其分解

年份	全国	东部地区	中部地区	西部地区	东北地区	组间差距	组内差距
2013	0.040	0.043	0.034	0.039	0.024	0.002	0.0001
2014	0.054	0.044	0.030	0.041	0.071	0.003	0.0013
2015	0.049	0.060	0.039	0.043	0.024	0.004	0.0002
2016	0.046	0.063	0.021	0.044	0.006	0.003	0.0000
2017	0.050	0.058	0.039	0.039	0.020	0.003	0.0006
2018	0.059	0.073	0.036	0.025	0.019	0.004	0.0021
2019	0.071	0.070	0.041	0.063	0.029	0.006	0.0026
2020	0.055	0.061	0.033	0.047	0.035	0.004	0.0008
2021	0.065	0.052	0.030	0.061	0.064	0.004	0.0021

表 5-9 中，中部地区的地方金融风险水平基尼系数由 2013 年的 0.034 降至 2021 年的 0.030，表现出总体下降趋势，其余地区的地方金融风险水平基尼系数表现出明显的波动上升趋势，表明全国及东部、西部、东北地区的地方金融风险水平存在波动收敛趋向。进一步地，全国不同地区的组间差距及组内差距呈现阶段性的波动下降趋势，表明区域间以及区域内部地方金融风险差异存在波动缩小趋向。由此可见，此结论与上文基本一致，基于 Dagum 基尼系数分解法的测算结果具有稳健性。

（二）基于不同空间矩阵及不同空间模型的收敛性分析

为了检验基于经济距离的空间杜宾模型估计结果的稳健性，本部分采用将经济矩阵变换为地理距离矩阵的方式进行稳健性检验，其中，地理距离是不同地区省会（直辖市、首府）质点距离的倒数，表 5-10 显示了估计结果。

表 5-10 地方金融风险水平 β 收敛稳健性估计结果

变量	全国 绝对	全国 条件	东部地区 绝对	东部地区 条件	中部地区 绝对	中部地区 条件	西部地区 绝对	西部地区 条件	东北地区 绝对	东北地区 条件
ln frisk	−0.593***	−1.112***	−1.436***	−2.395***	0.667	−1.518	−0.988***	−1.355***	−0.0959	−3.685***
	(−6.36)	(−6.95)	(−3.76)	(−4.70)	(0.49)	(−1.27)	(−5.34)	(−3.09)	(−0.45)	(−128.13)
L.ln ly		0.317***	0.419**	1.306***	4.501**	1.700*	0.129	1.652***	0.0232	−0.343***
		(3.99)	(2.30)	(4.62)	(2.22)	(1.89)	(1.00)	(2.68)	(0.26)	(−147.15)
常数项	−0.336**									
	(−2.02)									
$W \times \ln frisk$	0.201	−1.122	−0.564	−1.606	−12.77	−10.06	0.106	−4.546*	−0.500	7.415***
	(0.86)	(−1.63)	(−0.48)	(−1.00)	(−1.51)	(−1.08)	(0.22)	(−1.92)	(−0.99)	(161.43)
ρ	0.579***	0.841*	2.053*	3.672***	3.249	6.608	0.389*	2.594*	0.641***	0.0988***
	(4.96)	(1.86)	(1.94)	(2.59)	(0.92)	(1.02)	(1.95)	(1.79)	(4.48)	(17.08)
控制变量	否	是	否	是	否	是	否	是	否	是
个体效应	否	是	是	是	是	是	是	是	是	是
时间效应	否	是	是	是	是	是	是	是	是	是
R²	0.190	0.026	0.150	0.094	0.207	0.247	0.223	0.070	0.494	0.040
N	240	210	70	70	42	42	77	77	21	21

注：***、**、* 分别表示在 1%、5%、10% 的置信水平上显著，括号内为 t 值；中部地区绝对收敛和条件收敛分析中，因变量为 2 阶滞后；L. 表示滞后一期；ly 表示地方金融风险水平增速。

表 5-10 中，ln*frisk* 的系数绝大多数在 1%的置信水平上显著为负，表明地方金融风险存在绝对和条件 β 收敛，与上文估计结果一致，基于经济矩阵的空间杜宾模型估计结果具有稳健性。

第五节 小结

基于 2013~2021 年中国 30 个省（区、市）（不含港澳台和西藏）的面板数据，本章构建了地方金融风险水平评价指标体系，利用熵值法测算了地方金融风险水平，运用 Dagum 基尼系数分解法分析了全国、东中西及东北四大区域地方金融风险水平的演进动态、区域差异及其来源，采用变异系数法及空间 β 收敛法检验了全国及四大区域地方金融风险水平的收敛特征，得出如下结论。

第一，中国地方金融风险表现出"下降—上升"的"V"形波动趋向，增速明显放缓，风险整体可控。空间上，中国地方金融风险呈现西部地区高、其他地区相对低的分布格局，西部地区增速较快，不同地区的金融风险类型有明显差异，地方金融风险存在显著的区域不平衡性。同时，房地产风险及债务风险是不同区域地方金融风险的共性风险，其中，东部地区房地产风险较为突出，中部、西部及东北地区债务风险较为突出。此外，当前不同地区地方金融风险类型差异较大，地方金融风险存在显著的省际非平衡性。

第二，从地方金融风险水平的相对差异来看，全国、东部、西部及东北地区的地方金融风险水平基尼系数呈波动变化，金融风险内部差异有"扩大—缩小"趋势；中部地区地方金融风险水平基尼系数明显下降，地方金融风险的区域差异逐步缩小，同时，不同地区间地方金融风险水平差异有所扩大。此外，区域间差异是地方金融风险总体差异的主要来源，超变密度是第二来源，区域内差异贡献最低。

第三，从收敛特征来看，中部地区地方金融风险水平的基尼系数呈现波动下降趋势，存在明显的 σ 波动收敛，地方金融风险的区域差异逐步缩小；全国、东部、西部及东北地区地方金融风险水平的基尼系数均呈现"上升—下降"的波动趋势，存在明显的 σ 波动收敛，地方金融风险的区域差异缩小，存在明显的波动性特征。同时，全国、东中西及东北地区的绝对 β 收敛系数在 1% 或 5% 的置信水平上显著为负，表明随着时间变化，全国、东中西及东北地区地方金融风险水平会收敛至同一稳态值。进一步地，考虑经济状况、财政压力、对外开放水平、固定资产投资水平及通货膨胀率等因素后，全国、东中西及东北地区地方金融风险的条件 β 收敛系数在 1% 的置信水平上同样显著为负，这些因素在一定程度上会提高全国、东部及中部地区地方金融风险水平的收敛速度，降低西部和东北地区地方金融风险水平的收敛速度，区域间风险的收敛速度存在差异。

第六章
基于大数据的地方金融风险监测预警仿真实验分析*

大数据时代，大数据的"量"和工具优势，使得基于大数据的数据预测有了新进展。第五章已经测算了地方金融风险水平，但样本年限短导致用大数据工具监测预警地方金融风险的有效性略有欠缺，而反映地方非正式金融风险的典型指数——温州指数自2013年公布以来已经形成了超过2400个日频数据，样本量大，对于验证大数据工具监测预警精准度和鲁棒性具有优势。地方非正式金融组织是地方金融组织的重要组成部分，但是地方金融风险监测预警难点在于地方非正式金融风险。为此，本章将2013~2022年温州指数日频数据作为地方非正式金融风险样本，运用LSTM混合模型和GWO混合模型来验证大数据工具在地方金融风险监测预警中的精准性和鲁棒性。进一步地，基于精准性高且具有鲁棒性的LSTM-CNN模型和LSTM-GRU模型预测"十四五"时期地方金融风险水平。

第一节 引言

防控地方金融风险是"十四五"时期国家金融风险治理的重要内容。

---

* 本章主要内容和相关方法成果已发表在 Finance Research Letters 和 Resources Policy 等 SSCI 一区期刊上。

在互联网等技术驱动下，以非法集资、现金贷等为代表的民间非正式金融组织借贷风险形式多样、传染范围广，尤其是借助"元宇宙"等新概念持续伪装，是地方金融风险防控的关键。正如前文指出的，正式与非正式金融风险，尤其是地方债、房地产、中小银行等风险逐渐成为地方金融风险的主要表现形式，如何高效、精准地预测"十四五"时期地方金融风险，对于金融风险防控、守住不发生系统性风险底线具有重要的参考价值。

地方金融风险预测难题主要源于两个方面。一是数据的可获得性，比如，民间非正式金融组织自身的隐蔽性特征，使得地方非正式金融组织借贷风险的可获得性差（Qin et al., 2014; Hou et al., 2020），同时，地方政府公开的统计数据颗粒度大（如以月、季、年为主），数据样本相对较少。二是在研究方法上，对金融风险的预测以传统的时间序列模型和单一的深度学习模型为主，基于深度学习的混合模型在金融风险预测领域的应用仍处于探索阶段。伴随计算机技术的发展，尤其是机器学习算法等的改进与更新，人工智能等技术在金融风险识别及预测上表现出明显的精准性优势，成为研究及应用的热点方向（Heidari et al., 2019; Roustaee and Kazemi, 2021）。比较典型的如 Pérez-Martín 等（2018）运用 LMM（Linear Mixed Model）衡量了家庭贷款的信贷风险，Nyman 等（2021）运用算法分析了情感如何影响金融系统的发展。正如前文指出的，更多学者对大数据监测预警精准性和鲁棒性的研究集中在石油价格、Zinc、Nikel、黄金上（Zhang and Ci, 2020; Zhang and Wen, 2021），研究方法包括自回归条件异方差模型（GARCH）（Asai, 2022）及极限机器学习（ELM）（Pi and Lima, 2021; Han and Ghadimi, 2022）等。

第四章中地方金融风险数据以年度颗粒为主，样本量相对较少。2013年以来，温州市金融办发布了"温州指数"，数据为日频数据且 2013~2023 年样本量多，是典型的地方非正式金融风险数据的大样本。民间非正式金融组织借贷风险的核心是利差，过高的利差是导致风险的直接原因（Beutler et al., 2020; Hughes and Moon, 2022; Ahlin and Debrah, 2022），捕捉、研判利差变化趋势是防控民间非正式金融组织借贷风险的关键。

2020年，最高人民法院修正《最高人民法院关于审理民间借贷案件适用法律若干问题的规定》，规定以每月20日发布的一年期贷款市场报价利率（LPR）的4倍为标准，确定民间借贷利率的司法保护上限，超过保护上限将产生较大的借贷违约风险，这为度量民间非正式金融组织借贷风险提供了客观标准。

非正式金融风险是地方金融风险的重要表现形式和监测预警难点之一，民间非正式金融组织借贷风险是地方非正式金融风险的主要代表，运用非正式金融风险代表地方金融风险具有典型性。为此，本章将利用温州指数来验证基于深度学习的混合模型在地方金融风险监测预警上的精准性和鲁棒性，并预测"十四五"时期地方金融风险的发展态势。

鉴于LSTM模型在分析时间序列数据长期依赖关系中的优势，本章构建了包含LSTM模型和GWO模型的混合模型，验证了不同混合模型对民间借贷风险预测的精准性和鲁棒性，潜在贡献表现在四个方面：一是内容聚焦民间非正式金融组织借贷风险这一地方金融风险监测预警的难点领域，拓展了现有金融风险预测的研究范畴；二是运用LSTM、GWO等多种混合模型，利用2013年1月4日至2022年1月25日的高频日度数据，验证了LSTM混合模型在民间非正式金融组织借贷风险监测预警中的优越性；三是考虑了COVID-19的影响，探索了重大突发公共卫生事件冲击下LSTM混合模型对民间非正式金融组织借贷风险监测预警的鲁棒性；四是基于最优模型，预测了"十四五"时期地方金融风险水平以及民间借贷风险的发展趋势。

第二节 研究设计和数据说明

一 LSTM算法

LSTM网络是RNN的一种特殊类型，可以学习长期依赖的信息（Hochreiter and Schmidhuber, 1997）。LSTM算法会在样本集中读取h_t和x_t，并且输出每个样本信息的标签 C_{t-1}，且 C_{t-1} 服从 0-1 分布，其中，1 表示样本保留，0 表示样本丢弃。上述过程的激活函数 $f_t(\cdot)$ 可以描述为：

$$\begin{cases} f_t = \sigma(W_f \cdot [h_{t-1}, x_t] + b_f) \\ i_t = \sigma(W_i \cdot [h_{t-1}, x_t] + b_i) \\ \tilde{C}_t = \tanh(W_C \cdot [h_{t-1}, x_t] + b_C) \\ C_t = f_t \times C_{t-1} + i_t \times \tilde{C}_t \\ o_t = \sigma(W_o \cdot [h_{t-1}, x_t] + b_o) \\ h_t = o_t \times \tanh(C_t) \end{cases} \quad (6-1)$$

式（6-1）中，W_f 表示输入权重，b_f 表示偏差权重。进一步地，参考 Chung 等（2014）和 Rosas 等（2022）的研究，构建了 LSTM-GRU、LSTM-CNN、LSTM-SVR 模型。其中，LSTM-CNN 模型的基本原理是在隐藏处理层接收数据输入层处理后的数据后，先运用 CNN 卷积层和池化层来获得数据的空间特征，再用 LSTM 模型获得数据的时序特征，最后 LSTM-CNN 通过完全连接层生成预测数据。其算法示意如图 6-1 所示。

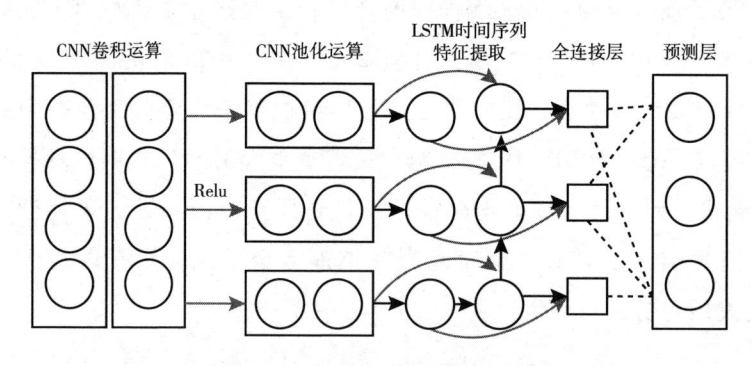

图 6-1 LSTM-CNN 算法示意

资料来源：笔者依据 Chung 等（2014）和 Rosas 等（2022）的成果整理绘制而得。

进一步地，LSTM-SVR 模型的基本原理是：首先，由 LSTM 模型依据原始数据生成预测值，并得到预测值和原始值的误差；其次，利用 SVR 模型对误差值进行预测，并通过网格寻优算法对误差值进行纠正，得出最优的误差值；最后，依次得到 LSTM 预测值和 SVR 纠正的误差值，从而得出组合预测结果，经过聚类分析后得出对原始数据的最终预测值。

二 GWO 算法

GWO 是一种群体智能优化算法。参考 Mirjalili 等（2014）的研究，我们将最佳方案标记为 α，其他灰狼要服从 α 狼的命令，α 狼为支配狼；第二和第三最优解分别标记为 β 和 δ，第四候选方案标记为 ω。GWO 算法的优化过程（猎杀）取决于 α、β、δ，ω 服从其他层次的灰狼，如果没有 ω 狼，狼群将出现自相残杀问题。那么，灰狼的狩猎行为可以描述为：

$$\begin{cases} \vec{D} = |\vec{C} \cdot \vec{X}_p(t) - \vec{X}(t)| \\ \vec{X}(t+1) = \vec{X}_p(t) - \vec{A} \cdot \vec{D} \\ \vec{A} = 2\vec{\alpha} \cdot \vec{r}_1 - \vec{\alpha} \\ \vec{C} = 2 \cdot \vec{r}_2 \\ \vec{D}_j = |\vec{C}_i \cdot \vec{X}_j(t) - \vec{X}(t)| \\ \vec{X}_j(t) = |\vec{C}_i \cdot \vec{X}_j(t) - \vec{A}_i \cdot \vec{D}_j| \\ \vec{X}(t+1) = \frac{1}{3} \sum_{i=1}^{3} \vec{X}_i(t) \end{cases} \quad (6-2)$$

式（6-2）中，t 表示当前的迭代次数，"·"表示 hadamard 乘积，D 表示灰狼间距离，$\vec{A}$ 和 $\vec{C}$ 表示协同系数向量，$\vec{X}_p$ 表示猎物的位置向量，$\vec{X}$ 表示灰狼的位置向量。在灰狼算法的迭代过程中，α 将由 2 线性降至 0，同时，$\vec{r}_1$ 和 $\vec{r}_2$ 是 [0, 1] 中的随机向量。j 表示 α、β、δ；i 表示 j 的第一次解，$i=1, 2, 3$；D_j 表示当前候选灰狼与最好的三条灰狼之间的距离；灰狼协同系数 $|\vec{A}| \in [-\alpha, \alpha]$。其中，当 $|\vec{A}| < 1$ 时，灰狼会攻击猎物；反之，灰狼将继续搜索猎物。进一步地，参考 Zhou 等（2021）的研究，首先设置 SVR 模型的参数，再利用 GWO 算法对数据进行初始化处理，得出最优的迭代参数并判断适应度最佳的灰狼 X_α，最后利用 SVR 最优参数构建预测模型，进行数据预测。

三 模型优度指标

基于上述模型,对相关温州指数训练完毕后,可以得出不同借贷利率的预测值和实际值,超过同期《民法典》规定的利率保护上限就可以视为借贷风险。参考现有研究的做法（Boubaker et al.，2021），本部分采用均方根误差（Root Mean Square Eroor，RMSE）、平均绝对误差（Mean Absolute Error，MAE）、归一化均方根误差（Normalized Root Mean Square Error，NRMSE）、平均绝对百分比误差（Mean Absolute Percentage Error，MAPE）以及 R^2（解释方差所占比例）作为预测参数来对模型进行对比分析,其中,重点参考的是 MAPE 和 R^2。设定 y 表示利率实际值,$\hat{y}$ 表示预测值,则有：

$$\text{RMSE} = \sqrt{\frac{1}{N}\sum(y-\hat{y})^2} \qquad (6-3)$$

$$\text{MAE} = \frac{1}{N}\sum|y-\hat{y}| \qquad (6-4)$$

$$\text{NRMSE} = \frac{\text{RMSE} \times 100}{\max(y) - \min(y)} \qquad (6-5)$$

$$\text{MAPE} = \frac{1}{N}\sum\frac{|y-\hat{y}| \times 100}{y} \qquad (6-6)$$

$$R^2 = 1 - \frac{\sum(y-\hat{y})^2}{\sum(y-\bar{y})^2} \qquad (6-7)$$

四 数据说明

温州是中国民间借贷活跃地区,自 2013 年 1 月 1 日温州指数由温州市人民政府主办、温州市金融办发布以来,合作城市已经覆盖温州、泉州、海口、广州、成都、襄阳、安阳及丹东等全国主要城市,温州指数已经成为国内民间借贷的风向标。民间非正式金融组织借贷风险的数据可获得性差,但是,2020 年,最高人民法院修正《最高人民法院关于审理民间借贷案件适用法律若干问题的规定》,规定以每月 20 日发布的一年期贷款市场报价利率的 4 倍为标准，确定民间借贷利率的司法保护上限，超过保护上限将产生较大的借贷违约风险，这为度量民间非正式金融组织借贷风险提供了有效参考。

温州指数是反映民间非正式金融组织借贷风险的关键指标，图 6-2 显示了 2013 年 1 月至 2022 年 1 月民间非正式金融组织不同主体的月度借贷利率变化趋势。

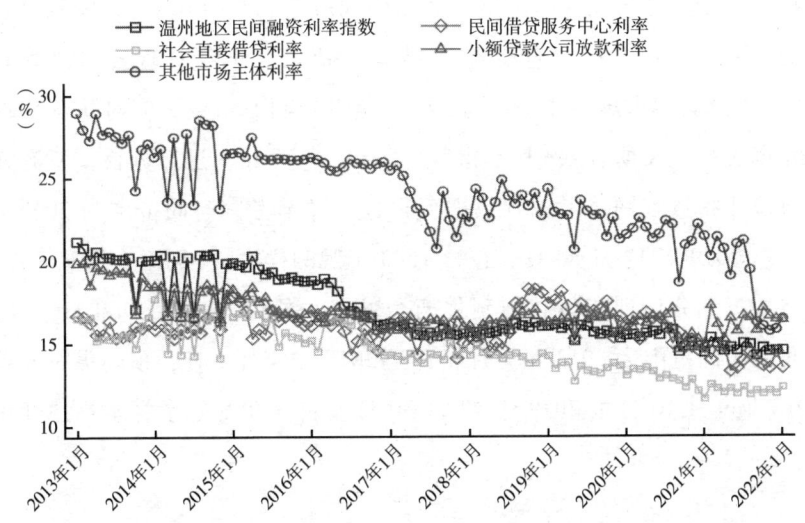

图 6-2　2013 年 1 月至 2022 年 1 月不同借贷主体借贷利率的月度趋势

资料来源：笔者自行绘制而得。

由图 6-2 可知，第一，民间非正式金融组织借贷风险仍然较高。其他市场主体利率整体保持下降趋势，2021 年 7 月之前，借贷利率均在 20% 以上，明显高于国家利率警戒线，潜在风险较大；2021 年 8 月后，借贷利率均在 16% 左右浮动，基本接近《民法典》关于民间借贷利率保护界限的边界，借贷风险有所收敛。第二，2013~2016 年小额贷款公司放款利率持续保持下降趋势，2016 年以后小额贷款公司放款利率保持上升态势，在 16% 上下浮动，且 2020 年 9 月利率达到阶段最高值 17.47%，超过同期国家利率警戒线。第三，其他借贷主体的借贷利率逐步下降。民间借贷服务中心利率及社会直接借贷利率保持波动下降趋势。其中，民间借贷服务中心利率在2018年之前始终在15%左右波动，2022年1月降至13.45%；社会直接借贷利率在2016年9月之前始终在15%左右波动，2022年1月降至12.29%，借贷风险相对较小。

实际上，民间正式金融借贷组织与民间非正式金融借贷组织具有很强的互融性。参考温州指数中民间借贷利率指数的结构特点和数据可得性，本部分从民间金融主体角度选择了温州地区民间融资利率（$rwzfr$）、民间借贷服务中心利率（$fkcr$）、社会直接借贷利率（$sdirt$）、小额贷款公司放款利率（$mcdr$）以及其他市场主体利率（$othr$）等借贷利率指数，同时从利率期限结构角度选择了长期贷款①利率指数（$ltrm$）作为样本进行分析，所有样本均来自温州指数官网。考虑到数据可得性，样本考察时间范围为2013年1月4日至2019年12月30日，包含1683个观测样本。② 同时，按照8∶2的比例将数据划分为训练集和预测集两个部分，预测窗口期是60日，其中，训练集的时间范围为2013年1月4日至2018年9月7日，预测集时间范围为2018年9月10日至2019年12月30日。表6-1显示了样本描述性统计结果。

表6-1 温州指数的样本描述性统计结果

指数类别	变量	样本观测数	训练集观测数	预测集观测数	最大值	最小值	均值	标准差
温州地区民间融资利率	$rwzfr$	1683	1364	319	21.58	14.20	17.80	2.05
民间借贷服务中心利率	$fkcr$	1683	1364	319	23.85	9.77	16.19	1.71
其他市场主体利率	$othr$	1683	1364	319	30.48	20.22	25.21	2.18
社会直接借贷利率	$sdirt$	1683	1364	319	19.51	11.53	15.23	1.52
小额贷款公司放款利率	$mcdr$	1683	1364	319	21.18	12.07	17.19	1.56
长期贷款利率	$ltrm$	1683	1364	319	24.24	8.23	15.38	2.03

---

① 依据温州指数的设定，长期贷款是指贷款期限在12个月以上的贷款。
② 由于温州指数的日频数据具有不规则性，样本量以指数发布的实际日期来进行计数。

第三节　实证结果及分析

一　全样本预测结果分析

本节基于 LSTM 和 GWO 模型构建了一系列混合模型来预测 $rwzfr$、$fkcr$、$othr$、$sdirt$、$mcdr$、$ltrm$ 等利率指数。混合模型具体包括 LSTM-GRU、LSTM-SVR、LSTM-CNN 以及 GWO-SVR 四种，以反映不同模型在温州指数上的预测精准性，尤其是在"其他市场主体利率"（$othr$）上的预测精准性。表 6-2 显示了不同模型的基准样本内预测误差结果。

表 6-2　不同模型的基准样本内预测误差结果

利率类别	算法模型	RMSE	MAE	NRMSE	MAPE	R^2
$fkcr$	GWO-SVR	1.4400	1.1160	1.7252	6.9820	0.3015
	LSTM-CNN	1.2898	1.0002	1.2088	6.2921	0.4396
	LSTM-SVR	1.5141	1.1630	2.0726	7.1065	0.2278
	LSTM-GRU	**0.1753**	**0.1391**	**0.1000**	**0.8630**	**0.9897**
$ltrm$	GWO-SVR	1.5154	1.0948	1.3345	7.4543	0.4288
	LSTM-CNN	1.3124	0.9613	0.9249	6.4413	0.5716
	LSTM-SVR	1.5836	1.1058	1.2861	7.7716	0.3762
	LSTM-GRU	**0.2431**	**0.1886**	**0.1219**	**1.2578**	**0.9855**
$mcdr$	GWO-SVR	1.0648	0.7939	1.0412	4.7630	0.4944
	LSTM-CNN	0.9093	0.6976	0.7896	4.2191	0.6313
	LSTM-SVR	1.1295	0.8480	1.1698	5.1650	0.4311
	LSTM-GRU	**0.1591**	**0.1232**	**0.1078**	**0.7290**	**0.9883**
$othr$	GWO-SVR	0.4926	0.3449	0.2552	1.4181	0.9468
	LSTM-CNN	0.3603	0.1984	0.1744	0.8210	0.9715
	LSTM-SVR	0.4992	0.3133	0.2269	1.2687	0.9453
	LSTM-GRU	**0.1317**	**0.0877**	**0.0606**	**0.3535**	**0.9961**
$rwzfr$	GWO-SVR	0.4114	0.3254	0.2124	1.9061	0.9577
	LSTM-CNN	0.3864	0.3034	0.1985	1.7737	0.9627
	LSTM-SVR	0.4400	0.3408	0.2225	1.9976	0.9517
	LSTM-GRU	**0.1392**	**0.1068**	**0.0670**	**0.6013**	**0.9951**

续表

利率类别	算法模型	RMSE	MAE	NRMSE	MAPE	R^2
sdirt	GWO-SVR	0.4873	0.3529	0.3507	2.3336	0.8985
	LSTM-CNN	0.4102	0.2372	0.2856	1.5642	0.9281
	LSTM-SVR	0.5207	0.3031	0.3821	1.9882	0.8841
	LSTM-GRU	**0.0960**	**0.0710**	**0.0626**	**0.4701**	**0.9961**

注：表中加粗字体表示预测误差参数最佳值。

从表6-2中可以看出，基于LSTM的不同模型的预测精度存在较大差异。以 *othr* 的利率预测为例，在LSTM系列的三种模型中，LSTM-CNN、LSTM-SVR、LSTM-GRU模型的MAPE值分别为0.8210、1.2687、0.3535，表明LSTM-GRU模型预测值与实际值之间的误差比LSTM-CNN、LSTM-SVR模型的相应值低；LSTM-CNN、LSTM-SVR、LSTM-GRU模型的R^2值分别为0.9715、0.9453、0.9961，表明LSTM-GRU模型的预测准确率比LSTM-CNN、LSTM-SVR模型的相应值高。同时，我们对比分析LSTM-GRU模型与GWO-SVR模型的差异。LSTM-GRU、GWO-SVR模型的MAPE值分别为0.3535、1.4181，表明LSTM-GRU模型预测值与实际值之间的误差比GWO-SVR模型的相应值低；LSTM-GRU、GWO-SVR模型的R^2值分别为0.9961、0.9468，表明LSTM-GRU模型的预测准确率高于GWO-SVR模型。因此，对于 *othr* 的利率预测，LSTM-GRU模型的预测效果相对优于LSTM-CNN、LSTM-SVR、GWO-SVR模型。

进一步地，我们观察不同模型对 *rwzfr*、*fkcr*、*sdirt*、*mcdr*、*ltrm* 等其他借贷利率的预测效果，同样会发现LSTM-GRU模型估计值的MAPE最低、R^2值最高，证明了LSTM-GRU模型在不同民间借贷利率的预测中具有鲁棒性。

二 样本外预测结果分析

对于不同模型的基准样本外预测误差结果，同样以 *othr* 的利率预测为例进行分析，在基于LSTM的三种模型中，LSTM-CNN、LSTM-SVR、LSTM-GRU模型的MAPE值分别为1.5606、2.3381、1.2091，表明LSTM-GRU模型预测值与实际值之间的误差比 LSTM-CNN、LSTM-SVR 模型的相应值低；LSTM-CNN、LSTM-SVR、LSTM-GRU 模型的 R^2 值分别为 0.7256、0.5433、0.8926，表明 LSTM-GRU 模型的预测准确率比 LSTM-CNN、LSTM-SVR 模型的相应值高。同时，我们对比分析 LSTM-GRU 模型与 GWO-SVR 模型的预测参数差异。LSTM-GRU、GWO-SVR 模型的 MAPE 值分别为 1.2091、2.0601，表明 LSTM-GRU 模型预测值与实际值之间的误差比 GWO-SVR 模型的相应值低；LSTM-GRU、GWO-SVR 模型的 R^2 值分别为 0.8926、0.6774，表明 LSTM-GRU 模型的预测准确率高于 GWO-SVR 模型。可见，LSTM-GRU 模型对于 othr 指数的预测效果优于 GWO-SVR、LSTM-CNN 及 LSTM-SVR 模型。

我们继续观测不同模型在 rwzfr、fkcr、sdirt、mcdr、ltrm 等其他借贷利率的样本外预测效果，发现 LSTM-GRU 模型的 MAPE 值最低、R^2 值最高，表明 LSTM-GRU 模型对温州指数中不同借贷利率的样本外预测精准度同样要优于其他模型，尤其是对其他市场主体利率的预测稳定性最好，LSTM-GRU 模型对民间非正式金融组织借贷风险预测的鲁棒性更强。

三　样本外风险预测分析

进一步地，图 6-3 至图 6-8 显示了预测集 2018 年 9 月 10 日至 2019 年 12 月 30 日 6 种不同民间借贷利率的预测值变化趋势。以其他市场主体利率（othr）的预测值为例，从图 6-3 中可以看出，othr 借贷利率的实际值均在 20% 以上。实际上，中国人民银行授权全国银行间同业拆借中心数据显示，2019 年 12 月 20 日，1 年期 LPR 为 4.15%，按照《民法典》规定，民间借贷利率保护上限为 16.60%（4.15%×4）。而 2019 年 12 月 30 日，othr 的实际值为 20.62%＞16.60%，明显高于同期《民法典》规定的每月 20 日发布的一年期贷款市场报价利率的 4 倍，高 4.02 个百分点，可以视为具有较大的违约风险。同时，我们可以看出，基于 GWO-SVR、LSTM-CNN、LSTM-SVR、LSTM-GRU 模型的预测值均大于 20%，表明这些不同的集成模型能够有效地预测民间借贷风险。此外，LSTM-GRU 模型关于 othr 预测的 MAPE 值为 1.2091，其他模型预测值的 MAPE 均在 2.4 以内，表明不同集成模型的预测精度均大于 97.6%，说明基于大数据的机器学习方法对民间非正式金融组织借贷风险的预测性较高且具有鲁棒性。

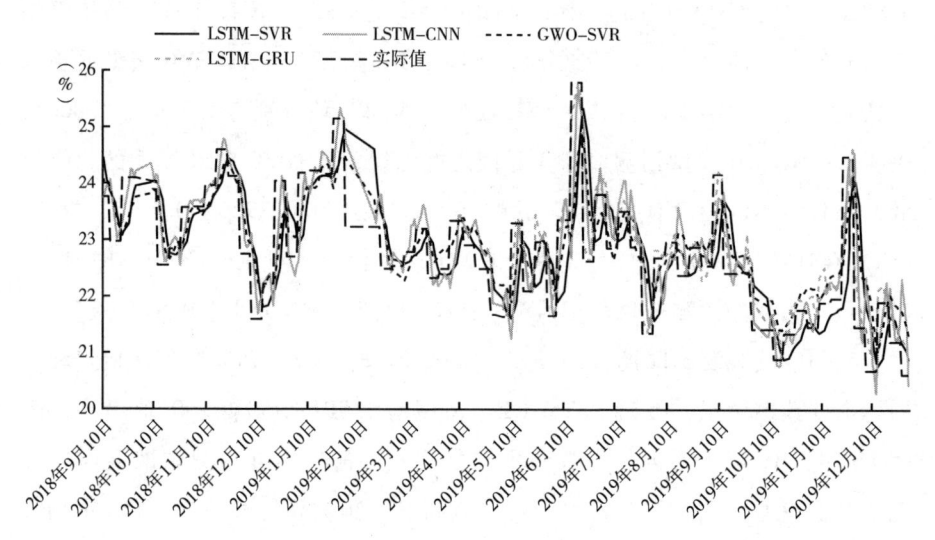

图 6-3　2018 年 9 月 10 日至 2019 年 12 月 30 日 *othr* 的样本外预测值趋势

资料来源：笔者依据分析结果自行绘制而得。

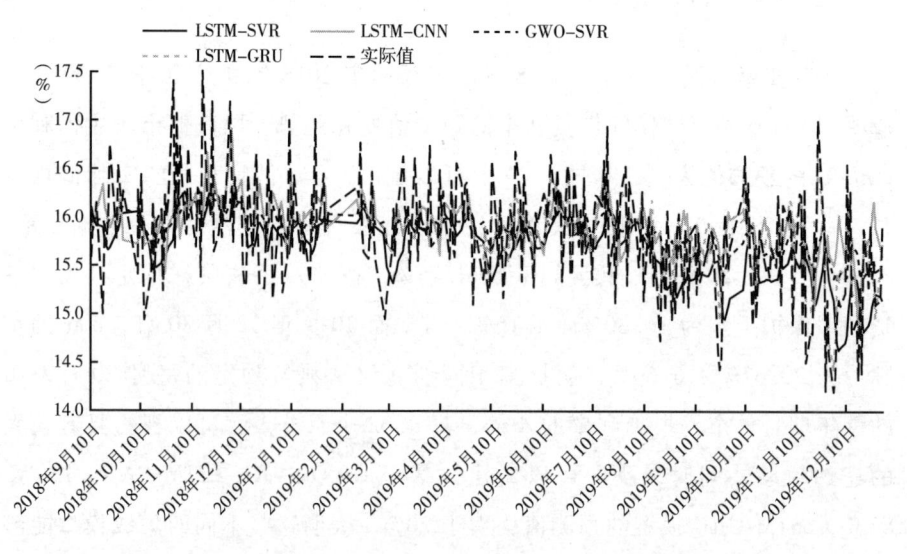

图 6-4　2018 年 9 月 10 日至 2019 年 12 月 30 日 *rwzfr* 的样本外预测值趋势

资料来源：笔者依据分析结果自行绘制而得。

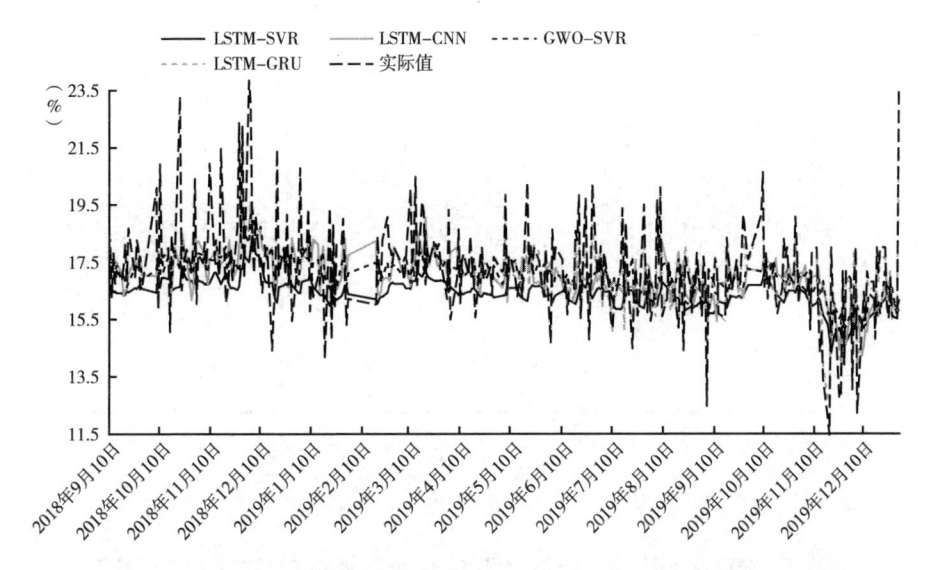

图 6-5 2018 年 9 月 10 日至 2019 年 12 月 30 日 *fkcr* 的样本外预测值趋势

资料来源：笔者依据分析结果自行绘制而得。

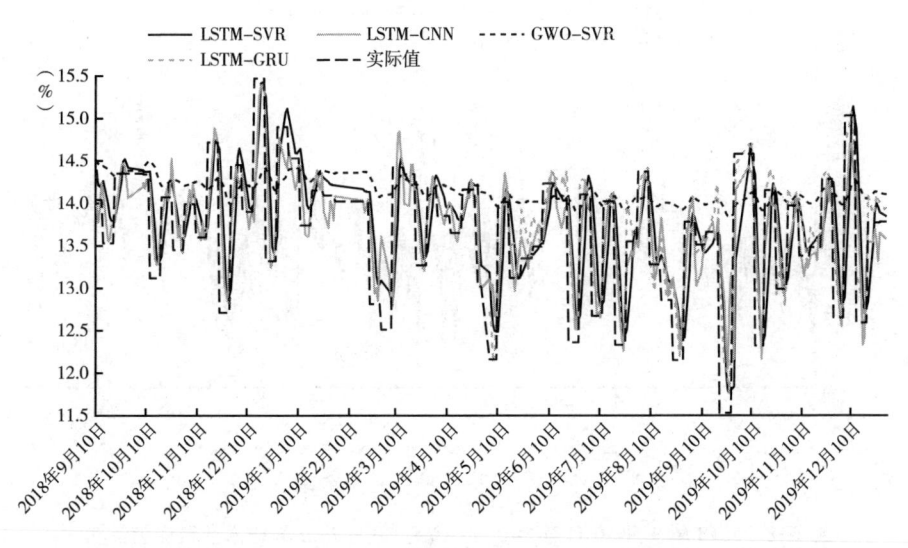

图 6-6 2018 年 9 月 10 日至 2019 年 12 月 30 日 *sdirt* 的样本外预测值趋势

资料来源：笔者依据分析结果自行绘制而得。

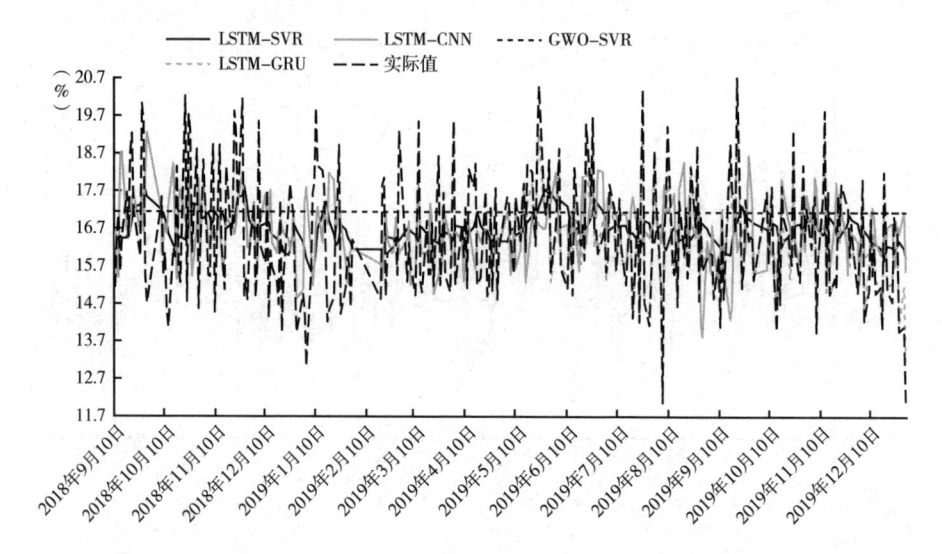

图6-7 2018年9月10日至2019年12月30日 *mcdr* 的样本外预测值趋势

资料来源：笔者依据分析结果自行绘制而得。

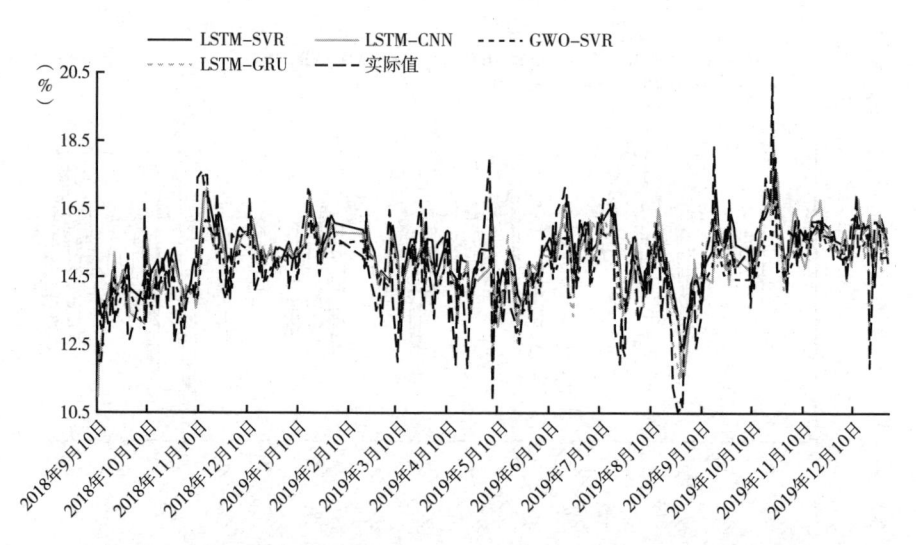

图6-8 2018年9月10日至2019年12月30日 *ltrm* 的样本外预测值趋势

资料来源：笔者依据分析结果自行绘制而得。

第四节 拓展性分析：考虑不确定性影响

继续考虑不确定性因素影响下，LSTM等机器学习混合模型在民间非正式金融组织借贷风险预测上的精准性和鲁棒性。鉴于COVID-19对全球社会经济发展的影响，本节将样本范围拓展至2013年1月4日至2022年1月25日，包含2167个样本。其中，训练集时间范围为2013年1月4日至2019年12月30日，预测集时间范围为2020年1月2日至2022年1月25日，分析不同模型对COVID-19期间民间借贷风险的预测效果。

一 全样本预测结果分析

表6-3显示了包含COVID-19影响的不同模型的拓展样本内预测误差结果。

表6-3 不同模型的拓展样本内预测误差结果

利率类别	算法模型	RMSE	MAE	NRMSE	MAPE	R^2
fkcr	GWO-SVR	1.5039	1.1323	1.4231	7.4107	0.3532
	LSTM-CNN	1.4267	1.0895	1.2206	6.9252	0.4179
	LSTM-SVR	1.5690	1.1778	1.6803	7.5396	0.2959
	LSTM-GRU	**0.3503**	**0.2736**	**0.1818**	**1.7614**	**0.9652**
ltrm	GWO-SVR	1.4747	1.0590	1.2627	7.3971	0.4513
	LSTM-CNN	1.3467	0.9313	0.9509	6.6243	0.5424
	LSTM-SVR	1.4984	1.0545	1.3428	7.3330	0.4336
	LSTM-GRU	**0.3793**	**0.2934**	**0.2020**	**2.0290**	**0.9641**
mcdr	GWO-SVR	1.2043	0.8962	1.2791	5.4898	0.4260
	LSTM-CNN	1.0799	0.8150	0.9872	5.0155	0.5385
	LSTM-SVR	1.3717	1.0858	1.6671	6.4100	0.2554
	LSTM-GRU	**0.2525**	**0.1986**	**0.1627**	**1.1851**	**0.9740**
othr	GWO-SVR	0.6707	0.4721	0.2336	2.1057	0.9525
	LSTM-CNN	0.4603	0.2487	0.1505	1.1091	0.9777
	LSTM-SVR	0.5946	0.3512	0.1991	1.5817	0.9627
	LSTM-GRU	**0.2862**	**0.1738**	**0.0937**	**0.7672**	**0.9912**

续表

利率类别	算法模型	RMSE	MAE	NRMSE	MAPE	R^2
rwzfr	GWO-SVR	0.4982	0.3846	0.2497	2.3574	0.9461
	LSTM-CNN	0.4301	0.3335	0.2132	2.0368	0.9598
	LSTM-SVR	0.5315	0.4150	0.2688	2.5182	0.9387
	LSTM-GRU	**0.2102**	**0.1630**	**0.0982**	**0.9634**	**0.9902**
sdirt	GWO-SVR	0.5563	0.4055	0.3295	2.8519	0.9076
	LSTM-CNN	0.4476	0.2670	0.2594	1.8822	0.9402
	LSTM-SVR	0.5903	0.4234	0.3357	3.0042	0.8960
	LSTM-GRU	**0.1752**	**0.1295**	**0.0976**	**0.9025**	**0.9909**

注：表中加粗字体表示预测误差参数最佳值。

以 othr 的利率预测为例，GWO-SVR、LSTM-CNN、LSTM-SVR、LSTM-GRU 模型的 MAPE 值分别为 2.1057、1.1091、1.5817、0.7672，表明 LSTM-GRU 模型预测值与实际值之间的误差比 GWO-SVR、LSTM-CNN、LSTM-SVR 模型的相应值低；GWO-SVR、LSTM-CNN、LSTM-SVR、LSTM-GRU 模型的 R^2 值分别为 0.9525、0.9777、0.9627、0.9912，表明 LSTM-GRU 模型的预测准确率比 GWO-SVR、LSTM-CNN、LSTM-SVR 模型的相应值高。可见，对于其他市场主体利率的预测，LSTM-GRU 模型的预测效果相对优于 GWO-SVR、LSTM-CNN、LSTM-SVR 模型。进一步地，我们观察不同模型对其他民间借贷利率指数的预测效果。在对 rwzfr、fkcr、sdirt、mcdr、ltrm 等其他借贷利率的拓展样本内的预测参数中，LSTM-GRU 模型的 MAPE 最低、R^2 最高。因此，我们认为，在考虑 COVID-19 影响的情况下，LSTM-GRU 模型对温州指数中民间借贷利率的拓展样本内预测精准度要优于其他模型，尤其是对其他市场主体利率指数的预测具有鲁棒性。

二 样本外预测结果分析

对于包含 COVID-19 影响的不同模型的拓展样本外预测误差结果，以 othr 的利率预测为例进行分析，GWO-SVR、LSTM-CNN、LSTM-SVR、LSTM-GRU 模型的 MAPE 值分别为 10.7645、3.2201、3.7287、4.4856，表明 LSTM-CNN

模型预测值与实际值之间的误差比 GWO-SVR、LSTM-GRU、LSTM-SVR 模型的相应值低，其中，LSTM-CNN、LSTM-GRU、LSTM-SVR 模型的误差率均在 5%以内，准确性较高。LSTM-CNN、LSTM-SVR、LSTM-GRU 模型的 R^2 值分别为 0.8732、0.8440、0.8363，表明 LSTM-CNN 模型的预测准确率比 LSTM-GRU、LSTM-SVR 模型的相应值高。可见，对于 othr 的利率预测，LSTM-CNN 模型的预测效果相对优于 GWO-SVR、LSTM-GRU、LSTM-SVR 模型。

进一步地，我们观察不同模型对其他民间借贷利率指数的预测效果。在对 ltrm、mcdr 利率的预测参数中，LSTM-GRU 模型的 MAPE 最低、R^2 最高；在对 fkcr、rwzfr 利率的预测参数中，LSTM-CNN 模型的 MAPE 最低、R^2 最高；在对 sdirt 利率的预测参数中，LSTM-SVR 模型的 MAPE 最低、R^2 最高。同时，值得注意的是，绝大部分模型的 MAPE 值在 10%以内，表明 LSTM 混合模型对民间借贷利率指数的预测准确性高，尤其是对 othr 的预测误差能保持在 5%以内，表明 LSTM 模型对民间非正式金融组织借贷利率的预测精准度要优于 GWO 模型，且具有鲁棒性。

三　样本外风险预测分析

进一步地，图 6-9 至图 6-14 显示了预测集 2020 年 1 月 2 日至 2022 年 1 月 25 日 6 种不同民间借贷利率的预测值变化趋势。以其他市场主体利率（othr）的预测值为例，从图 6-9 中可以看出，othr 借贷利率的实际值几乎都在 15%以上。实际上，中国人民银行授权全国银行间同业拆借中心数据显示，2022 年 1 月 20 日，1 年期 LPR 为 3.70%，按照《民法典》规定，民间借贷利率保护上限为 14.80%（3.70%×4）。而 2022 年 1 月 25 日，othr 的实际值为 16.16%＞14.80%，明显高于同期《民法典》规定的每月 20 日发布的一年期贷款市场报价利率的 4 倍，高 1.36 个百分点，可以视为具有较大的违约风险。同时，我们可以看出，基于 GWO-SVR、LSTM-CNN、LSTM-SVR、LSTM-GRU 模型的预测值较高，表明这些不同的集成模型能够有效地预测民间借贷风险。此外，LSTM-CNN 模型关于 othr 预测的 MAPE 值为 3.2201，其他模型预测值的 MAPE 绝大多数在 4.5 以内，表明不同集成模型的预测精度大多大于 95.5%，说明基于大数据的机器学习方法对民间非正式金融组织借贷风险的预测性较高且具有鲁棒性。

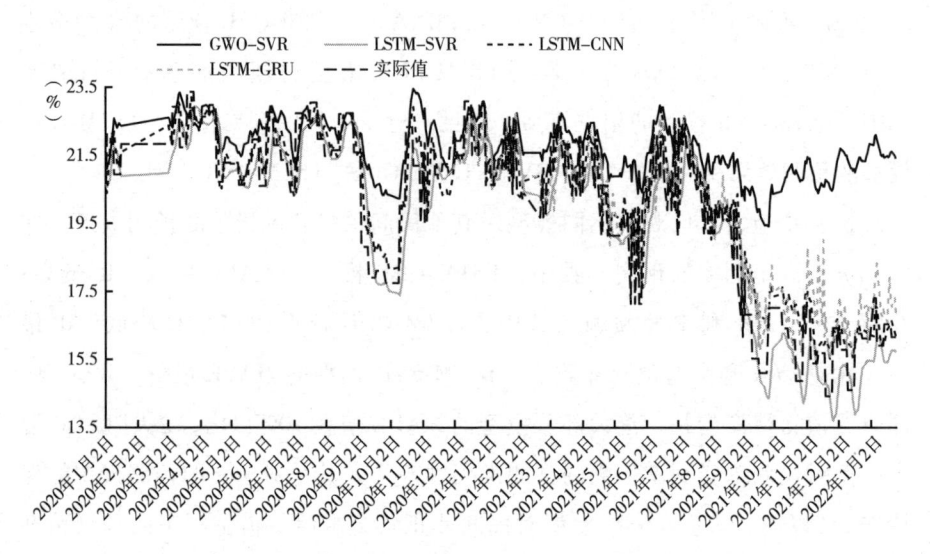

图 6-9　2020 年 1 月 2 日至 2022 年 1 月 25 日 *othr* 的样本外预测值趋势

资料来源：笔者依据分析结果自行绘制而得。

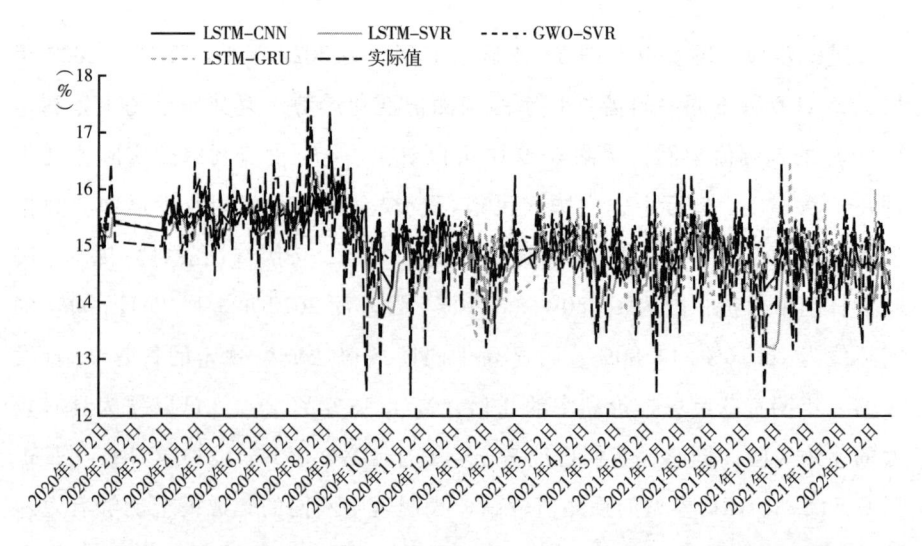

图 6-10　2020 年 1 月 2 日至 2022 年 1 月 25 日 *rwzfr* 的样本外预测值趋势

资料来源：笔者依据分析结果自行绘制而得。

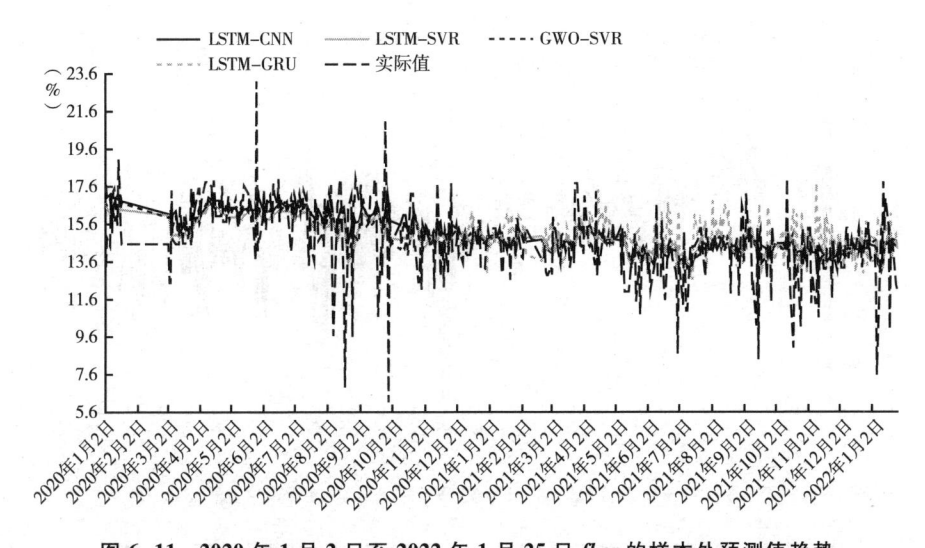

图 6-11　2020 年 1 月 2 日至 2022 年 1 月 25 日 *fkcr* 的样本外预测值趋势

资料来源：笔者依据分析结果自行绘制而得。

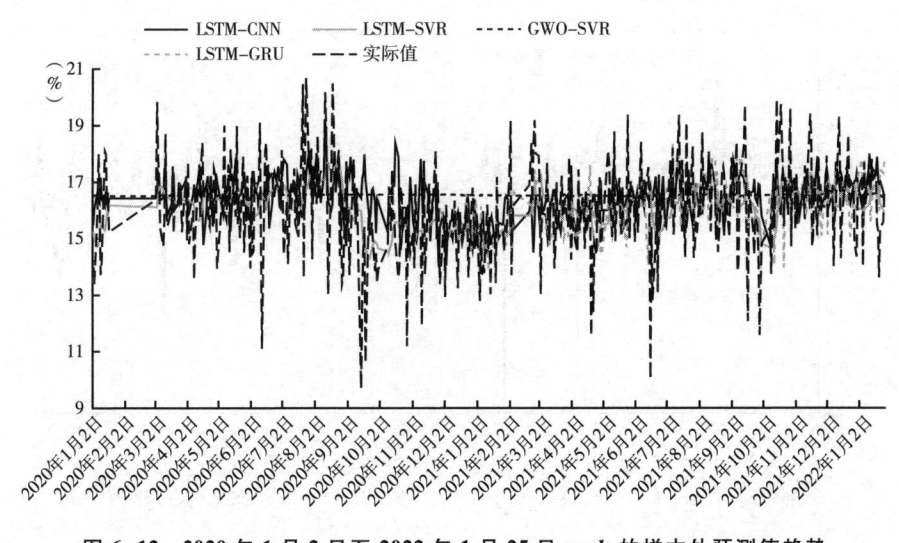

图 6-12　2020 年 1 月 2 日至 2022 年 1 月 25 日 *mcdr* 的样本外预测值趋势

资料来源：笔者依据分析结果自行绘制而得。

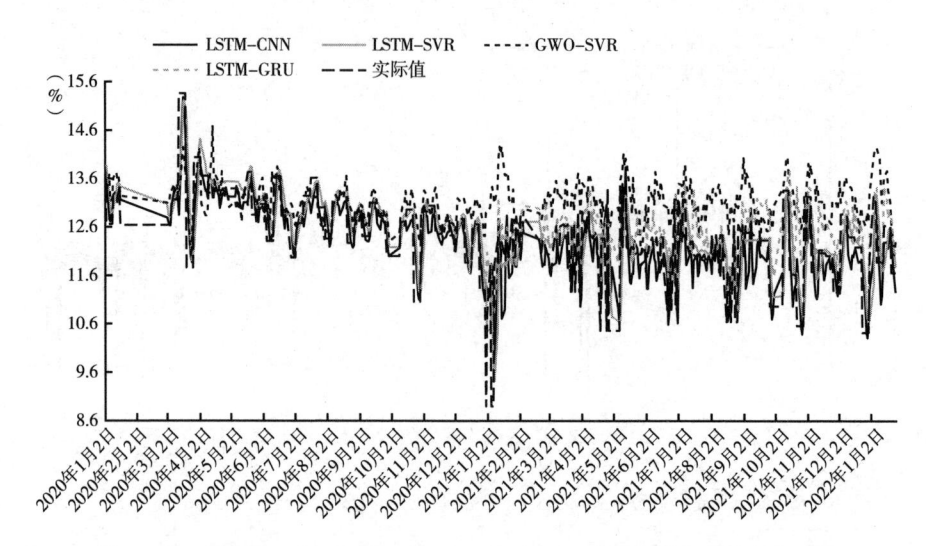

图6-13　2020年1月2日至2022年1月25日 *sdirt* 的样本外预测值趋势

资料来源：笔者依据分析结果自行绘制而得。

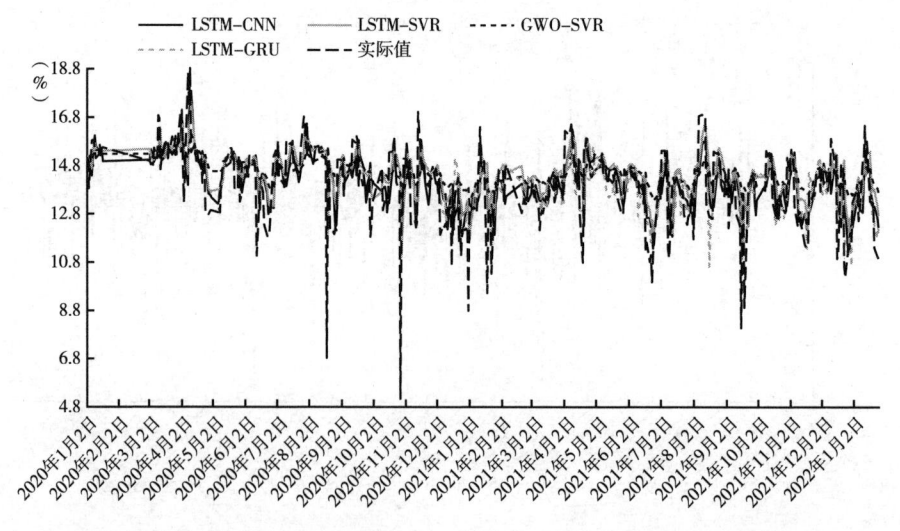

图6-14　2020年1月2日至2022年1月25日 *ltrm* 的样本外预测值趋势

资料来源：笔者依据分析结果自行绘制而得。

第五节 "十四五"时期金融风险预测分析

从上文大数据监测预警的模型对比分析中，我们可以看出LSTM-GRU模型和LSTM-CNN模型在时间序列数据中预测精准性高且具有鲁棒性。因此，本节利用LSTM-GRU模型和LSTM-CNN模型来预测"十四五"时期地方金融风险趋势。其中，模型的部分参数设置如下：LSTM-GRU模型包含两个隐藏层，第一个隐藏层有80个神经元，第二个隐藏层有100个神经元，遗忘率为0.2，训练周期为50次；LSTM-CNN模型包含卷积层、池化层、LSTM层（神经元个数为100个），训练周期为50次。

一 "十四五"时期地方金融风险水平预测分析

基于2013~2021年30个省（区、市）（不含港澳台和西藏）地方金融风险指数值，利用LSTM-GRU模型和LSTM-CNN模型预测"十四五"时期地方金融风险指数变化趋势。

（一）预测模型的稳定性分析

基于上述算法设计，"十四五"时期地方金融风险指数的样本外预测参数显示，从模型的稳定性来看，LSTM-CNN模型和LSTM-GRU模型对"十四五"时期地方金融风险指数预测的R^2值具有较大差异，合计有13个省（区、市）的R^2值大于0.5。从预测值的误差率来看，LSTM-CNN模型和LSTM-GRU模型对"十四五"时期地方金融风险指数预测值的误差率均在7.5%以内，表明模型预测的精准度较高，能够较好地基于现有测算数据反映地方金融风险的未来走势，从而客观展示"十四五"时期地方金融风险的基本态势。

（二）"十四五"时期预测结果分析

为了更好地反映不同模型的预测结果，本部分依据前文"十四五"时期地方金融风险指数的样本外预测参数，重点参考 MAPE 和 R^2 值，从 LSTM-GRU 模型和 LSTM-CNN 模型中选择"十四五"时期 30 个省（区、市）地方金融风险指数的最优预测值（见表 6-4）。

表 6-4 "十四五"时期 30 个省（区、市）地方金融风险指数最优预测值

省（区、市）	2020 年	2021 年	2022 年	2023 年	2024 年	2025 年
北京	0.4840	0.4650	0.4631	0.4622	0.4618	0.4616
上海	0.4260	0.3750	0.3680	0.3649	0.3635	0.3628
江苏	0.3780	0.3810	0.3871	0.3911	0.3943	0.3969
浙江	0.3560	0.3490	0.3494	0.3495	0.3495	0.3494
福建	0.3630	0.3940	0.3913	0.3873	0.3833	0.3798
广东	0.4350	0.4110	0.4080	0.4061	0.4042	0.4032
天津	0.4370	0.4620	0.4674	0.4671	0.4582	0.4558
山东	0.3780	0.4260	0.4413	0.4548	0.4769	0.4984
河北	0.3870	0.4140	0.4207	0.4235	0.4251	0.4261
海南	0.4830	0.4630	0.4572	0.4548	0.4540	0.4523
湖北	0.4380	0.4280	0.4289	0.4285	0.4299	0.4346
山西	0.3760	0.3940	0.3916	0.3890	0.3870	0.3853
安徽	0.4080	0.4270	0.4228	0.4201	0.4171	0.4138
湖南	0.3720	0.4010	0.4141	0.4114	0.4102	0.4105
河南	0.3730	0.3940	0.3988	0.3976	0.3983	0.3994
江西	0.4040	0.3630	0.3625	0.3628	0.3631	0.3633
内蒙古	0.4280	0.4810	0.4855	0.4924	0.4981	0.5028
重庆	0.4620	0.4260	0.4216	0.4185	0.4185	0.4175
四川	0.4020	0.3970	0.3931	0.3917	0.3910	0.3893
新疆	0.4280	0.3900	0.3846	0.3829	0.3831	0.3807
宁夏	0.5200	0.5600	0.5915	0.6300	0.6773	0.7279
青海	0.4740	0.5160	0.5123	0.5137	0.5141	0.5143
云南	0.4290	0.4600	0.4528	0.4505	0.4512	0.4498
贵州	0.3960	0.4350	0.4330	0.4318	0.4344	0.4306
陕西	0.3960	0.4030	0.4037	0.4080	0.4123	0.4156
甘肃	0.4830	0.4790	0.4813	0.4848	0.4891	0.4940
广西	0.4240	0.4600	0.4745	0.4900	0.5037	0.5166

续表

省(区、市)	2020年	2021年	2022年	2023年	2024年	2025年
辽宁	0.4660	0.5650	0.6397	0.7071	0.7791	0.8585
黑龙江	0.4230	0.4820	0.4928	0.5067	0.5201	0.5315
吉林	0.3990	0.4240	0.4172	0.4113	0.4099	0.4073
均值	0.4209	0.4342	0.4385	0.4430	0.4486	0.4543

注：2020年和2021年为地方金融风险实际值。

总体上，"十四五"时期地方金融风险将略有上升。依据测算结果，地方金融风险指数均值由2020年的0.4209上升至2025年的0.4543，年均增长1.539%，地方金融风险水平缓慢上升。

进一步地，参考第四章对地方金融风险的类别差异分析，本部分利用魏敏和李书昊（2018）的计算方法，以2025年地方金融风险水平为例，依据地方金融风险水平标准差SD（0.104）和均值E（0.454）的关系，将地方金融风险水平大于0.558（$E+SD$）的样本划分为风险突出型，介于0.454和0.558之间的样本划分为风险增强型，介于0.350（$E-SD$）和0.454之间的样本划分为风险较强型，低于0.350的样本划分为风险较弱型，各类别地方金融风险水平的区域分布如表6-5所示。

表6-5 2025年不同地区各类别地方金融风险水平的区域分布

类别	东部地区	中部地区	西部地区	东北地区
风险突出型	—	—	宁夏	辽宁
风险增强型	山东、北京、天津	—	广西、青海、内蒙古、甘肃	黑龙江
风险较强型	海南、河北、广东、江苏、福建、上海	湖北、安徽、湖南、河南、山西、江西	云南、贵州、重庆、陕西、四川、新疆	吉林
风险较弱型	浙江	—	—	—

资料来源：笔者自行整理而得。

表6-5中，东部有3个地区属于风险增强型、6个地区属于风险较强型、1个地区属于风险较弱型，风险较强型及风险较弱型地区数量占东部地

区样本省份的70%，地方金融风险水平相对偏低。中部6个地区均属于风险较强型，中部地区地方金融风险水平偏低。西部有1个地区属于风险突出型、4个地区属于风险增强型、6个地区属于风险较强型，高风险地区偏多。东北有1个地区属于风险突出型、1个地区属于风险增强型，1个地区属于风险较强型。

二 "十四五"时期民间借贷风险水平预测分析

本节基于2013年1月4日至2023年1月15日的6种温州指数2402个日频样本，利用LSTM-GRU模型和LSTM-CNN模型预测"十四五"时期民间借贷风险指数变化趋势。

（一）预测模型的稳定性分析

基于上述算法设计，表6-6显示了"十四五"时期民间借贷风险指数的样本外预测参数。

表6-6 "十四五"时期民间借贷风险指数的样本外预测参数

变量	LSTM-CNN					LSTM-GRU				
	MSE	RMSE	MAE	R^2	MAPE	MSE	RMSE	MAE	R^2	MAPE
rwzfr	0.2406	0.4905	0.3814	0.9476	2.3438	0.0463	0.2152	0.1694	**0.9899**	**1.0185**
fkcr	2.1297	1.4593	1.1129	0.4001	7.4642	0.6978	0.8353	0.6502	**0.8034**	**4.2153**
othr	0.2272	0.4766	0.2619	0.9849	1.2263	0.1771	0.4209	0.2880	**0.9882**	**1.3118**
sdirt	0.1907	0.4367	0.2592	0.9486	1.8660	0.1208	0.3475	0.2565	**0.9675**	**1.8376**
mcdr	1.4100	1.1874	0.9012	0.4876	5.4901	0.3211	0.5666	0.4400	**0.8833**	**2.6301**
ltrm	1.7862	1.3365	0.9751	0.5495	6.7221	0.5591	0.7478	0.5495	**0.8590**	**3.8383**

注：表中加粗字体表示预测误差参数最佳值。

如表6-6所示，从模型的稳定性来看，LSTM-CNN模型和LSTM-GRU模型对"十四五"时期民间借贷风险指数预测的R^2值具有较大差异，其中，LSTM-GRU模型的R^2值均大于0.8，表明LSTM-GRU模型对民间借贷风险指数的预测稳定性要好于LSTM-CNN模型。从预测值的误差率来看，LSTM-CNN模型和LSTM-GRU模型对"十四五"时期民间借贷风险指数预测值的误差率均在 7.5% 以内，其中，LSTM-GRU 模型的预测误差率均在 4.5% 以内，表明模型预测值的精准度较高，能够较好地基于现有测算数据反映民间借贷风险指数的未来走势，从而客观展示"十四五"时期民间借贷风险的基本态势。

（二）"十四五"时期预测结果分析

为了更好地反映不同模型的预测结果，本部分依据表 6-6 的模型参数估计结果，重点参考 MAPE 和 R^2 值，基于 LSTM-GRU 模型选择"十四五"时期民间借贷风险指数的最优预测值（见图 6-15）。

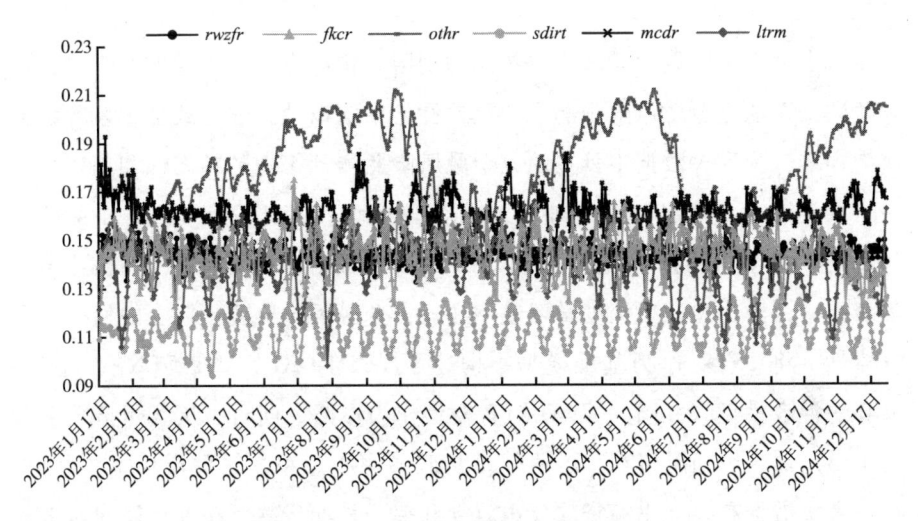

图 6-15　6 种民间借贷风险指数的样本外预测值

资料来源：笔者依据分析结果自行绘制而得。

从短期来看，实际上，中国人民银行授权全国银行间同业拆借中心数据显示，2023 年 1 月 20 日，1 年期 LPR 为 3.65%，按照《民法典》规定，民间借贷利率保护上限为 14.60%（3.65%×4）。2023 年 2 月 20 日，其他市场主体利率、小额贷款公司放款利率预测值均大于 14.6%，均存在风险。温州地区民间融资利率、民间借贷服务中心利率、长期贷款利率接近 14.6%，均存在潜在风险。从长期来看，"十四五"时期，其他市场主体利率呈现大幅周期性波动，"十四五"时期末预测值在 19% 左右，相对于历史数据偏高，存在风险；小额贷款公司放款利率高位波动，"十四五"时期末预测值在17%左右，相对于历史数据偏高，存在风险；温州地区民间融资利率、民间借贷服务中心利率、长期贷款利率呈现小幅周期性波动，"十四五"时期末预测值在15%左右，相对于历史数据略微偏高，存在潜在风险；社会直接借贷利率呈现低位周期性波动，"十四五"时期末预测值在11%左右，相对于历史数据稳定，风险较小。

第六节 小结

考虑地方金融风险省级样本数据的期限结构特点，以及地方非正式金融风险数据在地方金融风险预测中的重要性，本章以地方非正式金融风险数据作为样本，验证大数据工具在地方金融风险监测预警中的精准性和鲁棒性。

从全样本预测以及样本外预测两个角度看，基于2013年1月4日至2022年1月25日的6种温州指数2167个日频数据，利用大数据的机器学习集合模型，对比验证了深度学习模型在地方金融风险监测预警上的精准性和鲁棒性。将LSTM作为基准模型，构建了LSTM-GRU、LSTM-CNN、LSTM-SVR等混合模型，并引入GWO-SVR模型作为参照。同时，从温州指数中采集了温州地区民间融资利率、民间借贷服务中心利率、其他市场主体利率、社会直接借贷利率、小额贷款公司放款利率及长期贷款利率6种民间非正式金融组织借贷利率的日频数据作为样本。不同借贷主体贷款利率的样本内和样本外预测结果均表明，针对6种借贷利率，尤其是其他市场主体利率，LSTM-GRU模型的预测精度更高，且具有鲁棒性。基于《民法典》同期LPR的4倍来界定是否存在借贷风险，结果表明，运用LSTM混合模型能够有效地预测民间非正式金融组织借贷风险，也同时说明基于大数据的机器学习方法能够精准地监测地方金融风险。

进一步地，基于2013~2021年30个省（区、市）（不含港澳台和西藏）地方金融风险指数值，以及2013年1月4日至2023年1月15日的6种温州指数2402个日频数据，利用LSTM-GRU模型和LSTM-CNN模型预测"十四五"时期地方金融风险发展趋势,得出如下结论:"十四五"时期,地方金融风险将略有上升,不同地区的地方金融风险水平差异较为明显;不同民间借贷指数波动差异较大,民间非正式金融组织借贷风险相对偏高。

综上,为推进基于大数据的地方金融风险监测预警及协同治理,本章得出如下启示。一是"十四五"时期,地方金融风险呈上升态势,不同地区金融风险发展的状态有明显差异,需要进一步加大对地方金融风险的治理力度。二是要提高地方金融风险的大数据治理意识,将大数据工具纳入地方金融风险治理的全过程,提升协同治理的科学性。三是要加强 LSTM 等混合模型在金融风险,尤其是地方非正式金融风险预测中的应用,特别是充分发挥 LSTM-GRU 等不同混合模型在时间序列、文本分析、图片识别、语音识别等方面的功能优势,强化对金融风险时间序列数据的自适应学习,提高地方金融风险预测的精准性和鲁棒性。

第七章
基于大数据的地方金融风险协同治理机制[*]

从前文中我们可以看出,"十四五"时期地方金融风险呈上升态势,协同治理是防范地方金融风险的关键。大数据驱动下的地方金融风险治理主体多元、结构复杂,需要推动要素协同,实现"1+1>2"的治理效能。基于协同理论,结合前文现状分析、案例分析、实证分析和仿真实验结果,本章从实质参与、实质行动、共享动机、联合行动四个角度构建基于大数据的地方金融风险协同治理机制。

第一节　实质参与保障:基于大数据的多元主体协调机制

地方金融风险协同治理涉及政府、科技企业、非科技企业及居民等多个行为主体,不同主体之间的利益协同和组织协调,是深化相互信任关系、提高协同效能的前提和基础。依据金融组织形态特点,将地方金融风险划分为正式与非正式金融风险,并重点考虑科技金融风险,建立以下三种组织协调机制。

---

[*] 本章主要内容及前文数字化协同治理相关内容形成的论文已经进入《中国行政管理》终审环节,预计年内刊出。

一 自上而下、政府和智库共同牵引的正式金融风险治理机制

新公共管理理论强调，政府权力是回应社会诉求、确保社会公义的重要公共服务工具，保障地方经济社会稳定发展是政府的重要职能。地方正式金融风险，包括地方债务风险、房地产风险、银行违约风险等，是地方政府金融风险治理的重要对象。与非正式金融风险相比，正式金融风险的可追溯性、可预测性更强，尤其是银行等正式金融机构在国家金融监测网络中，通过大数据系统的海量数据监测以及深度学习等模型的高精度预测和图谱式分解，增强了地方正式金融风险的可捕捉性。因此，在加强地方正式金融风险大数据治理的同时，强化对经济社会发展的预期管理，需要发挥政府和智库的共同牵引作用。

坚持政府主导，通过地方正式金融风险大数据监测体系，参考现行金融法律法规，对地方正式金融风险进行响应及决策，加强对正式金融风险大数据治理规则的制定，强化对数据隐私的保护，推动5G、区块链等大数据治理新基础设施的建设与布局，提高风险治理的效能，最大限度地弱化金融风险对经济社会发展及社会个体的负向效应。同时，保障财政金融等政策的稳定性、连续性、可预期性和异质性，强化预期管理，推进正规金融稳定发展。

发挥智库专家在金融风险研判和治理决策中的智力优势。鼓励和支持智库专家，通过地方正式金融风险大数据库，强化对经济社会发展周期性规律的理论前沿研究，加强对地方正式金融风险的研究总结，补充完善现行大数据治理体系、国家金融法律体系等规则体系，提升政府金融风险治理效率。

二 中心辐射、政府和非政府主体共同牵引的非正式金融风险治理机制

地方非正式金融风险，包括现金贷、套路贷、熟人贷等政府监管不足的金融风险，是当前地方金融风险治理的难点和痛点。与正式金融风险相比，非正式金融风险呈现非监管性，风险形态的嬗变率高、隐蔽性和传染性强，

使得地方非正式金融风险大数据治理存在捕捉难、监测难的问题。地方非正式金融风险治理的关键是数据捕捉，需要发挥科技企业在大数据挖掘和监测中的技术优势，以及居民对隐蔽性数据的检举优势，提升政府治理地方非正式金融风险的效率。

发挥科技企业在大数据挖掘和监测中的技术优势。聚焦地方非正式金融风险，科技企业可通过机器学习、随机森林及遗传算法等技术手段，不断通过训练集和预测集样本的算法迭代来实现地方非正式金融风险监控模式的优化，提高风险预测的精准度。同时，依托大数据技术手段，发挥在司法、公安、水电力及财税等公有链数据上的优势，科技企业可以有效丰富自身在借贷风险数据、风险控制模型优化等方面的大数据治理经验，研发具有自主知识产权的大数据风控技术，拓展政府在地方非正式金融风险上的治理边界，尤其是基于区块链技术捕捉地方非正式金融组织隐蔽的潜在风险，为完善地方非正式金融风险治理体系和提升治理效能提供依据。

发挥居民对隐蔽性数据的检举优势。居民通过社区、楼栋等网格单元，运用类似上海的"随手登"系统等便捷政务举报方式，通过微信、支付宝等移动终端向政府及时举报非法金融交易行为，补充大数据难以捕捉的非法金融数据。此外，政府在考虑区块链、大数据、人工智能等先进技术特点的基础上，通过立法或者出台制度性规定保护和规范数据产权、技术产权、技术交易行为，逐步规范政务大数据标准体系，确保地方非正式金融风险数据的可靠、真实、有效，并通过大数据技术加强融慧决策效能。

三 自下而上、科技企业和智库共同牵引的科技金融风险治理机制

金融科技是拓展金融网络、推进金融普惠的重要手段，是数字金融发展的关键组成部分，也是加快金融服务实体经济高质量发展的关键举措。金融科技发展的领先性，导致了金融监管与金融科技发展实际的脱离，引致了垄断风险、数据风险、技术风险、运营风险、信用风险和政策风险等风险隐患（沈伟，2022），形成了金融风险治理的"黑箱"。但是，我们也看到金融科技给传统金融带来了成本效应、模式创新效应和技术革新效应。因此，金融

科技带来的金融风险协同治理,要坚持科技企业和智库共同牵引的模式。

发挥科技企业的前沿感知优势。科技企业在科技人才培养、科技研发投入强度、科技生态环境营造等方面具有自身的优势,能够更快地感知金融科技研发方向、应用场景、技术路线等行业发展前沿,可发挥在机器学习、人工智能等算法和模型上的自主研发优势,类似于腾讯的灵鲲系统,不断研发具有自主知识产权的地方非正式金融风险大数据治理技术,丰富政府大数据治理工具箱。

发挥智库专家的智力优势。智库专家可发挥对金融科技发展趋势、金融风险演变及治理趋势的研判分析优势,为政府治理提供决策辅助。政府则应加大对科技企业地方非法金融风险大数据治理的财税、人才支持力度,建立专家智库体系,并通过设立金融科技"监管沙盒",有序稳定健康地推动科技金融发展。

第二节 实质行动保障:基于大数据的协同治理决策机制

融慧化是"十四五"时期数字政府建设的重要方向。本质上,大数据驱动、多元共治是智慧公共决策的显著特征,公共决策由依靠传统经验转向大数据驱动下的融慧化精准决策,提升了决策效率。地方金融风险的快速嬗变,提升了风险捕捉的难度,需要利用更加智能化的决策方式,提高风险治理效率。

一 金融风险的机器自主学习机制

与传统决策不同,基于大数据的协同决策充分利用人工智能的风险自适应学习能力,提高了地方金融风险识别的精度。一是风险数据链式归集机制。通过联邦学习,在抽取数据、保护数据隐私的前提下,基于区块链技术实现对已感知的地方金融风险数据的快速收集、整理,尤其是在公有链上的政务数据以及私有链上的借贷信息数据,通过去除噪声、规范数据格式、数据集成等 ETL 过程，实现数据快速归集共享。二是数据人工智能分析机制。通过遗传算法、随机森林等技术手段对数据进行关联分析，穿透式关联不同风险类别、风险主因及表现形式，采用 LSTM 等深度学习模型对地方金融风险进行监测预警，采用人工神经网络及知识图谱技术实现分析报告的可视化，探索地方金融风险数据的分布特征。三是突发事件机器自学习机制。通过特征工程等技术手段，对图、序列、文本等进行混合表征学习，在强化学习等机器学习模式下实现大数据监控平台的自主学习，形成对地方金融风险的持续追踪。四是风险大数据案例库。在地方政府债务、企业债、房地产、P2P 网络借贷、非法集资等地方金融风险典型样本中，通过个体案例的深入剖析，建立地方金融风险大数据案例库，为机器学习提供大数据样本。

二 分级分类的数智化决策规则

在大数据驱动下，依靠人的经验的传统决策路径逐渐转变为以人工智能自主学习为主的决策模式，从而提高决策的科学性（Brayne，2017）。一是决策分级标准规则体系。分级是区分人治和机器治理的关键，分级范围是机器学习自进化的边界，需要建立基于人机协同的地方金融风险大数据的决策分级标准规则体系。机器决策的作用在于辅助人工决策，在人机互动条件下实现成本节约、治理效能最大化。尤其是机器决策在辅助基层决策中具有明显的技术优势，因此，在地方金融风险人治主导体系下，应逐步增强机器决策在中低金融风险领域的决策作用。二是决策分类标准规则体系。在技术等要素驱动下，地方非法金融风险嬗变快、形式多样，需要以不同的风险种类形成多元化的类金融风险类别。充分利用大数据的资源和技术优势，依据信用风险、市场风险、流动性风险、操作风险、法律风险、声誉风险以及战略风险等地方金融风险，将风险划分为描述型、诊断型、预测型、指导型等，据此形成结构化决策、半结构化决策以及非结构化决策。三是决策的自进化机制。运用特征工程、随机森林、BP 神经网络等机器学习技术手段，设立样本训练集和验证集等反复学习校准机制，验证机器学习样本的精准性，并通过样本数据迭代，实现地方金融风险样本的机器自我建模，提高人工智能识别精度，形成多样化类金融风险决策自进化模型，提高治理效能。

三 地方重大金融风险治理的决策机制

在互联网等要素驱动下，地方金融风险容易嬗变为重大金融风险，重大金融风险涉及政治、经济等较为深层次的因素，数据驱动下的机器决策难以满足客观需要，需要发挥人的主观智慧决策效能，建立重大金融风险联席决策机制。纵向上，构建中央—省级—市厅级等多级垂直联席机制，实现重大金融风险的精准、快速处理。一是省级金融防控联席会议制度。坚持金融管理权在中央事权的前提下，建立省级政府及中央驻省各级金融监管部门协同的重大金融风险联席决策机制，会同地级市及以上部门就潜在的系统性金融风险问题进行联席决策。二是地市级金融防控协作专项组织机制。依据地方重大金融风险类别，组建跨域金融创新风险、交易场所风险、非法集资风险等风险专项处置组织机制，以及针对地下钱庄、非法高利贷、农信社改制化险等一系列风险处置专班，重点化解地方重大金融风险。三是搭建央地金融风险防控大数据协同平台，加强重大金融风险的大数据决策支持。

横向上，建立金融、司法、公安、通信、财政及电力等多个部门的横向联席机制，实现对地方重大金融风险的精准解剖。一是地方重大金融风险研判机制。充分发挥地方金融风险大数据监测预警平台的优势，搭建地方重大金融风险预警联席处置平台，重点关注隐性债务、影子银行、互联互保、股权质押、资金链断裂等因素导致的风险。同时，利用金融审判大数据，密切监控分析地方重大金融风险案件中的普遍性、趋势性问题，为行业性、区域性以及系统性金融风险治理决策提供依据。二是地方重大金融风险的案件审执协作机制。司法、公安等部门可为地方重大金融风险案件开辟绿色通道，推行要素式金融审判方式，加快案件审理进度，并与中国人民银行、金融机构协作，加速对案件重要要件的动产与不动产的冻结与追索。三是联席会议机制。在不同部门间，就地方重大金融风险中的风险点、风险化解及风险漏洞问题，以及金融监管立法、重大金融纠纷等问题进行信息共享，制定地方重大金融风险的预警与处置方案。

四 地方金融科技风险治理的决策机制

在金融科技驱动金融创新的同时，技术风险带来的金融科技"阿喀琉斯之踵"已经成为地方金融科技创新的重要阻碍（袁康，2021），需要建立联席决策机制，引导科技向善，服务好实体经济发展。一是地方性金融科技风险防控机制。设立地方金融科技创新管理组织，树立金融科技安全优先原则，明确金融科技应用主体的技术风险防范义务，将金融科技纳入金融风险治理专项的日常管理中，强化风险源头治理。建立金融科技的风险评估规则，充分利用地方金融风险大数据监测预警平台对金融科技创新的风险点、技术性因素及评估结果进行完备性监测，并作为地方金融科技创新管理组织风险决策的依据。确立金融科技的系统柔性规则，使金融科技创新管理组织针对算法缺陷、网络安全、系统故障等方面制定错误纠正机制、容错机制，以提升技术风险的应对能力，构建地方金融风险柔性决策机制，缓解风险冲击。二是金融科技"监管沙盒"机制。结合地方金融发展实际，建立包含区块链结算、人工智能、分布式账本等新技术的金融科技应用创新监管体系，明确"监管沙盒"的准入、监测、预警防控及退出等制度性规则，由地方金融管理部门、中央驻省金融监管机构等政府监管组织，对重大技术风险的监测与缓释进行协商治理，有序规范"监管沙盒"。三是金融科技创新法制创新机制。本着鼓励金融创新、跨界融合等基本导向，搭建公法与"软法"相结合的金融科技创新法制创新机制。一方面，建立司法、公安、金融等不同部门的金融科技创新联席立法机制，针对数据、用户、机构、业务、技术、信息等要素，以及技术研发、运用等技术环节，制定多维度的金融科技安全规范法律规则，形成对金融科技风险的硬约束力。另一方面，通过社会自律性组织的行业压力、规则约束以及社会公权力形成"软法"，规范金融科技创新，尤其是建立"吹哨人"制度，鼓励金融机构内部技术人员对技术风险进行披露，形成对金融科技风险的软约束力。

第三节 共享动机保障：基于大数据的共建共享机制

大数据的物理性是推进地方金融风险大数据治理的基础。"十四五"时期，是国家大力建设以 5G 为代表的新基础设施的关键时期，也是加强政务数字化、提升治理能力的关键时期，需要把握好历史发展机遇，加快共建大数据基础设施，加大对大数据隐私的保护力度，强化大数据技术创新的力度，夯实地方金融风险大数据治理基础。

一 大数据基础设施共建机制

大数据基础设施是地方金融风险大数据协同治理的基础，包括网络基础设施、技术知识产权及数据资源等，具有非排他性、非中立性、来源多主体性。因此，需要发挥政府主体作用，引导社会共建共享大数据基础设施。

对于政府而言，一是建立大数据基础设施标准体系。由于地方金融风险数据来源主体较多，需要政府与科技企业、金融组织协调沟通，围绕大数据标准规范、数据质量管理、数据可追溯等方面建立大数据标准管理体系，提升数据在不同层次、不同政府部门间的通用性、交互的便捷性以及安全性。二是共建公有链网络。按照国家建设数字政府的要求，不断推进公安、司法、财税、工商、通信及网络等公共信息加入公有链，建设区块链或者云计算技术下的电子政务大数据信息系统，加强对数据平台、数据中心、移动网络等存储和传递数据的新基础设施的分级认证体系建设，在共享的基础上强化安全保护。三是建立财税专项支持基金。充分发挥财税调节作用，建立大数据基础设施专项基金，引导民间非正式金融组织、金融行业协会等建设私有链、行业链等大数据基础设施。四是强化大数据基础设施保护机制。政府需要积极与科技企业等主体进行沟通协调，聚焦网络基础设施、网络防火墙等大数据基础设施保护，出台相关法律法规。此外，地方政府还应把握未来科技发展方向，突出对 5G/6G、量子通信、区块链等新型大数据基础设施的建设规划及技术研发规划,做好大数据基础设施建设的战略布局。

对于金融企业和科技企业而言,在保持技术中立的情况下,一方面,需要建设私有链,并在政府引导下将私有链数据共享至大数据监控平台。另一方面,积极与政府就大数据基础设施建设规划、布局、未来发展方向等进行沟通协调,共同推进地方金融风险大数据基础设施建设。

二　大数据资源共享机制

依据关联性打通数据通道,能够释放"数据之和价值大于价值之和"的规模效应,数据共享是在整体性理论框架下建设服务型政府的重要方式(段盛华等,2020)。

一是政府间数据共享。建立和完善政务大数据的一致性标准,提高政府政务大数据平台的数据兼容性、可拓展性、可开发性,逐步集成税务、市场监管、司法、人民银行、金融监管等不同部门间的金融风险相关数据,规范数据更新频次、交互标准,确保数据共享的质量。

二是政府数据与社会之间的共享。在数据安全分类分级的基本原则下,政府需要向社会明确针对不同对象的金融风险相关公共数据开放的范围、进度,并通过数据网络平台有序、交互地向社会公众开放政府政务、金融企业以及个人等数据,提高企业社会感知和协同治理金融风险的效率。

三是社会数据向政府的共享。社会数据是地方金融风险数据识别的关键因素,政府可以通过奖励模式,将企业数据开放质量、共享度纳入金融企业税收激励以及高价值数据开放支持计划;通过中间人磋商式的模式,将较难或不易直接获取的数据,如非正式金融经营数据,通过第三方公司采购方式获得。建立政府金融风险需求清单,依法合规明确政府使用金融类企业数据的范围,金融企业需要依法及时将经营类、管理类数据并入政府政务大数据平台,同时,居民和其他行为主体需要积极利用政府政务App,及时向它提交异常金融交易行为,便于政府快速利用大数据载体进行监测预警。

三　大数据隐私保护机制

由于大数据具有分布广、涉众多等特点,需要在考虑区块链技术以及联邦学习等分布式管理技术特点的情况下，建立大数据隐私保护机制。

一是大数据隐私的立法保护机制。针对当前国内大数据立法进程实际，加快构建"标准+法规"的信息监管体系，细化信息技术领域的标准和规范，加大公法对信息违法干预的力度。当前，在手机App、二维码等可移动终端平台，金融行为主体的性别、年龄、住址及收入水平等个人隐私信息极易被获取，难以得到有效保护，需要聚焦数据信息产权界定、数据资产价格评估及数据隐私泄露权益保护等方面，出台相关隐私保护法规，重点对金融信息采集、数据权利、使用范围等进行明确规定，同时，将受众广、维权成本高、侵权成本低的涉及个人隐私信息的案件纳入公益诉讼范围，将信息化企业纳入常态化监管范畴，加强对大数据隐私的立法和执法保护。

二是隐私信息保护的技术研发机制。建立大数据隐私信息保护技术研发的专项引导基金，由政府出资建立母基金，通过财税调节鼓励和支持社会资本积极参与大数据隐私技术的研发活动。同时，通过大数据产业园区示范工程等专项载体工程，围绕产学研金介用，构建科技成果"一站式"转化机制，鼓励和支持高校科研院所、科技企业积极围绕标识隐私匿名保护、数据分级保护、访问控制隐私保护、信息加密隐私保护等所使用的隐私计算、数据脱敏等数据安全保障产品开展研发应用。

三是大数据行业的自律机制。充分利用好行业自律的软约束作用，进一步优化《中国大数据行业自律公约》《线下大数据行业自律公约》等行业自律性规范，通过大数据行业组织建立更加完善的行业自律性规范体系。同时，发挥好行业自律性组织在大数据隐私保护技术前沿、组织管理创新等方面的优势，强化对大数据隐私保护技术风险的研判，弥补现有法律法规制度建设滞后的不足。

四 大数据技术创新机制

技术创新是持续发挥大数据资源和技术优势的关键，因此需要构建大数据技术创新机制。

一是做好大数据技术创新的顶层设计。着眼于系统性金融风险历史演变历程,以及技术创新下地方金融风险的嬗变形态,从大规模多元异构数据一体化管理、交互式异构数据分析框架、数据可视化与智能数据工程等方面入手,研发一系列国际领先的、具有自主知识产权的大数据核心技术,尤其是区块链、大数据、人工智能等技术,打造自主可控且可逐步升级的大数据技术创新体系。同时,围绕《数据管理能力成熟度评估模型》(Data Management Capability Maturity Model,DCMM),加快地方金融风险大数据监测预警体系中的数据治理、数据服务、数据资产评估等,搭建地方金融风险大数据软件产品质量和安全性的独立性测评认证平台,不断适应数据标准由基础类、数据类标准向平台工具类、治理与管理标准转变的趋势,推进大数据技术标准化建设。

二是建立财税激励机制。通过设立财税专项基金,以及与社会资本共同设立大数据产业基金等多种方式,向大数据技术研发、大数据监测预警相关产业倾斜,尤其是引导和支持腾讯等互联网高科技企业积极推进人工智能算法、专利等大数据关键技术研发,不断提高大数据技术研发水平。同时,鼓励和支持金融机构创新大数据技术研发服务,探索大数据资产证券化,拓展大数据企业融资渠道。

三是建立人才培养机制。鼓励和支持科技企业、新型研发机构、高校与科研院所等机构整合资源,开设大数据相关的专业和课程,设立人才孵化和培训基地,打造大数据技术人才蓄水池。持续打造高水平营商环境,为大数据技术人才创新创业提供资金、孵化器等要素支持。同时,通过财税、住房、子女教育等多种方式的补贴积极吸引国内外高层次人才,专注于大数据技术开发,组建层次多样的大数据技术研发人才队伍。

第四节 联合行动保障:基于大数据的治理规则协同机制

有法可依,是大数据治理的保障。针对地方金融风险大数据治理主体多、治理技术复杂等特点,更加需要明确不同主体间的治理规则,增强企业规则与法律体系的适应性，强化对大数据治理的监督力度，为大数据治理提供有效的规则保障。

一　不同治理主体间的协同规则

规范政府内部大数据治理体系。当前，在金融分权改革背景下，地方金融风险的属地化管理倾向较为明显，不同地区不同部门之间的大数据治理规则存在较大差异，尤其是广州、深圳、宁波及温州等地主要是由地市级政府推进地方非法金融风险的大数据治理，区域异质性较大。省级地市间、央地间的治理规则差异较大，尤其是大数据管理体系、大数据监测预警结果权威性等大数据管理问题，以及公安、电力、司法及工商等不同部门协同的制度性规则等问题。为此，需要国家从顶层设计上做好地方金融风险治理部门协同的统一性规定，各省级政府做出适宜地方金融风险实际的细则，为地方金融风险提供统一性、标准化的法律环境。

明确大数据多元主体间的治理关系。目前，国内的地方金融风险大数据监测预警系统主要采用市场导向的运行模式。从科技企业的角度来看，需要明确地方金融风险大数据监测预警结果在法律意义上的权威性、在公有链管理上的合法性，以及在大数据挖掘等技术手段上的合法性，从法律角度确立其在地方金融风险大数据治理体系中的地位、功能与作用。从居民角度来看，除了运用现有诸如《民法典》等法律法规维护自身权益，还需要就举报揭发民间非正式金融组织违法借贷行为制定相关个人隐私保护机制，切实保障个人权利。从金融企业角度来看，目前大多数金融企业难以获得公有链信息，且自身合规性不强，需要从法律角度明确其在私有链共享、个人隐私保护等方面的作用，不断提高金融企业参与大数据治理的积极性。此外，对于专家智库而言，专家智库相对松散、人员不固定，在一定程度上抑制了治理效果，需要明确专家智库在大数据技术研发、警情研判及决策中的职责分工，提高决策效率。

二　企业规则与法律体系的适应性规则

地方金融风险治理的难点在于地方非法金融风险数据的可测性，技术驱动下的地方金融风险大数据治理需要依托金融企业自身的规则体系。金融企业协同规则体系的核心是，将金融企业的相关制度与地方行政法规有效衔接，突出表现在私有链信息采集、录入及共享规则，以及个人隐私保护等方面，尤其是录入数据的真实性和规范性，以确保公有链信息的准确性。如果没有将二者有效衔接，金融企业大数据集成平台的私有链数据将会失真，从而导致难以用人工智能等手段进行识别预测。同时，伴随地方金融企业创新发展模式的转变，尤其是技术驱动下企业管理运营规则的变化，需要政府主动对接，吸收地方金融企业有益的变化规则。此外，我们还需要注意到，金融风险治理制度本身会存在滥用或缺位现象，而科技企业能利用海量存储数据的集成大数据平台，通过人工智能手段实现对治理规则的自主传送，有效地减少人为干预。因此，也需要政府考虑大数据智能情境下政策实施的智慧化规则，不断丰富和完善地方金融风险大数据治理的法律法规体系。

三　大数据治理的社会监督规则

大数据时代，社会监管制度的价值在于扩大地方金融风险大数据治理的主体范围，推动社会公众、企业与政府在风险治理上的价值认同和利益平衡（郑丁灏，2022）。实践中，数字政府建设呈现政府与社会公众在公法权力上互动的有效性和合法性，建立大数据治理的社会监督规则，是提高地方金融风险大数据治理协同效能的重要方式。

一是建立信息沟通机制。良好的信息沟通，是高效发挥社会监督功能的关键。一方面，通过制定权责清单，政府明确社会主体在地方金融风险大数据监督治理中的权责，避免因公共利益监管泛化或者监督过度的行为。另一方面，不同社会监督主体的社会地位、监督治理能力及经验等均有明显差异，需要进行多元主体协调，包括社会主体之间的监督协调、主体之间信息沟通等监督过程的协调，以及监督结果的协调等。

二是搭建地方金融风险大数据监督治理应用平台。一体化监督治理平台，是公众以多源数据为依据展现自身权力和明确权力关系的重要通道。需要整合金融、政务、企业等各类金融风险相关数据,通过网站、App 终端建立大数据治理社会监督平台,形成"政务数据共享+社会监督+问责"的数字化风险监管机制,推动金融风险治理下社会公权监管的数据化、网络化。

三是建立激励约束机制。通过多种有效激励方式来增强社会主体参与金融风险监督治理的动力,增强地方金融风险大数据协同治理的效能。一方面,政府需要通过地方规章制度切实保证社会多元监督主体的利益,尤其是对社会金融潜在风险举报揭发权益的保护,同时,将居民和企业的有效监管行为纳入大数据政务管理系统予以文明称号等正向激励。另一方面,政府通过建立负向激励机制等方式规范社会监督行为,严厉打击制止金融行业过度竞争所导致的违法举报行为,引导社会合理合法参与监督治理过程。

第八章
提高地方金融风险监测预警及协同治理效率的对策建议

党的十九届历次全会、党的二十大报告明确了政府治理能力现代化方向，提出"加强数字社会、数字政府建设，提升公共服务、社会治理等数字化智能化水平"，逐步探索大数据驱动政府治理的有效模式和机制。防范地方金融风险是"十四五"时期国家金融风险治理的重要方向。为提升政府治理地方金融风险效能、有效防控地方金融风险，本章结合前文的研究内容，提出提高地方金融风险监测预警及协同治理效率的对策建议。

第一节 加强地方金融风险治理的数字化协同建设

强化地方金融风险治理的数字化协同，需要加强政府金融风险数字化协同建设的顶层设计，加强地方金融风险治理的决策、管理和服务数字化协同建设，加强地方金融风险的数据治理，从而持续提升地方金融风险协同治理的效能。

一 加强治理数字化协同建设的顶层设计

加强顶层设计是推进地方金融风险的数字化协同治理建设的关键，需要强化顶层制度、数字技术创新、协同治理前沿理论等的顶层设计，把握地方金融风险数字化协同治理的方向。

一是加快出台金融风险治理数字化协同的顶层制度设计。抓好国家"十四五"规划中关于数字化政府建设的历史机遇,明确地方金融风险数字化协同治理的目标和数字化建设重点,加快建设地方金融风险数字化协同建设制度体系。在国务院金融稳定发展委员会的管理机制下,坚持地方金融风险分级下的全国统筹、地方自主原则,构建金融风险数字化协同治理机制,由国家统筹系统性金融风险的数字化协同治理,地方自主围绕债务、房地产、中小银行等风险进行数字化协同治理。进一步地,加强政府金融风险数字化治理管理机制,明确金融、司法、公安、大数据、统计及电信等不同部门之间的权责关系,解决国家层面金融风险数字化协同治理的组织协同缺位问题。此外,将地方金融风险数字化协同治理纳入地方官员考核体系,督促地方政府从技术、制度等方面全面提升金融风险数字化协同治理能力。

二是强化对数字技术创新的顶层设计。当前,技术创新摩尔周期缩短,在技术创新驱动下金融风险嬗变加快以及全球地缘政治风险影响等情景交织的背景下,地方金融风险治理的难度提高,需要政府紧跟数字化技术创新前沿,强化顶层设计。一方面,要紧跟数字化技术发展前沿,加强先进技术应用、技术安全、技术创新、数据流动与共享、数据安全等政府数字化协同治理技术层面要素的创新研发及安全保护的顶层设计,在安全的前提下持续提升政府数字化治理水平。另一方面,要持续加强数字化技术知识产权体系建设的顶层设计,突出对区块链、人工智能等前沿性创新技术知识产权的保护,不断提升政府金融风险治理的数字化技术的安全性和稳定性。此外,持续优化数字化标准体系建设,围绕政务数据、大数据基础设施、政务信息化应用、大数据管理等方面,构建国家、地方政府等多个维度的金融风险数字化标准体系,尤其是加快政务大数据标准体系建设,不断提升地方政府金融风险数字化协同治理效率。

三是加强对协同治理等前沿研究理论的顶层设计。地方金融风险形成及传染的复杂性以及外部冲击的不确定性,加大了治理难度,需要专家智库深入对金融风险、大数据、协同治理等理论的前沿研究。一方面,坚持政府为主，构建由高校、社会科学院、民间智库等机构组成的地方金融风险大数据协同治理的专家智库体系，尤其是针对地方政府，强化智库对地方金融风险感知和风险处置的能力，发挥专家智库的智力优势。另一方面，聚焦关键，紧跟协同治理理论创新前沿，加强对公众、企业等非政府主体，以及乡镇（街道）、社区（村）等基层组织参与协同治理的机制研究，激发非政府主体参与地方金融风险治理的积极性和主动性，从而持续优化数字化协同治理的复杂结构，提升地方金融风险的数字化治理效率。

二 加强治理决策、管理和创新服务的数字化协同

数字化协同打破了地方金融风险治理的体制机制障碍，需要强化在数字化决策、数字化管理、数字化创新服务上的协同。

一是加强地方金融风险大数据治理的数字化决策协同。数据联通是地方金融风险大数据协同治理的核心要素，也是快速传递、共享决策信息的纽带，以数据为基础的数字化强化了地方金融风险治理的决策协同。一方面，要持续构建地方金融风险感知数据网络体系。建立社区（街道）、办公大楼等场所全覆盖，公安、司法、大数据、统计及金融等部分政务数据全链条联通的地方金融风险大数据集成链条，辅助人工智能的非结构化数据挖掘，从而构建包含结构化数据和非结构化数据的地方金融风险大数据感知网络，为地方金融风险治理决策提供切实可靠的数据依据。另一方面，要构建地方金融风险决策模型簇。基于结构化和非结构化的大数据感知网络，利用数字化技术将非结构化数据转化为结构化数据，从而形成地方金融风险决策的数据模拟池，据此建立跨时空、多风险场景、多维度模型的地方金融风险决策模型簇，尤其是可以利用超级计算机模拟地方金融风险演化、嬗变、传染及风险扩散溢出和经济损失度，强化对结构复杂、波及范围广的风险治理决策的仿真验证，提高风险决策的精准度和响应度。

二是加强地方金融风险大数据治理的数字化管理协同。数字化技术打破了地方金融风险治理跨部门、跨层级、跨地域的体制机制和地理空间约束，以网络为核心的数字化强化了地方金融风险治理的管理协同。一方面，建立

地方金融风险治理的网络化管理模式。通过区块链等技术强化对地方金融组织、非金融企业、政务数据以及其他企业数据的系统集成，按权限实现数据的分级有序共享。同时，利用虚拟仿真、人工智能、3D全息影像等新一代信息技术，搭建中央—省—市—县（区）—乡镇（街道）等跨地域、跨层级、跨时空的地方金融风险的线上和线下相结合的联席会议机制，实现对地方金融风险的及时治理。另一方面，持续发挥数字化信息共享的价值创造功能。痕迹化是信息化工具应用的结果，痕迹为地方金融风险治理管理模式创新提供了现实依据。通过系统收集地方金融风险治理的数字化管理的痕迹数据，利用大数据技术实现对地方金融风险治理结果下的管理过程解剖，降低因管理机构的臃肿、管理过程的复杂或者失误而导致的低治理效率，据此推进地方金融风险大数据治理的管理模式创新、管理技术更新。

三是加强地方金融风险大数据治理的数字化创新服务协同。除政府外，企业、居民、银行等非政府主体是参与地方金融风险协同治理的主体，因此，需要依据不同群体的特点加强地方金融风险治理的数字化创新服务协同。一方面，构建地方金融风险治理的多级服务机制。通过大数据网络将地方金融风险治理范围延伸至乡镇（街道）、社区（村），利用省政府、智库、企业等治理主体的丰富资源，缓解乡镇（街道）等基层组织因金融管理专业人才少、金融风险决策能力有限造成的对地方金融风险感知、响应慢问题，有效拓展地方金融风险政府治理的边界，提高地方金融风险治理的响应速度。另一方面，搭建地方金融风险治理的数字化服务载体。鼓励和支持地方金融风险治理主体建立政府内部网络与非政府外部网络之间的连接载体，尤其是金融、司法、公安等部门以及基层组织通过钉钉群、微信群等公众化的虚拟社区载体，加强与地方金融风险涉险群体的沟通，加强金融安全及金融风险防范意识宣传，增进与非政府主体之间的信任，提高非政府主体参与地方金融风险治理的主动性和积极性。

三　加强风险数据治理

科学精准的数据是地方金融风险监测预警及协同治理的基本要件，需要加强地方金融风险的数据管理、数据共享以及数据安全保护。

一是加强地方金融风险的数据管理。强化数据管理是提升地方金融风险数字化协同治理效能的关键。一方面，要建立和完善金融行业数据协同治理的标准体系。充分利用《"十四五"数字经济发展规划》《"十四五"大数据产业发展规划》等重要规划出台的历史机遇，组建由中国人民银行、国家金融监管总局及中国证监会等金融部门牵头的金融行业数据协同治理体系，逐步完善金融监管机构、金融机构（企业）等不同金融部门之间，以及金融部门与其他部门之间的数据治理制度体系，引导金融机构（企业）强化数据治理，突出对关键领域、重要部门核心数据的识别与认定工作，提高数据质量，维护数据安全。另一方面，建立和完善数据治理的技术标准体系。坚持稳定、安全、科学可行的原则，建立数据清洗、数据集成、数据仓储、数据分析、数据存储、数据处理凭条、开放数据集，以及数据共享平台等数据基础设施与数据应用平台一体化的大数据治理的技术标准，规范数据治理的技术创新和技术应用活动。

二是加强地方金融风险的数据共享。数据共享是地方金融风险数字化协同治理的核心环节，需要拓展和深化地方金融风险大数据的共享广度和深度，高效释放数据的要素价值。一方面，要持续打破政府部门间、不同地区之间数据共享的制度性障碍，积极引入社会公众、媒体、企业等非政府主体，推进政府间数据开放、政府数据向社会开放、社会数据向政府开放，建立国家金融风险公共数据开放体系、多元的数据开放体系，持续提升数据开放的质量。另一方面，建立"一站式"管控的地方金融风险大数据共享平台。基于现有地方政府政务大数据平台，利用区块链、云计算等技术实现金融、司法、公安、税务等部门数据的汇集共享，尤其是加快落实"十四五"时期国家数字化政府建设要求，加快建立司法、公安及财税等大数据公有链，以及金融行业的同盟链大数据平台，用制度及机制打破不同部门之间的数据烟囱，打造大数据集成数据平台。此外，积极利用BP神经网络、特征工程等算法技术，打造地方金融风险大数据可视化显示平台，实现对企业、自然人金融交易行为的精准画像，实时跟踪关键领域、重点地区地方金融机构（企业）和个人的异常金融行为，并通过知识图谱实现对地方金融风险状态、风险事项的画像，高效地对地方金融风险进行精准监控，从而为大数据治理决策提供客观依据。

三是加强地方金融风险治理的数据安全保护。数据安全是地方金融风险大数据治理的关键保障。一方面，要以技术创新强化地方金融风险治理的数据安全保护。充分利用区块链透明度高、不可篡改、分布式、可追溯性强等技术特点，推进地方金融风险大数据治理的数据共享及时化、风险治理过程透明化、主体权益公开化，提升信息共享的可信度。另一方面，建立数据使用安全权责体系。加快建立数据确权制度体系，按照数据分类分级原则使政府和非政府主体在数据共享过程中以规治数、按权用数、决策循数。此外，进一步增强以数据为核心的数据应用程序的风险防范意识，将数据安全、技术创新、安全理念等地方金融风险的数字化协同紧密相连，在安全原则下持续提升地方金融风险治理的协同效能。

第二节　强化地方金融风险治理的大数据创新

加快地方金融风险治理的大数据创新，是提高基于大数据的地方金融风险监测预警及协同治理效能的关键。为此，需要加快地方金融风险治理的大数据关键技术研发，推进大数据模式创新，加强地方金融风险治理大数据创新的财税人才保障，以技术提高地方金融风险协同治理的准确性。

一　加快大数据关键技术研发

大数据关键技术是地方金融风险监测预警及协同治理的核心要素，需要建立地方金融风险大数据治理的技术研发体系、技术研发平台，加大对安全技术的研发力度。

一是建立地方金融风险大数据治理关键技术研发体系。充分结合地方金融风险监测预警及协同治理的客观需要，围绕大数据科学理论、云计算、区块链、大数据计算系统、数据模型预测、超级计算机等领域进行前瞻性布局,加快推进数据识别、数据流动、数据安全等核心基础性技术研发,尤其是分布式存储、智能合约、生物识别、文本技术等,推进数据研发、数据安全与区块链、人工智能等新技术的融合发展,逐步打造符合地方金融风险特点的地方金融风险关键技术体系。同时,构建地方科技创新委员会、金融监管部门、科技企业等多主体参与的关键技术研发组织体系,为地方金融风险关键技术研发提供顶层设计指导。

二是建立地方金融风险大数据治理关键技术研发平台。通过政策引导等多种方式,搭建产学研金用一体化的地方金融风险大数据治理关键技术研发平台。鼓励和支持高校、科研院所、科技企业、金融机构等联合成立地方金融风险大数据治理技术研发的国家级、省级重点实验室和工程技术研发中心,尤其是要充分利用国家算力基础设施,依托国家超级计算中心建立地方金融风险监测预警和治理决策的超算平台和云服务平台,加大语义识别、大数据标签、智能合约、人工智能等新技术在地方金融风险大数据协同治理中的应用力度,不断建立具有自主知识产权的地方金融风险的关键技术簇。

三是强化地方金融风险治理数据安全技术的研发。数据安全是地方金融风险数据跨部门、跨地域流动共享的关键,要强化对数据安全技术的研发。加大对数据保护等关键技术的研发力度,尤其是加快 DDoS 攻击溯源、APT 攻击防御、身份管理等核心基础性技术的突破,以及涉及政务、个人隐私等数据泄密监测技术的研发。同时,加快大数据技术和安全技术的融合发展,积极拓展区块链、人工智能技术在大数据中安全应用的场景,提升金融风险大数据监测预警平台的功能拓展性,从而不断提高地方金融风险大数据安全水平。

二 加快大数据模式创新

模式是地方金融风险监测预警及协同治理效能提升的关键,需要加大监测预警模型创新、大数据治理模式创新的力度,尤其是要充分发挥专家智库的创新动能。

一是加快地方金融风险监测预警模型创新。依据不同地区的特点,自主开发和优化符合地方金融发展现状的人工智能监测预警模型,并作为区域科技金融风险监测的主体工程。针对房地产风险、债务风险、中小银行风险、政府债务风险等地方金融关键风险的数值特征，增强 LSTM、Tansformer 等大数据集成模型或者抽取算法，以及 TensorFlow 等开源机器学习平台在时间序列数据上的优势，集成多种警情下的风险预测模型，提升地方金融风险监测预警的精准度和鲁棒性。同时，逐步将月度、日度数据颗粒拓展至秒级数据颗粒，通过"数据+机器学习"实现地方金融风险监测预警模型的人工智能化，不断提高地方金融风险监测预警及协同治理的数智化水平。

二是积极推进地方金融风险大数据治理模式创新。地方金融风险治理是在政府主导下的治理，涉及科技企业、金融企业、非科技非金融企业以及居民等其他治理主体，需要积极推进地方金融风险协同治理模式的创新。尤其是在地缘政治风险、全球经济波动较大、国内经济下行压力加大等客观因素干扰下，地方金融风险突发性较大，地方非正式金融风险嬗变加快，这增加了地方金融风险治理的难度。同时，地方金融风险治理中科技水平的提高，也促进了地方金融风险治理模式的创新。为此，需要加强基于大数据的地方金融风险协同治理的模式创新，强化科技治理创新，不断提高金融风险治理水平。

三是充分发挥专家智库在大数据创新中的功能。地方金融风险治理警情复杂、涉及面广，需要强化专家智库的智力作用。可在省级层面建立地方金融风险协同治理专家委员会，引入计算机、金融经济、信息安全等不同领域的专家学者，构建"数据+大数据模型+人工智能+智库专家"的辅助决策模型，实现"人工智能+专家智力"相结合的金融风险治理政策协同，不断提高金融风险治理的精准性和科学性。

三　加强大数据创新的财税人才保障

着力发挥财政的引导作用，通过建立产业基金等多种方式，引导市场、高校等主体进行大数据、区块链、人工智能等新技术的研发，同时，在子女教育、住房、财税等方面为引进的高层次人才提供保障，打造高技术的人才研发团队。

一是增加技术保障升级的科研投入。地方金融风险大数据创新需要地方财政的大力支持。一方面，地方政府需要通过设立财政大数据产业基金等多种方式，持续加强对地方金融风险大数据治理技术、治理模式创新的财政支持，尤其是对于5G/6G、区块链、人工智能等关键新技术，要通过政策引导、产业培育等多种方式推进技术创新。另一方面，要加强对地方金融风险大数据创新的财税激励，对于取得关键性自主知识产权的科研院所、企业，要在税收优惠、人才认定和奖励等方面给予支持和保障。

二是加大地方金融基础设施的财政投入。针对不同地区新型基础设施发展水平不一的情况，因地制宜地加大地方金融基础设施的财政投入力度。对于新型基础设施发展水平较高的地区，要加快对数据安全等金融基础设施的更新，增加研发的财政投入，尤其是要加大数据库等基础性基础设施的自主知识产权技术的投入力度，不断发挥金融基础设施的示范作用。同时，对于新型基础设施发展水平较低的地区，要加快大数据协同治理平台等基础性基础设施的建设，提高地方金融风险治理的硬件水平。

三是加大对大数据人才的培养力度。大数据人才是地方金融风险大数据治理的关键要素。一方面，加大对新兴交叉领域的财政投入力度，鼓励高校、科研院所开设金融风险、大数据、信息安全、心理学、生物学以及物理学等交叉领域的人才培养专业，加大对相关专业教师的培养力度。尤其是重视对大数据、信息安全等基础教育课程的研创和培训投入，不断扩大大数据技术研发和金融科技监管人才规模。另一方面，加大对大数据人才的引进力度。通过绿色通道、一人一事等多种人才政策，吸纳全球金融创新和大数据创新人才，充实地方金融风险协同治理人才队伍，不断提高地方金融风险治理水平。此外，要加强对地方政府经济、金融、大数据、统计等领域大数据、金融风险交叉学科的培训，提高政务工作者的风险意识和数据意识。

第三节　加快大数据基础设施建设

5G、人工智能等新技术加快了金融风险感知响应的速度，提升了金融风险协同治理的效能,需要加快建设数字感知基础设施,建立金融风险数字孪生靶场,提升通信网络基础设施水平,为基于大数据的地方金融风险协同治理提供有效的大数据基础设施支撑。

一　建设要素深度互联的地方数字感知基础设施

深度感知的数字基础设施,有利于拓展地方金融风险大数据边界,为此,需要建立地方金融风险识别基础设施、数据共享基础设施以及感知网络生态。

一是建立地方金融风险识别基础设施。金融风险识别基础设施是地方金融风险感知的前置条件,可以发挥全域感知、精准识别的技术优势,增强金融风险的感知能力。一方面,建立地方正式金融风险识别基础设施。地方正式金融机构,尤其是地方中小银行等金融机构,要持续建立和优化分布式平台数据库,利用智能化、全面化的风险识别工具,从静态合规检查、数据库运行动态监控等多个角度建立金融风险审计监督体系,运用机器学习、人工智能、云计算等多种新技术对运行指标风险、大事件风险、访问路径风险进行智慧感知,增强地方正式金融风险的感知能力。另一方面,建立地方非正式金融风险识别基础设施。充分利用国家建设智慧城市的机遇,重点在街道、社区、金融营业楼宇等地区和场所建立人脸识别、广告识别等感知基础设施,以及App小程序等风险直报网络基础设施,强化对金融虚假广告宣传、老年特殊群体聚集、金融异常行为风险举报、金融涉案人员监测等金融风险行为的感知,增强地方非正式金融风险的感知能力。

二是建立地方金融风险数据共享基础设施。及时、畅通、高效的数据共享基础设施是地方金融风险治理的关键。一方面,建立金融统计数据共享基础设施。按照地区金融风险等级,建立包含金融资产登记托管系统、清算结算系统、交易设施、交易报告库、重要支付系统、基础征信系统等金融基础设施的统计数据管控平台,以中国人民银行、国家金融监管总局及中国证监会等省级监管机构为支撑点,提升地方金融风险统计数据协同处理能力。另一方面,建立政务数据和金融数据共享基础设施。运用大数据、人工智能、图像识别等新技术，建立地方金融风险数据、政务数据、互联网数据和物联网数据共享平台，实现银行、非银行金融机构、住房公积金、水电、税务、司法、公安、工商等结构化数据和通过互联网抓取的非结构化数据的一体化，尤其是要充分利用隐私计算、大数据、人工智能、超级计算和区块链等新技术推动数字金融创新，打造集成"应用响应层、智能引擎层、数据治理层和计算资源层"的多层次基础技术服务体系，突破不同主体间的市场准入、数据获取、技术创新等壁垒，加快数据跨部门、跨领域的共享，以风险监测、数据交换共享、金融联合建模、安全防控创新为核心能力构建"7+4"类地方金融全业态数据共享体系，实现对地方金融风险系统实时和有效的监测预警。

三是建立地方金融风险感知网络生态。多元化的金融风险感知网络是地方金融风险治理基础设施建设的重要保障。一方面，建立多元化的社会主体参与网络。非结构化数据是金融风险感知的重要支撑，需要企业、公众等多样化社会主体的参与，要建立政府为主，科技企业、金融企业、非科技非金融企业、民众等多主体参与的金融风险感知网络。另一方面，建立合作共赢的风险感知载体生态。金融风险数据基础设施建设是一项超大工程、数据迭代的动态化工程，技术含量高、投资周期长，要坚持金融数据报送质量第一的原则，在实现金融风险精准预测防控的同时，充分发挥金融数据的价值，加快非涉密金融数据确权等数据交易制度安排，突出脱敏政务数据与企业共享等机制设计，推进金融数据服务企业发展模式创新。利用上述市场化机制，吸引更多企业参与，实现多元主体的共赢，打造金融行业内外风险安全信息和服务"双循环"生态。

二 建设安全可控的地方金融风险数字孪生靶场

数字孪生靶场能够有效捕捉地方金融风险演化嬗变的方向，需要构建地方金融风险的数字孪生靶场技术体系、数字孪生靶场以及金融安全测评人才实训体系。

一是构建地方金融风险数字孪生靶场技术体系。技术是地方金融风险数字孪生靶场建设的核心。一方面，围绕地方金融风险的突发性、并联性等特点，持续加大对云计算、数据采集与分析、超逼真仿真、区块链、卫星通信、大数据可视化等新技术的研发力度，形成拥有自主知识产权的金融风险数字孪生靶场技术簇，从而构建地方金融风险数字孪生靶场核心技术体系。另一方面，将地方金融风险数字孪生靶场必备的核心技术，与交通、能源、通信、空间等非金融技术进行融合，聚焦多业态的正式金融风险以及多模态的非正式金融风险，利用核心技术开发不同风险种类下的场景技术簇，逐步打造统一底层和中台系统相结合、靶场规则适应数据变化的主动防御型地方金融风险数字孪生靶场。

二是建立地方金融风险数字孪生靶场。网络空间是地方金融风险数字孪生靶场的关键载体。围绕中国人民银行"7+4"类金融风险管控要求，聚焦地方金融常态化风险业态，引入人工智能等新技术，通过数字建模和孪生技术建立物理化的"地方金融风险虚拟世界"，通过多仿真平台混合联编，建立适应地方金融风险特点需要，具有开放性和标准化、动态化特征的超大规模仿真数字靶场，通过持续的人工智能学习方式来实现地方金融风险的动态化监测预警与响应，提高地方金融风险响应的效率。

三是建立地方金融安全测评人才实训体系。搭建虚拟仿真平台、网络教育平台、短视频平台等，持续加大对数字孪生技术、网络安全、金融风险等领域人才的培训力度，尤其是加强对市县网络安全以及金融专业管理人才的培训工作，不断提高地方金融风险监管人员和网络安全人员的数字孪生意识和专业技术水平，从而保证金融风险数字孪生靶场运行的稳定、安全。

三 建设地方金融数据高速泛在连接的通信网络基础设施

高速泛在连接的通信网络基础设施能够提高地方金融风险大数据互联互通的效率，需要提升网络基础设施的覆盖深度和广度，推进宽带网络升级，加快移动物联网建设。

一是提升通信网络基础设施的覆盖深度和广度。新一代通信网络基础设施建设是地方金融风险大数据基础设施的核心组成部分。要顺应全球网络通信技术发展的客观趋势，以及金融风险感知网络建设的需要，精准优化布局面向企业、居民等多金融行为主体的新一代信息网络架构，实现光纤宽带和

5G网络向城市社区、街道等基层单元以及重要办公楼宇的全覆盖。同时，加快6G等新一代网络通信技术在机房、基站、管网上的超前布局，提升覆盖广度和深度，为金融风险感知的宽带创新提供基础网络保障。此外，要加强技术先进、品质优良的5G等网络技术的模式创新，推动虚拟网络建设，为金融行业风险管理提供规模化应用场景。

二是持续推进宽带网络升级。宽带网络影响金融风险感知和治理响应的速率，要推动构建200G等超大容量骨干光网络，提升市—县—乡的城域网出口带宽，提升城域网、骨干网、接入网络的IPv6网络质量，保证金融行业网络、应用程序和终端全面支持IPv6，推动金融骨干网络优化升级。同时，进一步加快面向中小微企业、城镇居民等群体的网络带宽拓展计划，尤其是对重点产业园区、金融企业多的地区开展万兆及以上网络应用创新，加快第五代超高速光纤覆盖市域和行政村，持续提升基层单元的网络带宽，积极提升网络响应速率。

三是加快移动物联网建设。持续推进3G物联网向NB-IoT（窄带物联网）和5G网络转移，构建高—中—低三级移动物联网网络体系。同时，优化NB-IoT网络覆盖体系，重点面向金融数据采集、金融图像识别、智慧金融等场景加快低功耗、大连接的NB-IoT网络设施建设，增强NB-IoT的接入支撑能力，营造面向金融风险感知的移动物联网环境。此外，进一步加快5G/6G、NB-IoT和射频识别（RFID）等技术的融合，打造固移结合、宽窄结合的物联网和服务平台，实现金融移动终端与固定传感设备在接入、管理和控制上的统一，尤其是在供应链金融、农村金融等领域持续加大信用感知场景开发力度，为地方金融风险防控提供海量的物联网数据支撑。

第四节　加强对地方金融风险的分类治理

国家"十四五"规划明确提出，维护金融安全，守住不发生系统性风险底线。地方金融安全是国家金融安全的基础，强化地方金融风险治理是地

第八章 提高地方金融风险监测预警及协同治理效率的对策建议

方经济高质量发展、维护国家金融安全的重要举措,需要突出地方金融风险时间的特殊性和空间的异质性,以分类强化协同治理的针对性。

一 持续加大地方金融风险防控力度

当前,中国已经在互联网金融风险及债务风险增量上取得显著成效,但仍然存在影子银行风险、隐性债务风险、借贷存量风险以及其他"灰犀牛"风险的影响,需要持续推进地方金融风险治理,尤其是在"十四五"时期仍然要将地方金融风险治理作为国家治理的重要议题之一。在中美贸易摩擦长期存在、美国积极财政政策负向效应溢出的背景下,可从顶层设计上系统设计房地产等资产风险及债务风险的周期性、区域性兼备的治理机制,坚持实体经济的高质量发展,以科技自主创新形成经济发展的内生动力,扭转经济虚拟化的倾向,弱化房地产风险、债务风险等重要地方金融风险形成的逻辑基础,实现房地产发展软着陆,持续降低地方金融风险。

二 因地制宜地推进区域金融风险的精准治理

我国地方金融风险存在趋同性,但风险异质性同样突出,要因地制宜,提高金融风险治理的精准性。东部地区需要加大对地方债务风险增量债务的防控力度,运用大数据工具加强对证券市场场外配资等违规信贷风险及互联网借贷风险的监控预警,并及时处置。西部地区需要通过优化财税税基结构、合理利用中央财政转移支付等多种方式优化财税结构,以及推动地方经济高质量发展,不断降低债务风险的存量;调控地方经济的过度投资行为,降低隐性债务,减少债务风险增量。甘肃、青海等地区积极引进银行、风险投资基金等金融机构,并推进本地城商行公司治理结构优化,鼓励和支持本地企业在新三板直接融资,推进区域金融主体多元化、服务高效化。中部地区需要推进经济高质量发展,降低对房地产的财税依赖,通过增加房地产供给,实现房地产市场稳定健康发展,降低房地产风险。

构建地方金融风险省际阻断机制,推进地方金融风险收敛。在市场化改革进程逐步加快的现实下,省际或区际的经济交往更为密切,地区间风险传染概率更高。一方面，需要建立经济及地理邻近省份之间的阻断机制，搭建省际地方金融风险联席会议平台，以产业链、供应链构建金融风险防控化解链，严防金融风险外溢。另一方面，依托中国人民银行在全国的支行布局，可在北京、上海、深圳、成都及武汉等经济、科技创新资源丰富地区，建立地方金融风险大数据防控监测预警区域中心，运用机器学习、区块链等技术识别、监测、预警地方金融风险，形成地方金融风险的可视化知识图谱，实现对东中西部及东北地区地方金融风险的可追溯式监控，阻断金融风险的省际、区际及全国范围内的传染，严防系统性金融风险。

三 加快建设金融科技风险治理区域中心

大数据时代，技术驱动地方金融风险，尤其是地方非正式金融风险嬗变速度快，金融风险结构复杂化，传染动态化、扩散化，需要加大地方金融科技风险的治理强度。由于国内地方经济发展水平的差异化程度较高，不同地方银行等传统金融机构，以及科技金融等新型金融机构的发展程度不一，需要通过示范引领，强化金融科技风险的治理力度。

一方面，要建立国家级金融科技风险治理中心。可充分发挥北京、上海、深圳等国家金融科技创新"监管沙盒"试点的优势，探索跨界协同治理模式、科技金融生态环境、数字金融监管场景、数字金融服务实体经济等示范工程，加大对新型数据中心、超级计算机和高端安全芯片等的研发力度，探索风控科技、安全科技、合规科技等金融科技监管的新模式、新样本，提高地方金融科技风险治理的技术超前性和政策前瞻性，建好国家级金融科技风险治理中心。同时，要建立金融科技风险治理区域中心。优先在广州、武汉、成都、南京等高等教育水平高、科技研发能力强的地区布局国家金融科技风险治理区域中心，突出地方金融风险特点，持续探索数字金融监管体系、数字金融技术研发机制、数字风险管理机制等体系机制创新，强化对金融科技风险的区域治理。

另一方面，要建立国家金融风险大数据中心。提高地方金融风险治理大数据基础设施建设的前瞻性，推动电子政务网络数字化基础设施扩容升级，提高治理硬件网络的承载力和服务能力，加快布局国家金融风险一体化大数据中心。可充分利用国家超级计算中心、国家信息网络骨干节点城市等基础设施条件好的地区，兼顾金融发展程度以及风险发生频率，在广州、杭州、郑州、武汉、成都等地布局国家金融风险大数据中心，加快推进金融大数据基础设施的融合和创新，不断提高地方金融风险监测预警及协同治理的数据支撑力。

第五节 加快地方金融风险大数据治理的立法规范

大数据时代，地方金融风险嬗变速度快，数据容量和数据技术加速迭代，数据在带来治理效能提升的同时也带来了治理风险，为此，需要从金融风险数据产权、数据流动和数据安全等方面加快金融风险大数据治理的立法规范，依法提高地方金融风险协同治理的合规性，不断提升基于大数据的地方金融风险监测预警及协同治理的效能。

一 加快完善地方金融风险数据产权的制度规范

明确数据产权是厘清地方金融风险大数据治理责任的基本前提，需要确定地方金融风险大数据的产权主体、主体权利以及产权规则。

一是确定数据产权的主体。基于大数据的地方金融风险数据具有多样性特点，包括数据生产者、数据所有者、数据管理者和数据使用者等不同主体，需要从法律上明确数据产权的主体。其中，数据生产者具有以政府为主、以企业和公众为辅的主体结构，政府多为结构化数据来源主体，企业可以发挥数据挖掘优势承担非结构化数据和结构化数据归集的主体功能，社会公众主要担任非结构化数据的补充角色。同时，地方金融风险的数据主体包括政府、企业和社会公众，依据地方金融风险危害的公共属性，由政府主导制定数据质量、数据标准、数据管理流程以及数据安全等规则，企业和社会公众扮演参与决策的角色。进一步地，可以将大数据企业设置为数据管理者，从而充分发挥大数据企业在数据技术上的优势。此外，数据使用者以政府为主，在国家法律制度约束下明确地方金融风险数据的公有属性，分级分类采取不同的数据保护举措；对于个人隐私数据，在加密、脱敏等技术手段处理后依据国家法律向社会公众开放。

二是确定不同主体的权利内容。不同于信息以及其他传统要素，数据是信息的记录，具有可复制性、可实质性占有、非排他性等特点，需要确定不同数据主体的权利内容。一方面，需要依法保护数据采集、存储、处理等过程中企业、公众以及政府等主体所付出的资本、技术和劳动，尤其是企业和公众举报金融违法行为的权利要得到切实保护，同时，也需要依法尊重被采集方的合法权益，从而合法合规地实现地方金融风险数据使用和其他数据价值的权利。另一方面，需要建立地方金融风险数据挖掘许可权、数据清洗加工使用权、数据资源持有权和数据产品经营权等权利分置下的产权运行机制，从而为地方金融风险数据的确权提供法理依据。

三是建立数据产权的规则。地方金融风险大数据涉及不同的权利主体，需要通过惩戒机制强化数据的主体权益。要加快在地方金融风险数据产权方面的立法、执法、司法等环节的规则制定，积极探索侵犯地方金融风险数据产权的惩罚性赔偿制度体系，切实保障不同权利主体的数据产权利益。同时，在地方政府后续大数据治理体系中要加入对地方金融风险数据的处置机制，通过建立数据权益条例，处理好政府、企业和社会公众之间的数据产权关系。此外，对于地方金融风险的非结构化数据，可积极探索统一的金融数据产权自愿登记制度，利用区块链、加密算法等技术解决数据的可信度问题，用知识产权等方法明确数据归属，保障非结构化数据的产权利益。

二 加快完善地方金融风险数据流动的制度规范

加快数据流动是打破数据烟囱、提高数据效率的关键，需要完善地方金融风险数据的要素流动准入规则、流动规范和基础设施共享制度规范。

一是完善地方金融风险数据要素流动准入规则。数据准入是金融风险数据可靠可信、科学的基本前提。一方面，要加强对金融风险数据合法源头的

第八章 提高地方金融风险监测预警及协同治理效率的对策建议

合法性管理。需要出台地方性金融风险合法源头的法律法规，除了界定政府、金融机构（含非正式金融组织）等金融行为和监管主体的金融风险数据合法源头，还要界定居民等社区群体在合法合规约束下金融风险数据举报的合法性，从而为不同主体参与金融风险数据流动提供合法依据。另一方面，要加强出域数据的脱敏技术管理。加强对金融企业数据、政务数据、群众举报数据等不同数据的合规性审查，加快建立针对不同主体的金融风险数据流动分级分类规则，通过静态和动态数据脱敏、隐私计算、数据加密等技术应用，加强对金融风险出域数据的脱敏管理。

二是建立健全地方金融风险数据的流动规范。数据开放与共享是提高金融风险治理效率的关键。一方面，要持续加强金融风险数据出域的主体规范，建立包括数据申报制度、数据共享条件、数据管理制度以及数据共享监管制定等分级分类规则，有序推进金融数据在不同主体、不同部门之间的流动。另一方面，要持续优化和完善金融、司法、监管、大数据等政府部门之间，政府部门与科技企业之间，以及跨地域部门之间等不同群体之间在数据交互、数据共享、数据监管互认上的流动规则，加强不同主体之间的金融数据开放与共享。此外，国家已经针对大数据的数据共享、流动等问题出台了《数据安全法》等系列法案，还应该注重金融业务风险的涉众性和外溢性，细化不同法案针对地方金融风险的适应性，加强国家与不同大数据相关的法律法规之间的有效衔接，提升法规之间的适应性。

三是建立金融基础设施共享制度规范。金融基础设施是基于大数据的地方金融风险监测预警及协同治理的关键，也是提高治理效率的重要方式。需要建立和完善金融行业数据治理机制，统一金融风险数据的共享标准，不断规范金融基础设施数据治理行为。同时，进一步加强金融基础设施的信息互联互通，尤其是要充分发挥基于区块链技术的地方金融风险大数据共享平台的功能与作用，不断提高金融风险数据流动的效率。此外，对于涉及泄密、存在经营风险、风险处置制度不健全等问题的金融大数据基础设施运营商，要逐步建立和完善进入和退出机制，避免地方金融风险通过金融基础设施进行传染。

三 加快完善地方金融风险数据安全的制度规范

数据安全是推进地方金融风险监测预警及协同治理的客观保障，需要强化对数据安全的顶层设计，推进安全立法，明确监管"规"和"度"。

一是加强地方金融风险数据安全的顶层设计。要针对地方金融风险的数据特点，围绕《数据安全法》《网络安全法》《个人信息保护法》等数据安全法律，加大金融风险个人隐私、企业资金流转、社会经济动态等数据安全内容的保护力度，不断加强隐私保护、个人信息安全和数据安全的立法规范。同时，处于市场优势地位的平台寡头利用算法歧视、大数据杀熟等导致潜在金融风险积聚，要持续加快针对金融数据安全的《反垄断法》的修订和完善。鼓励和支持金融基础设施的头部平台或大数据科技企业，强化数据安全意识、社会公共责任意识，通过行业自律公约、自律惩戒等行业伦理规范，提高金融数据公共治理的统一性和约束力，避免数据垄断。此外，按照功能监管、行为监管和审慎监管相结合的原则，完善中国人民银行、银保监会之间的金融数据安全监管的分工，尤其是明确央—地之间金融数据安全的权责，构建地方金融风险数据监管的组织体系。

二是加强地方金融风险数据安全的地方立法。在国家现有大数据治理规范基础之上，地方政府应该结合本地的实际，细化地方金融风险数据治理的法律条例，逐步完善法律治理体系。尤其是要厘清数据开放、数据共享、数据流动、数据保护的数据安全边界，基于数据生命周期强化对金融风险数据采集、加工、流动等金融风险数据的分类，加快制定基础共性、关键技术、安全管理等标准，逐步推进地方金融监管的法律制度体系建设。此外，地方非正式金融风险存在明显的复杂性，需要加快构建政府、科技企业及居民等多元主体的协同治理规则，加大对不同利益主体的利益保护力度，以及协同治理一致性行动规则的约束力度。

三是地方金融风险数据安全治理要明确监管"规"和"度"。当前，基于大数据的地方金融风险治理仍处于探索阶段，技术创新加快了地方金融风险协同治理的效能，在确保金融安全的基本原则下要明确地方金融风险数据

第八章 提高地方金融风险监测预警及协同治理效率的对策建议

安全监管的"规"和"度"。一方面，要持续建立地方金融风险的安全红线。要围绕国家核心经济金融数据、跨境数据、个人隐私数据、数据加密核心技术数据等地方金融风险安全数据，建立红线管理制度体系，设立地方金融风险数据处理的社会伦理底线和法律底线，压实地方金融风险数据安全不同治理主体的责任。另一方面，要建立地方金融风险数据安全治理的容错纠错机制。地方政府应该及时在国家现有制度框架下，以鼓励大数据治理技术创新为导向，积极探索地方金融风险大数据科技治理的"监管沙盒"模式，将科技金融、大数据治理技术创新等不确定性较大的新生事物造成的地方金融风险纳入监管，逐步探索适应地方金融风险发展实际的大数据协同治理机制。

参考文献

[1] 安国俊. 地方政府融资平台风险与政府债务［J］. 中国金融，2010（7）：43-44.

[2] 安小米，许济沧，王丽丽，等. 国际标准中的数据治理：概念、视角及其标准化协同路径［J］. 中国图书馆学报，2021（9）：59-79.

[3] 白文琳. 基于协同创新理论的政府大数据治理框架的构建——基于G省的案例研究［J］. 信息资源管理学报，2022，12（2）：52-64.

[4] 包冬梅，范颖捷，李鸣. 高校图书馆数据治理及其框架［J］. 图书情报工作，2015，59（18）：134-141.

[5] 蔡真. 我国系统性金融风险与房地产市场的关联、传染途径及对策［J］. 中国社会科学院研究生院学报，2018（5）：42-61.

[6] 曹思依. 竞争法视角下的数据治理规范与阶段选择［J］. 东南大学学报（哲学社会科学版），2021，23（S2）：23-28.

[7] 曹廷求，张翠燕. 中国区域金融周期的时变特征及区域溢出联动性——基于LASSO-VAR模型的研究［J］. 经济学动态，2021（11）：23-42.

[8] 陈景华，陈姚，陈敏敏. 中国经济高质量发展水平、区域差异及分布动态演进［J］. 数量经济技术经济研究，2020，37（12）：108-126.

[9] 陈静，陈成文. 协同治理：市域社会治理现代化的目标取向［J］. 贵州师范大学学报（社会科学版），2022（5）：43-52.

[10] 陈蕾，任文达，黄冰柔. 金融科技对中国区域金融风险的影响研究

[J]. 福建论坛（人文社会科学版），2021（10）：155-167.

[11] 陈秋玲，薛玉春，肖璐. 金融风险预警：评价指标、预警机制与实证研究[J]. 上海大学学报（社会科学版），2009，16（5）：127-144.

[12] 陈献东. 国家审计在管理区域金融风险中的功能定位及实现机制研究[J]. 审计研究，2015（4）：33-38.

[13] 陈志斌，潘好强，戚珺. 基于区块链技术的企业风险管理体系构建[J]. 财务研究，2022（3）：35-43.

[14] 成曼丽. 大数据时代算法歧视的协同治理[J]. 中国流通经济，2022，36（1）：104-116.

[15] 淳伟德，肖杨. 供给侧结构性改革期间系统性金融风险的SVM预警研究[J]. 预测，2018，37（5）：36-42.

[16] 崔萌. 协同治理背景下环保信用监管的三方演化博弈分析[J]. 系统工程理论与实践，2021，41（3）：713-726.

[17] 崔炎炎，刘立新. 基于大数据的P2P网络借贷平台风险评价[J]. 统计与信息论坛，2020，35（4）：42-51.

[18] 党燕妮. 政府数据协同治理：逻辑、困境与实现路径[J]. 理论视野，2022（9）：66-70.

[19] 党印，苗子清，孙晨童. 中国系统性金融风险的区域传染效应[J]. 当代财经，2022a（8）：51-63.

[20] 党印，苗子清，张涛. 中国金融压力实时监测研究——基于混频大数据动态因子模型的分析[J]. 经济学报，2022b，9（4）：65-87.

[21] 丁晓蔚，苏新宁. 基于区块链可信大数据人工智能的金融安全情报分析[J]. 情报学报，2019，38（12）：1297-1309.

[22] 段盛华，于凤霞，关乐宁. 数据时代的政府治理创新——基于数据开放共享的视角[J]. 电子政务，2020（9）：74-83.

[23] 范如国. 复杂网络结构范型下的社会治理协同创新[J]. 中国社会科学，2014（4）：98-120+206.

[24] 方意，邵稚权. 重大冲击下我国输入性金融风险测度研究[J]. 经济

科学，2022（2）：13-30.

[25] 冯锐，郑伟钢，张少华. 金融资源配置效率对地方系统性金融风险的影响研究[J]. 学术研究，2022（5）：98-105.

[26] 冯智杰，刘丽珑. 金融科技、固定资产投资与区域金融风险——基于空间计量模型的研究[J]. 商业研究，2021（6）：65-72.

[27] 高富平，尹腊梅. 数据上个人信息权益：从保护到治理的范式转变[J]. 浙江社会科学，2022（1）：58-67+158.

[28] 高悦，何旭涛，周颖玉，等. 双链区块链赋能突发公共卫生事件信息共享研究[J]. 情报科学，2023，41（2）：44-49+68.

[29] 耿亚东. 政府治理变革的技术基础——大数据驱动下的政府治理变革研究述评[J]. 公共管理与政策评论，2020，9（4）：87-96.

[30] 郭晨，吴君民，宋清华. 银行系统性风险多渠道形成机制及测度研究[J]. 系统工程理论与实践，2022，42（5）：1129-1145.

[31] 郭雳. 数字化时代个人金融数据治理的"精巧"进路[J]. 上海交通大学学报（哲学社会科学版），2022，30（5）：15-27.

[32] 郭树清. 坚定不移打好防范化解金融风险攻坚战[J]. 中国保险，2020（9）：4.

[33] 韩俊华. 基于区块链技术的网络借贷风险治理研究[J]. 经济体制改革，2021（6）：185-190.

[34] 何大安. 金融大数据与大数据金融[J]. 学术月刊，2019，51（12）：33-41.

[35] 河南省社会科学院课题组. 数据治理驱动政府治理效能提升的影响机制与优化路径[J]. 中州学刊，2020（2）：71-75.

[36] 洪一晨，张成福. 数字时代的公共危机协同治理——以2020年我国抗击新冠肺炎疫情为例[J]. 求是学刊，2020，47（6）：10-16.

[37] 洪正，胡勇锋. 中国式金融分权[J]. 经济学（季刊），2017，16（2）：545-576.

[38] 胡光志，苟学珍. 论地方政府参与金融风险治理的法治困境及出路

[J]. 现代经济探讨, 2020 (10): 112-119.

[39] 胡海波. 理解整体性政府数据治理: 政府与社会的互动 [J]. 情报杂志, 2021, 40 (3): 153-161.

[40] 胡珺, 宋献中, 王红建. 非正式制度、家乡认同与企业环境治理 [J]. 管理世界, 2017 (3): 76-94+187-188.

[41] 胡税根, 单立栋, 徐靖芮. 基于大数据的智慧公共决策特征研究 [J]. 浙江大学学报 (人文社会科学版), 2015, 45 (3): 5-15.

[42] 胡玉桃. 数字化转型视野下的地方政府数据协同治理 [J]. 学习与实践, 2021 (6): 69-77.

[43] 胡重明. "政府即平台"是可能的吗？——一个协同治理数字化实践的案例研究 [J]. 治理研究, 2020, 36 (3): 16-25.

[44] 黄璜, 谢思娴, 姚清晨, 等. 数字化赋能治理协同: 数字政府建设的"下一步行动" [J]. 电子政务, 2022 (4): 2-27.

[45] 黄靖雯, 陶士贵. 以金融科技为核心的新金融形态的内涵: 界定、辨析与演进 [J]. 当代经济管理, 2022, 44 (10): 80-90.

[46] 黄锐, 唐松, 常曦, 等. 中国"去杠杆"与区域金融风险防范研究——基于杠杆率的区域结构差异视角 [J]. 学习与实践, 2018 (1): 26-37.

[47] 金太军, 鹿斌. 协同治理生成逻辑的反思与调整 [J]. 行政论坛, 2016, 23 (5): 1-7.

[48] 靳文辉. 金融风险的协同治理及法治实现 [J]. 法学家, 2021 (4): 31-43+191.

[49] 琚春华, 陈冠宇, 鲍福光. 基于kNN-Smote-LSTM的消费金融风险检测模型——以信用卡欺诈检测为例 [J]. 系统科学与数学, 2021, 41 (2): 481-498.

[50] 李辰颖. 我国商业银行系统性风险的识别与预警研究 [J]. 中央财经大学学报, 2020 (10): 36-53.

[51] 李桂芝, 马莹, 王雪标. 引入协同进化算法的互联网金融风险预警分

析［J］．调研世界，2021（11）：42-50．

［52］李汉卿．协同治理理论探析［J］．理论月刊，2014（1）：138-142．

［53］李卉，付文林．区域金融市场风险及影响机制——基于财政视角的分析［J］．经济与管理评论，2019，35（1）：148-161．

［54］李建军，卢少红．区域民间金融风险预警方法与实证分析——以浙江省为例［J］．金融监管研究，2013（2）：81-96．

［55］李珒．协同视角下政府数据共享的障碍及其治理［J］．中国行政管理，2021（2）：101-106．

［56］李磊，马韶君，代亚轩．从数据融合走向智慧协同：城市群公共服务治理困境与回应［J］．上海行政学院学报，2020，21（4）：47-54．

［57］李胜．突发环境事件的协同治理：理论逻辑、现实困境与实践路径［J］．甘肃社会科学，2022（3）：180-187．

［58］李文红，蒋则沈．金融科技（FinTech）发展与监管：一个监管者的视角［J］．金融监管研究，2017（3）：1-13．

［59］李文军．当前我国经济运行面临的四大主要风险与应对之策［J］．经济纵横，2019（4）：59-68．

［60］李贤彬，许余洁，吴相宜，等．基于区块链技术的嵌入式监管创新研究［J］．财经科学，2022（10）：45-59．

［61］李玉龙．地方政府债券、土地财政与系统性金融风险［J］．财经研究，2019，45（9）：100-113．

［62］梁宇，郑易平．我国政府数据协同治理的困境及应对研究［J］．情报杂志，2021，40（9）：108-114．

［63］梁正．互联网平台协同治理体系构建——基于全景式治理框架的分析［J］．人民论坛·学术前沿，2021（21）：26-36．

［64］梁志峰，左宏，彭鹏程．基于大数据的政府决策机制变革：国家治理科学化的一个路径选择［J］．湖南社会科学，2017（3）：118-125．

［65］廖楚晖．基于资源信息集成的突发公共事件跨部门协同治理研究［J］．软科学，2020，34（9）：16-23．

[66] 廖原. 金融数据安全视阈下的云技术监管路径研究 [J]. 社会科学战线, 2021 (6): 270-274.

[67] 林慰曾. 数据爬虫技术对金融信息安全的冲击及制度回应 [J]. 北京航空航天大学学报 (社会科学版), 2022, 35 (4): 161-169.

[68] 林宇, 黄迅, 淳伟德, 等. 基于ODR-ADASYN-SVM的极端金融风险预警研究 [J]. 管理科学学报, 2016, 19 (5): 87-101.

[69] 林宇, 余元圆, 张希, 等. 基于误差修正与深度强化学习的原油期货价格预测研究 [J]. 系统工程理论与实践, 2023, 43 (1): 206-221.

[70] 刘春航. 大数据、监管科技与银行监管 [J]. 金融监管研究, 2020 (9): 1-14.

[71] 刘凤根, 廖昭君, 张敏. 中国区域金融风险的空间分布及演化特征研究 [J]. 云南财经大学学报, 2022, 38 (4): 66-84.

[72] 刘美萍. 重大突发事件网络舆情协同治理机制构建研究 [J]. 求实, 2022 (5): 64-76+111.

[73] 刘乃梁, 吕豪杰. 金融科技数据垄断: 源流、风险与治理 [J]. 财经科学, 2022 (3): 44-57.

[74] 刘叶婷, 唐斯斯. 大数据对政府治理的影响及挑战 [J]. 电子政务, 2014 (6): 20-29.

[75] 刘泽, 陈升. 大数据驱动下的政府治理机制研究——基于2020年后精准扶贫领域的返贫阻断分析 [J]. 重庆大学学报 (社会科学版), 2020, 26 (5): 216-229.

[76] 刘志伟. 地方金融监管权的法治化配置 [J]. 中南大学学报 (社会科学版), 2019, 25 (1): 55-65.

[77] 刘志伟. 中国式地方金融: 本质、兴起、乱象与治理创新 [J]. 当代财经, 2020 (2): 52-64.

[78] 柳向东, 李凤. 大数据背景下网络借贷的信用风险评估——以人人贷为例 [J]. 统计与信息论坛, 2016, 31 (5): 41-48.

[79] 吕琦, 上官燕红, 张琳, 等. 基于文本内容自动分类的跨学科测度研

究［J］.数据分析与知识发现，2023，7（4）：56-67.

[80] 吕勇斌，陈自雅.区域金融风险部门间传递的空间效应——2005～2012年［J］.财政研究，2014（8）：46-48.

[81] 栾建霖，冯胤伟，李海江，等.基于深度学习模型的船舶碳排放时空预测研究［J］.科研管理，2023，44（3）：75-85.

[82] 马灿坤，洪正，韩雨萌.地方金融发展、监管与风险处置——基于地方性政策文件的研究［J］.财经理论与实践，2021，42（1）：10-17.

[83] 马广惠，安小米，宋懿.电子政务背景下数字档案资源整合政策内容分析［J］.档案学研究，2018（4）：82-91.

[84] 马万里，张敏.地方政府隐性举债对系统性金融风险的影响机理与传导机制［J］.中央财经大学学报，2020（3）：10-18.

[85] 马勇，冯心悦，田拓.金融周期与经济周期——基于中国的实证研究［J］.国际金融研究，2016，354（10）：3-14.

[86] 马勇.系统性金融风险：一个经典注释［J］.金融评论，2011，3（4）：1-17+123.

[87] 马志敏.大数据驱动下政府公共服务：创新机制及发展路径［J］.经济问题，2020（12）：37-42.

[88] 马忠法，胡玲.网络空间命运共同体构建中的金融安全国际法［J］.上海金融，2020（10）：69-79.

[89] 毛锐，刘楠楠，刘蓉.地方政府债务扩张与系统性金融风险的触发机制［J］.中国工业经济，2018（4）：19-38.

[90] 孟飞.论地方金融监管权的性质［J］.政治与法律，2022（4）：93-106.

[91] 苗子清，张涛，党印.中国银行体系系统性金融风险传染研究——基于24家A股银行的大数据与机器学习分析［J］.金融评论，2021，13（5）：58-74+124-125.

[92] 闵学勤.基层大数据治理：打造活力政府的新路径［J］.学海，2019（5）：58-61.

[93] 牛宗岭. 利用大数据及区块链技术构建"政府智慧大脑"[J]. 人民论坛, 2019 (33): 74-75.

[94] 欧阳资生, 陈世丽, 杨希特. 突发公共卫生事件、经济政策不确定性与系统性金融风险[J]. 云南财经大学学报, 2021, 37 (8): 57-67.

[95] 欧阳资生, 路敏, 周学伟. 基于TVP-VAR-LSTM模型的中国金融业风险溢出与预警研究[J]. 统计与信息论坛, 2022, 37 (10): 53-64.

[96] 彭德雷, 张子琳. 数字时代金融数据跨境流动的风险与规制研究[J]. 国际商务研究, 2022, 13 (1): 14-25.

[97] 任保平, 张陈璇. 中国数字经济发展的安全风险预警与防范机制构建[J]. 贵州财经大学学报, 2022 (2): 1-13.

[98] 任英华, 江劲风, 倪青山. 基于图神经网络模型的金融危机预警研究——全行业间信息溢出视角[J]. 统计研究, 2022, 39 (8): 141-160.

[99] 荣梦杰, 李刚. 区域金融风险的空间关联、传染效应与风险来源[J]. 统计与决策, 2020, 36 (24): 119-124.

[100] 沙勇忠, 陆莉. 公共安全数据协同治理的逻辑框架与网络形式——以兰州市食品安全领域为例[J]. 信息资源管理学报, 2022, 12 (3): 7-20.

[101] 沙勇忠, 王超. 大数据驱动的公共安全风险治理——基于"结构—过程—价值"的分析框架[J]. 兰州大学学报(社会科学版), 2020, 48 (2): 1-11.

[102] 沈丽, 范文晓. 地方政府债务扩张对区域金融风险的溢出效应[J]. 经济与管理评论, 2021, 37 (2): 51-63.

[103] 沈丽, 刘媛, 李文君. 中国地方金融风险空间关联网络及区域传染效应: 2009-2016 [J]. 管理评论, 2019a, 31 (8): 35-48.

[104] 沈丽, 张影, 李文君, 等. 我国区域金融风险的时空演化及驱动机制——基于经济四部门视角[J]. 南方经济, 2019b (9): 1-18.

[105] 沈伟. 金融创新三元悖论和金融科技监管困局: 以风险为原点的规

制展开 [J]. 中国法律评论, 2022 (2): 186-199.

[106] 沈悦, 王宝龙, 李巍军. 人民币国际化进程中的金融风险识别及预警研究 [J]. 西安交通大学学报（社会科学版）, 2019, 39 (5): 39-48.

[107] 石涛. 民间非正式金融组织借贷行为及借贷风险控制研究 [M]. 经济管理出版社, 2020.

[108] 宋凌峰, 叶永刚. 中国区域金融风险部门间传递研究 [J]. 管理世界, 2011 (9): 172-173.

[109] 宋巍. 我国经济新常态下影子银行的风险预警实证研究 [J]. 技术经济与管理研究, 2018 (1): 63-66.

[110] 宋宪萍. 当前我国城市社会风险的多元协同治理 [J]. 甘肃社会科学, 2021 (4): 22-29.

[111] 苏玉娟. 政府数据治理的五重系统特性探讨 [J]. 理论探索, 2016 (2): 71-75.

[112] 孙大鹏. 协同治理的理论框架及案例考察 [J]. 财经问题研究, 2022 (8): 113-121.

[113] 孙勇. 资本监管能影响城市商业银行区域性金融风险吗？——基于面板分位数回归模型的检验 [J]. 投资研究, 2017, 36 (9): 34-59.

[114] 孙友晋, 王思轩. 数字金融的技术治理: 风险、挑战与监管机制创新——以基于区块链的非中心结算体系为例 [J]. 电子政务, 2020 (11): 99-107.

[115] 谭九生, 杨建武. 人工智能技术的伦理风险及其协同治理 [J]. 中国行政管理, 2019 (10): 44-50.

[116] 谭章禄, 陈孝慈. 改进的分类器分类性能评价指标研究 [J]. 统计与信息论坛, 2020, 35 (9): 3-8.

[117] 唐升, 周新苗. 中国系统性金融风险与安全预警实证研究 [J]. 宏观经济研究, 2018 (3): 48-61+117.

[118] 唐玉青. 大数据时代公共突发事件中政府的跨域协同治理 [J]. 江汉论坛, 2022 (5): 60-65.

[119] 唐云锋, 刘清杰. 地方政府债务诱发金融风险的逻辑与路径 [J]. 社会科学战线, 2018 (3): 65-72.

[120] 唐云锋, 毛军. 房地产与地方政府债务风险叠加机制及其金融空间溢出效应 [J]. 社会科学战线, 2020 (11): 65-73.

[121] 唐云锋, 张帆, 毛军. 地方债务风险溢出效应及其影响的测度分析 [J]. 数量经济技术经济研究, 2021, 38 (9): 139-158.

[122] 王超, 赵发珍, 曲宗希. 从赋能到重构: 大数据驱动政府风险治理的逻辑理路与价值趋向 [J]. 电子政务, 2020 (7): 89-98.

[123] 王春丽, 胡玲. 基于马尔科夫区制转移模型的中国金融风险预警研究 [J]. 金融研究, 2014 (9): 99-114.

[124] 王达. 美国金融数据体系改革的背景、进展及影响 [J]. 亚太经济, 2015 (3): 68-73.

[125] 王怀勇, 邓若翰. 算法趋同风险: 理论证成与治理逻辑——基于金融市场的分析 [J]. 现代经济探讨, 2021 (1): 113-121.

[126] 王俊, 洪正. 地方政府金融竞争与区域金融风险——基于博弈视角的理论分析 [J]. 贵州社会科学, 2015 (8): 115-120.

[127] 王毛路, 陆静怡. 区块链技术及其在政府治理中的应用研究 [J]. 电子政务, 2018 (2): 2-14.

[128] 王鹏, 黄迅. 基于 Twin-SVM 的多分形金融市场风险的智能预警研究 [J]. 统计研究, 2018, 35 (2): 3-13.

[129] 王森, 王贺. 区域金融风险、风险暴露维度与风险防范考量——基于山西省的数据分析 [J]. 经济问题, 2019 (5): 46-57.

[130] 王晓婷, 刘爱红, 沈沛龙. 基于宏观资产负债表的区域金融风险度量与评价研究——以山西省为例 [J]. 经济问题, 2019 (2): 85-93.

[131] 王妍, 王继红, 刘立新. 货币政策、影子银行周期性与系统金融风

险［J］．上海经济研究，2019（9）：105-116．

[132] 王营，曹廷求．中国区域性金融风险的空间关联及其传染效应——基于社会网络分析法［J］．金融经济学研究，2017，32（3）：46-55．

[133] 王玉龙，周榴，张涤霏．企业债务违约风险预测——基于机器学习的视角［J］．财政科学，2022（6）：62-74．

[134] 王远志．我国银行金融数据跨境流动的法律规制［J］．金融监管研究，2020（1）：51-65．

[135] 维克托·迈尔-舍恩伯格，肯尼思·库克耶．大数据时代［M］．盛杨燕，周涛译．浙江人民出版社，2013．

[136] 魏敏，李书昊．新时代中国经济高质量发展水平的测度研究［J］．数量经济技术经济研究，2018，35（11）：3-20．

[137] 温春然，沈传河．网络借贷平台的区域金融风险溢出效应影响［J］．统计与决策，2019，35（12）：157-159．

[138] 文洁贤，张建华．大数据时代社会风险治理的思维范式转换及其路径创新［J］．华南师范大学学报（社会科学版），2021（4）：176-182+208．

[139] 吴成颂．我国金融风险预警指标体系研究［J］．技术经济与管理研究，2011（1）：19-24．

[140] 吴田．基于风险信号灯等级设定的金融风险预警研究［J］．统计与决策，2015（8）：153-156．

[141] 吴桐，李铭．区块链金融监管与治理新维度［J］．财经科学，2019（11）：1-11．

[142] 吴文锋，胡悦．财政金融协同视角下的地方政府债务治理——来自金融市场的证据［J］．中国社会科学，2022（8）：143-162+207．

[143] 吴翌琳，南金伶．互联网企业广告收入预测研究——基于低频数据的神经网络和时间序列组合模型［J］．统计研究，2020，37（5）：94-103．

[144] 夏诗园，尹振涛. 数字经济下金融数据风险及治理研究[J]. 电子政务，2022（7）：57-66.

[145] 肖京，王磊，杨余久，等. 感知认知技术在金融风险预警中的应用研究[J]. 智能系统学报，2021，16（5）：941-961.

[146] 肖争艳，任梦瑶. 媒体风险感知与系统性金融风险预警[J]. 财经问题研究，2021（9）：63-74.

[147] 谢治菊. 大数据与重大公共决策风险治理[J]. 河海大学学报（哲学社会科学版），2019，21（5）：82-90+108.

[148] 熊琛，金昊. 地方政府债务风险与金融部门风险的"双螺旋"结构——基于非线性DSGE模型的分析[J]. 中国工业经济，2018（12）：23-41.

[149] 熊琛，周颖刚，金昊. 地方政府隐性债务的区域间效应：银行网络关联视角[J]. 经济研究，2022，57（7）：153-171.

[150] 徐敬宏，胡世明. 5G时代互联网平台治理的现状、热点与体系构建[J]. 西南民族大学学报（人文社会科学版），2022，43（3）：144-150.

[151] 徐连明. 超大城市数字化治理的协同障碍与发展路径研究——以上海市"一网统管"为例[J]. 华东师范大学学报（哲学社会科学版），2022，54（5）：133-144+191.

[152] 徐琳，袁光. 区块链：大数据时代破解政府治理数字难题之有效工具[J]. 上海大学学报（社会科学版），2020，37（2）：67-78.

[153] 徐琳，袁光. 网络信息协同治理：内涵、特征及实践路径[J]. 当代经济管理，2022，44（2）：21-27.

[154] 徐珉川. 论公共数据开放的可信治理[J]. 比较法研究，2021（6）：143-156.

[155] 徐祥运，习雯. 人脸识别技术的社会风险隐患及其协同治理[J]. 学术交流，2022（1）：126-139.

[156] 徐艳红，伍小乐. 大数据时代的社会协同治理框架再造——基于

"主体—机制—目标"的分析 [J]. 理论导刊, 2018 (1): 41-47.

[157] 徐忠, 邹传伟. 区块链能做什么、不能做什么? [J]. 金融研究, 2018 (11): 1-16.

[158] 许弟伟. 地方政府债务风险的传导机制与协同治理 [J]. 宏观经济管理, 2022 (8): 57-64.

[159] 许阳, 胡月. 政府数据治理的概念、应用场域及多重困境: 研究综述与展望 [J]. 情报理论与实践, 2022, 45 (1): 196-204.

[160] 薛金刚, 庞明礼. "互联网+" 时代的大数据治理与官僚制治理: 取代、竞争还是融合?——基于嵌入性的分析框架 [J]. 电子政务, 2020 (4): 81-90.

[161] 严炜炜, 谢顺欣, 潘静, 等. 数据分类分级: 研究趋势、政策标准与实践进展 [J]. 数字图书馆论坛, 2022, 220 (9): 2-12.

[162] 阎庆民. 强化地方政府金融监管意识和责任 [J]. 中国金融, 2012 (6): 27.

[163] 颜佳华, 王张华. 构建协同治理体系 推动人脸识别技术良性应用 [J]. 中国行政管理, 2020 (9): 155-157.

[164] 颜佳华, 王张华. 数字治理、数据治理、智能治理与智慧治理概念及其关系辨析 [J]. 湘潭大学学报(哲学社会科学版), 2019, 43 (5): 25-30+88.

[165] 杨东. 监管科技: 金融科技的监管挑战与维度建构 [J]. 中国社会科学, 2018 (5): 69-91+205-206.

[166] 杨帆. 金融监管中的数据共享机制研究 [J]. 金融监管研究, 2019 (10): 53-68.

[167] 杨虎, 易丹辉, 肖宏伟. 基于大数据分析的互联网金融风险预警研究 [J]. 现代管理科学, 2014 (4): 3-5.

[168] 杨嵘均. 论政府数据治理的价值目标、权利归属及其法律保障 [J]. 东南学术, 2021 (4): 113-124+247.

[169] 杨学科, 安雪梅. 开放银行实践: 数据可携权及其监管逻辑 [J]. 金

融经济学研究, 2021, 36 (2): 132-142.

[170] 杨杨, 冯素玲. 网络借贷行业协同治理研究 [J]. 济南大学学报 (社会科学版), 2020, 30 (5): 110-117+159.

[171] 杨子晖, 陈雨恬, 张平淼. 重大突发公共事件下的宏观经济冲击、金融风险传导与治理应对 [J]. 管理世界, 2020, 36 (5): 13-35+7.

[172] 杨子晖, 李东承. 我国银行系统性金融风险研究——基于"去一法"的应用分析 [J]. 经济研究, 2018, 53 (8): 36-51.

[173] 杨子晖, 王姝黛. 突发公共卫生事件下的全球股市系统性金融风险传染——来自新冠疫情的证据 [J]. 经济研究, 2021, 56 (8): 22-38.

[174] 叶永刚, 李林, 舒莉. 中非法郎区银行风险预警研究——基于层次法和熵值法的组合分析 [J]. 国际金融研究, 2018 (4): 66-75.

[175] 易兰, 赵万里, 杨历. 大气污染与气候变化协同治理机制创新 [J]. 科研管理, 2020, 41 (10): 134-144.

[176] 尹李峰, 姚驰. 地方政府隐性债务影响金融风险的空间溢出效应研究 [J]. 浙江社会科学, 2022 (2): 14-26+155-156.

[177] 余子良. 地方政府融资平台的来龙去脉与风险规避 [J]. 改革, 2013 (1): 76-81.

[178] 袁康. 金融科技的技术风险及其法律治理 [J]. 法学评论, 2021, 39 (1): 115-130.

[179] 曾渝, 黄璜. 数字化协同治理模式探究 [J]. 中国行政管理, 2021 (12): 58-66.

[180] 张斌彬, 何德旭. 金融显性集权、隐性分权与区域金融风险——基于kmv和空间面板杜宾模型的实证研究 [J]. 福建论坛 (人文社会科学版), 2019 (5): 42-53.

[181] 张成虎, 李鹏旭, 王琪. 网络金融犯罪预警系统研究——基于区块链和边缘计算 [J]. 情报杂志, 2023, 42 (1): 59-65.

[182] 张大维. 国际风险治理: 分析范式、框架模型与方法策略——基于公共卫生风险治理的视角 [J]. 国外社会科学, 2020 (5): 99-111.

[183] 张会平, 宋晔琴. 政务服务数据协同治理水平的提升路径研究——基于 TOE 框架的组态分析 [J]. 情报杂志, 2020, 39 (10): 151-157.

[184] 张金鑫. 北京房地产市场风险测度研究——基于马尔可夫区制转移模型的实证分析 [J]. 调研世界, 2021 (3): 39-48.

[185] 张康之. 数据治理: 认识与建构的向度 [J]. 电子政务, 2018 (1): 2-13.

[186] 张立华, 张顺顺. 机器学习解构区域金融风险防控研究进展 [J]. 计算机科学与探索, 2022, 16 (9): 1969-1989.

[187] 张梦茜, 王超. 大数据驱动的重大公共安全风险治理: 内在逻辑与模式构建 [J]. 甘肃行政学院学报, 2020 (4): 37-45+125.

[188] 张宁, 袁勤俭. 数据治理研究述评 [J]. 情报杂志, 2017, 36 (5): 129-134+163.

[189] 张品一, 薛京京. 多分形互联网金融市场的风险预警模型研究 [J]. 数量经济技术经济研究, 2022, 39 (8): 162-180.

[190] 张瑞, 唐旭丽, 王定峰, 等. 基于知识关联的金融数据可视化分析 [J]. 情报理论与实践, 2018, 41 (10): 131-136.

[191] 张文璇, 张海波. 系统性金融风险治理——基于政策文本的分析 [J]. 风险灾害危机研究, 2020 (1): 3-25.

[192] 张翔. "复式转型": 地方政府大数据治理改革的逻辑分析 [J]. 中国行政管理, 2018 (12): 37-41.

[193] 张璇, 张梅青, 唐云锋. 地方政府债务风险与金融风险的动态交互影响研究——基于系统动力学模型的政策情景仿真 [J]. 经济与管理研究, 2022, 43 (7): 3-15.

[194] 张雪兰, 何德旭. 西方宏观审慎监管若干重要问题的研究进展 [J]. 国外社会科学, 2011 (5): 36-46.

[195] 张阳. 金融交易数据的监管应用——以交易报告库为中心 [J]. 财经法学, 2022 (3): 43-64.

[196] 张影. 我国四部门金融杠杆对系统性金融风险的影响——基于空间溢出视角 [J]. 财经理论与实践, 2022, 43 (4): 18-25.

[197] 张振波. 论协同治理的生成逻辑与建构路径 [J]. 中国行政管理, 2015 (1): 58-61+110.

[198] 赵精武. 破除隐私计算的迷思: 治理科技的安全风险与规制逻辑 [J]. 华东政法大学学报, 2022, 25 (3): 35-49.

[199] 赵文举, 张曾莲. 地方政府债务风险会加剧区域性金融风险聚集吗 [J]. 当代财经, 2021 (6): 38-50.

[200] 赵喜仓, 毛茜. 股份制商业银行互联网金融的风险预警探讨 [J]. 统计与决策, 2018, 34 (4): 161-164.

[201] 赵云辉, 张哲, 冯泰文, 等. 大数据发展、制度环境与政府治理效率 [J]. 管理世界, 2019, 35 (11): 119-132.

[202] 郑丁灏. 论中国金融数据的协同治理 [J]. 经济学家, 2022 (12): 76-85.

[203] 郑联盛. 金融创新、金融稳定的历史回望与当下风险管控 [J]. 改革, 2014 (8): 81-89.

[204] 郑巧, 肖文涛. 协同治理: 服务型政府的治道逻辑 [J]. 中国行政管理, 2008 (7): 48-53.

[205] 郑荣, 张薇, 高志豪. 基于区块链技术的政府数据开放共享平台构建与运行机制研究 [J]. 情报科学, 2022, 40 (5): 137-143.

[206] 中央结算公司上海总部课题组. 新发展格局下构建系统性金融风险监测体系研究——基于金融担保品交易数据的金融信用曲面 [J]. 上海金融, 2022 (8): 16-28.

[207] 周晔, 丁鑫. "激化"还是"缓释"? 数字金融对区域金融风险的影响研究——跨区效应、机制识别与结构特征 [J]. 国际金融研究, 2022 (10): 26-37.

[208] 朱沛华,李军林.市场化进程、经济波动与地方金融风险 [J].改革,2019 (6): 63-72.

[209] 朱婉菁.自知、反思、创新:"数据治理"的三重内蕴 [J].西南大学学报(社会科学版),2021,47 (6): 11-22.

[210] 朱正威,刘泽照,张小明.国际风险治理:理论、模态与趋势 [J].中国行政管理,2014 (4): 95-101.

[211] 庄毓敏,孙安琴,毕毅.信用风险转移创新与银行(体系)的稳定性——基于美国银行数据的实证研究 [J].金融研究,2012 (6): 83-94.

[212] 左文明,朱文锋,毕凌燕.基于大数据的重大公共事务决策风险治理研究 [J].电子政务,2019 (11): 54-63.

[213] Aggarwal, B. K., Gupta, A., Goyal, D., et al. A review on investigating the role of block-chain in cyber security [J]. Materialstoday: Proceedings, 2022, 56 (6): 3312-3316.

[214] Ahlin, C., Debrah, G. Group lending with covariate risk [J]. Journal of Development Economics, 2022, 157: 102855.

[215] Al Guindy, M. Fear and hope in financial social networks: Evidence from COVID-19 [J]. Finance Research Letters, 2022, 46 (Part A): 102271.

[216] Al-Badi, A., Tarhini, A., Khan, A. I. Exploring big data governance frameworks [J]. Procedia Computer Science, 2018, 141: 271-277.

[217] Alberola, E., Urrutia, C. Does informality facilitate inflation stability? [J]. Journal of Development Economics, 2020, 146: 102505.

[218] Alexandre, M., Silva, T. C., Connaughton, C., et al. The drivers of systemic risk in financial networks: A data-driven machine learning analysis [J]. Chaos, Solitons & Fractals, 2021, 153: 111588.

[219] Al-Khazali, O. M., Mirzaei, A. The impact of oil price movements on bank non-performing loans: Global evidence from oil-exporting countries [J]. Emerging Markets Review, 2017, 31: 193-208.

[220] Allen, M., Rosenberg, C., Keller, C., et al. A Balance Sheet Approach to Financial Crisis [R]. IMF Working Paper, 2002.

[221] Altunbas, Y., Binici, M., Gambacorta, L. Macroprudential policy and bank risk [J]. Journal of International Money and Finance, 2018, 81: 203-220.

[222] Ansell, C., Gash, A. Collaborative governance in theory and practice [J]. Journal of Public Administration Research and Theory, 2008, 18 (4): 543-571.

[223] Arzamasov, V., Penikas, H. A financial stability index for Israel [J]. Procedia Computer Science, 2014, 31: 985-994.

[224] Asai, M. Feasible panel GARCH models: Variance-targeting estimation and empirical application [J]. Econometrics and Statistics, 2022, 25: 23-38.

[225] Baird, J., Plummer, R., Bodin, Ö. Collaborative governance for climate change adaptation in Canada: Experimenting with adaptive co-management [J]. Regional Environmental Change, 2016, 16: 747-758.

[226] Baird, J., Plummer, R., Schultz, L., et al. How does socio-institutional diversity affect collaborative governance of social-ecological systems in practice? [J]. Environmental Management, 2019, 63: 200-214.

[227] Balogun, A. L., Rezaie, F., Pham, Q. B., et al. Spatial prediction of landslide susceptibility in western Serbia using hybrid support vector regression (SVR) with GWO, BAT and COA algorithms [J]. Geoscience Frontiers, 2021, 12 (3): 101104.

[228] Beck, T., Chen, T., Lin, C., et al. Financial innovation: The bright and the dark sides [J]. Journal of Banking and Finance, 2016, 72: 28-51.

[229] Beutler, T., Bichsel, R., Bruhin, A., et al. The impact of interest rate risk on bank lending [J]. Journal of Banking & Finance, 2020,

115: 105797.

[230] Boubaker, S., Liu, Z., Zhai, L. Big data, news diversity and financial market crash [J]. Technological Forecasting and Social Change, 2021, 168: 120755.

[231] Brayne, S. Big data surveillance: The case of policing [J]. American Sociological Review, 2017, 5: 977-1008.

[232] Busari, G. A., Lim, D. H. Crude oil price prediction: A comparison between AdaBoost-LSTM and AdaBoost-GRU for improving forecasting performance [J]. Computers & Chemical Engineering, 2021, 155: 107513.

[233] Buyya, R., Calheiros, R. N., Dastjerdi, A. V. Big Data: Principles and Paradigms [M]. Morgan Kaufmann, 2016: 3-38.

[234] Caporin, M., Costola, M. Time-varying Granger causality tests in the energy markets: A study on the DCC-MGARCH Hong test [J]. Energy Economics, 2022, 111: 106088.

[235] Carmichael, B., Coën, A. Real estate as a common risk factor in the financial sector: International evidence [J]. Finance Research Letters, 2020, 32: 101172

[236] Chen, Y., Zhang, R. Research on credit card default predication based on k-means SMOTE and BP neutral network [J]. Complexity, 2021, 2021: 661-688.

[237] Chen, M., Mao, S., Liu, Y. Big data: A survey [J]. Mobile Networks & Applications, 2014, 19 (2): 171-209.

[238] Chung, J., Gulcehre, C., Cho, K., et al. Empirical evaluation of gated recurrent neural networks on sequence modeling [J]. arXiv-CS-Neural and EVolutionary Computing, 2014.

[239] Correa, R., Goldberg, L. S. Bank complexity, governance, and risk [J]. Journal of Banking & Finance, 2022, 134: 106013.

[240] Dagum, C. A new approach to the decomposition of the Gini income inequality ratio [J]. Empirical Economics, 1997, 22 (4): 515-531.

[241] Darwiche, M., Mokhiamar, O. SVR approach for predicting vehicle velocity for comfortable ride while crossing speed humps [J]. Alexandria Engineering Journal, 2022, 61 (8): 6119-6128.

[242] Detthamrong, U., Chancharat, N., Vithessonthi, C. Corporate governance, capital structure and firm performance: Evidence from Thailand [J]. Research in International Business and Finance, 2017, 42: 689-709.

[243] Du, G., Liu, Z., Lu, H. Application of innovative risk early warning mode under big data technology in Internet credit financial risk assessment [J]. Journal of Computational and Applied Mathematics, 2021, 386: 113260.

[244] Dupire, M., Slagmulder, R. Risk governance of financial institutions: The effect of ownership structure and board independence [J]. Finance Research Letters, 2019, 28: 227-237.

[245] Emmanuel, I., Stanier, C. Defining big data [J]. Proceedings of the International Conference on Big Data and Advanced Wireless Technologies, BDAW, 2016: 1-6.

[246] Fan, X., Wang, Y., Wang, D. Network connectedness and China's systemic financial risk contagion—An analysis based on big data [J]. Pacific-Basin Finance Journal, 2021, 68: 101322.

[247] Fernández-Gámez, M. Á., Soria, J. A. C., Santos, J. A. C., et al. European country heterogeneity in financial distress prediction: An empirical analysis with macroeconomic and regulatory factors [J]. Economic Modelling, 2020, 88: 398-407.

[248] Giesecke, K., Longstaff, F. A., Schaefer, S., et al. Corporate bond default risk: A 150-year perspective [J]. Journal of Financial Economics, 2011, 102 (2): 233-250.

[249] Gkillas, K., Tsagkanos, A., Vortelinos, D. I. Integration and risk contagion in financial crises: Evidence from international stock markets [J]. Journal of Business Research, 2019, 104: 350-365.

[250] Graef, I., Prüfer, J. Governance of data sharing: A law & economics proposal [J]. Research Policy, 2021, 50 (9): 104330.

[251] Gu, Q., Chang, Y., Xiong, N., et al. Forecasting Nickel futures price based on the empirical wavelet transform and gradient boosting decision trees [J]. Applied Soft Computing, 2021, 109: 107472.

[252] Guo, Y., Chen, J., Liu, Z. Government responsiveness and public acceptance of big-data technology in urban governance: Evidence from China during the COVID-19 pandemic [J]. Cities, 2022, 122: 103536.

[253] Han, E., Ghadimi, N. Model identification of proton-exchange membrane fuel cells based on a hybrid convolutional neural network and extreme learning machine optimized by improved honey badger algorithm [J]. Sustainable Energy Technologies and Assessments, 2022, 52: 102005.

[254] Heidari, A. A., Abbaspour, R., Chen, H. Efficient boosted grey wolf optimizers for global search and kernel extreme learning machine training [J]. Applied Soft Computing, 2019, 81: 105521.

[255] Hochreiter, S., Schmidhuber, J. Long short-term memory [J]. Neural Computation, 1997, 9 (8): 1735-1780.

[256] Höchtl, J., Parycek, P., Schöllhammer, R. Big data in the policy cycle: Policy decision making in the digital era [J]. Journal of Organizational Computing and Electronic Commerce, 2016, 26 (1-2): 147-169.

[257] Hong, Y. Y., Taylar, J. V., Fajardo, A. C. Locational marginal price forecasting in a day-ahead power market using spatiotemporal deep learning network [J]. Sustainable Energy, Grids and Networks, 2020,

24: 100406.

[258] Hou, L., Hsueh, S. C., Zhang, S. Does formal financial development crowd in informal financing? Evidence from Chinese private enterprises [J]. Economic Modelling, 2020, 90: 288-301.

[259] Hughes, J. P., Moon, C. G. How bad is a bad loan? Distinguishing inherent credit risk from inefficient lending (Does the capital market price this difference?) [J]. Journal of Economics and Business, 2022, 8: 106058.

[260] Huh, S., Kim, I. Real estate and relative risk aversion with generalized recursive preferences [J]. Journal of Macroeconomics, 2021, 68: 103310.

[261] Islam, A., Nguyen, C., Smyth, R. Does microfinance change informal lending in village economies? Evidence from Bangladesh [J]. Journal of Banking & Finance, 2015, 50: 141-156.

[262] Kaufmann, D., Kraay, A. Governance Indicators: Where Are We, Where Should We Be Going [R]. Washington, Policy Research Working Paper, 1992: 4370.

[263] Keyim, P. Tourism collaborative governance and rural community development in Finland: The case of Vuonislahti [J]. Journal of Travel Research, 2018, 57 (4): 483-494.

[264] Khatri, V., Brown, C. V. Designing data governance [J]. Communications of the ACM, 2010, 53 (1): 148-152.

[265] Kim, A., Cho, S. B. An ensemble semi-supervised learning method for predicting defaults in social lending [J]. Engineering Applications of Artificial Intelligence, 2019, 81: 193-199.

[266] Kriebel, J., Stitz, L. Credit default prediction from user-generated text in peer-to-peer lending using deep learning [J]. European Journal of Operational Research, 2021, 302 (1): 309-323.

[267] Lahat, L., Sher-Hadar, N. A threefold perspective: conditions for collaborative governance [J]. Journal of Management and Governance,

2020, 24 (1): 117-134.

[268] Laney, D. 3-D Data Management: Controlling Data Volume, Velocity and Variety [R]. META Group Original Research Note, 2001.

[269] Lehna, M., Scheller, F., Herwartz, H. Forecasting day-ahead electricity prices: A comparison of time series and neural network models taking external regressors into account [J]. Energy Economics, 2022, 106: 105742.

[270] Liang, L., Cai, X. Forecasting peer-to-peer platform default rate with LSTM neural network [J]. Electronic Commerce Research and Applications, 2020, 43: 100997.

[271] Lin, Y., Geertman, S. Smart governance, collaborative planning and planning support systems: A fruitful triangle? [A] //Geertman, S., Ferreira, J., Goodspeed, R., et al. Planning Support Systems and Smart Cities [M]. Springer, 2015: 261-277.

[272] Liu, K., Cheng, J., Yi, J. Copper price forecasted by hybrid neural network with Bayesian Optimization and wavelet transform [J]. Resources Policy, 2022, 75: 102520.

[273] Maghyereh, A., Abdoh, H., Al-Shboul, M. Oil structural shocks, bank-level characteristics, and systemic risk: Evidence from dual banking systems [J]. Economic Systems, 2022, 46 (4): 101038.

[274] Malekipirbazari, M., Aksakalli, V. Risk assessment in social lending via random forests [J]. Expert Systems with Applications, 2015, 42 (10): 4621-4631.

[275] Malekpour, S., Tawfik, S., Chesterfield, C. Designing collaborative governance for nature-based solutions [J]. Urban Forestry & Urban Greening, 2021, 62: 127177.

[276] Mathonnat, C., Minea, A. Financial development and the occurrence of banking crises [J]. Journal of Banking & Finance, 2018, 96: 344-354.

[277] Metawa, N., Hassan, M. K., Elhoseny, M. Genetic algorithm based model for optimizing bank lending decisions [J]. Expert Systems with Applic-ations1, 2017, 80: 75-82.

[278] Mirjalili, S., Mirjalili, S. M., Lewis, A. Grey Wolf Optimizer [J]. Advances in Engineering Software, 2014, 69: 46-61.

[279] Mishev, K., Gjorgjevkj, A., Vodenska, I., et al. Evaluation of sentiment analysis in finance: From lexicons to transformers [J]. IEEE Access, 2020, 8: 131662-131682.

[280] Mookherjee, D., Motta, A. A theory of interactions between MFIs and informal lenders [J]. Journal of Development Economics, 2016, 121: 191-200.

[281] Nyman, R., Kapadia, S., Tuckett, D. News and narratives in financial systems: Exploiting big data for systemic risk assessment [J]. Journal of Economic Dynamics and Control, 2021, 127: 104119.

[282] Padiila, Y., Daigle, L. E. Inter-agency collaboration in an international setting [J]. Administration in Social Work, 1998, 22 (1): 65-81.

[283] Palmié, M., Wincent, J., Parida, V., et al. The evolution of the financial technology ecosystem: An introduction and agenda for future research on disruptive innovations in ecosystems [J]. Technological Forecasting and Social Change, 2019, 151: 119779.

[284] Pérez-Martín, A., Pérez-Torregrosa, A., Vaca, M. Big Data techniques to measure credit banking risk in home equity loans [J]. Journal of Business Research, 2018, 89: 448-454.

[285] Pi, P., Lima, D. Gray level co-occurrence matrix and extreme learning machine for Covid-19 diagnosis [J]. International Journal of Cognitive Computing in Engineering, 2021, 2: 93-103.

[286] Politou, E., Alepis, E., Patsakis, C. Profiling tax and financial behavior with big data under the GDPR [J]. Computer Law & Security Review,

2019, 35 (3): 306-329.

[287] Qin, D., Xu, Z., Zhang, X. How much informal credit lending responded to monetary policy in China? The case of Wenzhou [J]. Journal of Asian Economics, 2014, 31-32: 22-31.

[288] Rau, R. Social networks and financial outcomes [J]. Current Opinion in Behavioral Sciences, 2017, 18: 75-78.

[289] Rosas, M. A. T., Pérez, M. R., Pérez, E. R. M. Itineraries for charging and discharging a BESS using energy predictions based on a CNN-LSTM neural network model in BCS, Mexico [J]. Renewable Energy, 2022, 188: 1141-1165.

[290] Roustaee, M., Kazemi, A. Multi-objective energy management strategy of unbalanced multi-microgrids considering technical and economic situations [J]. Sustainable Energy Technologies and Assessments, 2021, 47: 101448.

[291] Rubaszek, M. Forecasting crude oil prices with DSGE models [J]. International Journal of Forecasting, 2021, 37 (2): 531-546.

[292] Seong, N., Nam, K. Forecasting price movements of global financial indexes using complex quantitative financial networks [J]. Knowledge-Based Systems, 2022, 235: 107608.

[293] Setiawan, N., Suharjito, Diana. A comparison of prediction methods for credit default on peer to peer lending using machine learning [J]. Procedia Computer Science, 2019, 157: 38-45.

[294] Shamim, S., Zeng, J., Khan, Z., et al. Big data analytics capability and decision making performance in emerging market firms: The role of contractual and relational governance mechanisms [J]. Technological Forecasting and Social Change, 2020, 161: 120315.

[295] Soares, S. IBM InfoSphere: A Platform for Big Data Governance and Process Data Governance [M]. MC Press, US, 2013.

[296] Sousa, M. G., Sakiyama, K., de Souza Rodrigues, L., et al. BERT for stock market sentiment analysis [C]. Proceedings of the 31st International Conference on Tools with Artificial Intelligence. Portland, USA, 2019.

[297] Sun, L., Zhang, H., Fang, C. Data security governance in the era of big data: Status, challenges, and prospects [J]. Data Science and Management, 2021, 2: 41-44.

[298] van den Broek, T., van Veenstra, A. F. Governance of big data collaborations: How to balance regulatory compliance and disruptive innovation [J]. Technological Forecasting and Social Change, 2018, 129: 330-338.

[299] Vieider, F. M., Martinsson, P., Nam, P. K., et al. Risk preferences and development revisited [J]. Theory and Decision, 2019, 86: 1-21.

[300] Wang, B., Wang, J. Energy futures and spots prices forecasting by hybrid SW-GRU with EMD and error evaluation [J]. Energy Economics, 2020, 90: 104827.

[301] Wesselink, A., Colebatch, H., Pearce, W. Evidence and policy: Discourses, meanings and practices [J]. Policy Sciences, 2014, 47 (4): 339-344.

[302] Wickens, M. A DSGE model of banks and financial intermediation with default risk [J]. Research in Economics, 2017, 71 (3): 636-642.

[303] Xu, C., Xu, L., Lu, Y., et al. E-government recommendation algorithm based on probabilistic semantic cluster analysis in combination of improved collaborative filtering in big-data environment of government affairs [J]. Personal and Ubiquitous Computing, 2019, 23: 475-485.

[304] Yang, H., Schell, K. R. GHTnet: Tri-Branch deep learning network for real-time electricity price forecasting [J]. Energy, 2022, 238: 122052.

[305] Ye, C., Chen, R., Chen, M., et al. A new framework of regional collaborative governance for PM2.5 [J]. Stochastic Environmental

Research and Risk Assessment, 2019, 33: 1109-1116.

[306] Zachariadis, M., Hileman, G., Scott, S. V. Governance and control in distributed ledgers: Understanding the challenges facing blockchain technology in financial services [J]. Information and Organization, 2019, 29 (2): 105-117.

[307] Zhang, H., Nguyen, H., Vu, D. A., et al. Forecasting monthly copper price: A comparative study of various machine learning-based methods [J]. Resources Policy, 2021, 73: 102189.

[308] Zhang, P., Ci, B. Deep belief network for gold price forecasting [J]. Resources Policy, 2020, 69: 101806.

[309] Zhang, X., Wen, S. Hybrid whale optimization algorithm with gathering strategies for high-dimensional problems [J]. Expert Systems with Applications, 2021, 179: 115032.

[310] Zhou, J., Qiu, Y., Zhu, S., et al. Optimization of support vector machine through the use of metaheuristic algorithms in forecasting TBM advance rate [J]. Engineering Applications of Artificial Intelligence, 2021, 97: 104015.

图书在版编目(CIP)数据

基于大数据的地方金融风险治理 / 石涛著. -- 北京：社会科学文献出版社，2024.12. -- （中原智库丛书）.
ISBN 978-7-5228-4699-6

Ⅰ.F832.7

中国国家版本馆CIP数据核字第2024J9N721号

中原智库丛书·青年系列
基于大数据的地方金融风险治理

著　　者 / 石　涛

出 版 人 / 冀祥德
组稿编辑 / 任文武
责任编辑 / 丁　凡　李艳芳
文稿编辑 / 陈丽丽
责任印制 / 王京美

出　　版 / 社会科学文献出版社·生态文明分社（010）59367143
地址：北京市北三环中路甲29号院华龙大厦　邮编：100029
网址：www.ssap.com.cn
发　　行 / 社会科学文献出版社（010）59367028
印　　装 / 三河市龙林印务有限公司

规　　格 / 开　本：787mm×1092mm　1/16
印　张：17　字　数：259千字
版　　次 / 2024年12月第1版　2024年12月第1次印刷
书　　号 / ISBN 978-7-5228-4699-6
定　　价 / 88.00元

读者服务电话：4008918866

版权所有 翻印必究